上海市教委重点建设专业项目资助

穷究法理
探求真知

# 环境资源法实务

主　编　赵俊
副主编　周卫

中国法制出版社
CHINA LEGAL PUBLISHING HOUSE

# 主 编 简 介

赵俊，女，湖南邵东人，法学博士、博士后，副教授。现为上海市教委经济法重点学科环境法方向核心研究人员，上海政法学院科研处副处长，中国法学会环境资源法分会理事，中国能源法学会理事，上海市法学会会员。先后毕业于西北政法大学（法学学士、法学硕士）和武汉大学法学院（法学博士），2007年-2010年在华东政法大学博士后流动站从事环境法研究。1996年至今，一直在高校从事法学教学和科研工作，先后主持或参与过省部级科研项目十余项，发表环境法学专业论文几十篇。主要研究方向：环境法基础理论、污染防治法、自然资源法、环境执法等。

# 副 主 编 简 介

周卫，女，湖南汨罗人，法学博士，深圳大学法学院副教授。研究方向：环境资源法学。

# 总 序

　　众所周知，由于发展路径的不同、文化背景的差异，大陆法系和英美法系法律渊源不同，法学教育模式迥异。大陆法系的典型特征是法律规范的成文化和法典化；而英美法系则以不成文法即判例法为其显著特征。虽然两大法系在司法实践的过程中有明显的不同，但在全球化发展的今天，两大法系逐渐出现了相互借鉴、相互融合的趋势。在我国，制定法为法律规范的主要渊源。长期以来，在法学教学中主要沿用大陆法系的演绎法教学模式。但是，法学作为一门实践性、应用性很强的学科，法学教育的目标之一就是培养学生运用法学知识分析和解决实际问题的能力。为此，改变传统教学模式，引入理论和实践相结合的案例教学法成为必需。多年来，我校在这方面进行了有益的尝试和探索，总结了一套行之有效的理论和实务案例相结合的教学模式，深受学生欢迎。这套教学模式，根据大陆法系成文法的教学要求，借鉴英美法系的案例教学模式，将两大法系的教学方法有机地融为一体，既能使学生系统地掌握法学原理，又培养了学生分析和解决实际问题的能力。

　　为了及时反映我校法学高职教育改革的新成果，更好地满足法学高职教育的需要，我校组织编写了这套教材。具体来看，本套教材具有如下特点：第一，体例格式新颖。教材各章均按本章概要、学习重点、理论思考与实务应用的体例格式安排。"本章概要"将本章的主要内容进行高度归纳总结，使读者一目了然，在最短时间内直截了当地获悉相应章节的核心内容，提高学习效率；"学习重点"具体指出通过相应章节的学习，学生应该掌握的基本知识点、主要理论及法律制度；"理论思考与实务应用"分两部分：第一部分为理论思考，具体列出名词解释、简答及论述等思考题目，通过研习思考题使学生巩固所学知识，锻炼思维能力，拓展思维空间；第二部分为实务应用，通过案例来彰显理论知识或法律规定，通过案例分析示范和实训，引导学生正确理论联系实际，培养学生观察问题、分析问题、解决问题的实务操作能力。这种体例兼顾了系统掌握法学理论和应用法学理论分析、解决实际问题能力的双重教学目标。第二，案例选择科学合理。主要表现为：一是案例大多选自司法实践，具有新颖性和真实性；二是根据法学知识点的系统要求选择案例，具有全面性和典型性；三是反映理论和实务的密切联系，以案说法，以法解释法学知识和原理，理论与实务高度融合，相得益彰。第三，内容简洁。力争以简洁的语言阐述法学理论和相关问题，解析实例，说明法理，做到深入浅出，通俗易懂。第四，彰显立法成果。关注我国立法动态，跟踪各学科立法活动，吸收并系统研究了最新的立法成果。

本丛书吸收了国内外优秀学术成果，在理论与实践相结合的基础上，达到了理论性、实践性和应用性相统一。在理论上具有较强的系统性和概括性，在应用上具有针对性和实用性，在内容上则反映了法学各学科的新发展和时代特征。本套教材除了可以作为法律专业学生的教学用书，同时也可以成为法院、检察院和律师事务所等法律实务部门工作者的参考读物。希望通过这套教材的出版，架起法学理论与实践沟通的桥梁，为社会培养更多具有较高理论水平和实践能力的应用型、复合型法学专门人才。

是为序。

金国华

# 编 写 说 明

本书是专门为法学专业高职学生和专科学生编写的实用教材。本教材针对高职和专科学生的特点，在概括介绍环境资源法理论知识的基础上，采用大量生动案例引导学生学习，以期达到提高学生解决实际问题能力的目标。本教材选用的案例均为环境资源法学领域的经典案例或是最新的案例成果，是教师授课、学生自学的有益辅助。

《环境资源法实务》教程是高职、高专系列教程之一，共分七章。该教程简明扼要地论述了环境资源法的基本概念、基本内容、基本原则、基本制度以及各单项环境与资源保护法律制度的主要内容。第一章是教程的导论部分，该章主要就环境与资源问题的一般知识和相关概念、环境资源法的性质、地位以及环境资源法的适用范围等内容作了简要阐述；第二章主要论述环境资源法的几个基本原则，分别是协调发展原则、预防为主原则、环境责任原则和公众参与原则；第三章介绍了环境资源法的基本制度，分别是环境标准制度、环境影响评价制度、"三同时"制度、排污申报许可制度、环境税费制度和限期治理制度；第四章到第六章是环境资源法分论，主要对我国的污染防治法、自然资源法、环境资源法律责任进行了概况阐述；第七章是国际环境资源法部分，围绕国际环境资源法的概念、国际环境资源法的基本原则和主要国际环境条约进行论述。

本教材由赵俊负责统稿，各章节撰稿人分工如下：

第一章：赵　俊（上海政法学院副教授，法学博士）

第二章：朱达俊（上海交通大学凯原法学院博士研究生）

第三章：徐丰果（中南林业科技大学副教授，法学博士）

第四章：杨华国（嘉兴学院讲师，法学博士）

第五章：曲云鹏（国家法官学院海南分院，法学博士）

第六章：周　卫（深圳大学法学院副教授，法学博士）

第七章：何艳梅（上海政法学院教授，法学博士）

编者

# 目　录

# 第一章　环境资源法概述

【本章概要】　本章从"环境"、"环境问题"的基本概念和分类出发，就环境问题的成因、环境资源法的概念、环境资源法的发展进程、环境资源法的地位、性质以及环境资源法的渊源和效力等基础性问题进行了阐述和介绍。

【学习重点】　通过本章学习，需重点掌握环境问题的概念和实质、环境资源法的概念和调整对象，理解环境资源法的性质、地位和作用，了解环境资源法的发展进程、环境资源法的渊源和环境资源法的适用范围。

## 导　言

一般意义上所称的环境，是人类进行生产和生活活动的场所与人类生存和发展的物质基础。目前，各学科对环境的分类尚未形成共识，但通常以主体、环境要素、环境的范围以及人类对环境的影响程度和环境的性质为标准对环境进行分类。自然资源是环境中具有特殊内涵的一部分。环境问题是指由于自然界或者人类活动的影响，致使环境质量下降或者生态破坏，对社会经济发展、公众健康带来损害的现象。根据不同标准，可以对环境问题进行不同的分类。环境资源法是调整因保护和改善生活环境与生态环境，合理开发利用自然资源，防治环境污染和其他公害而产生的社会关系的法律规范的总称。环境资源法作为一个新兴的独立法律部门，有着自身特有的法律体系，即由一国有关保护和改善环境、合理开发利用自然资源、防治污染和其他公害的所有法律规范组成的一个相互联系、相辅相成、有机联系的规范统一体。环境资源法具有法的一般作用，即告知、指引、评价、预测、教育和强制的作用，但作为专门以保护环境和防治污染为目的的社会规范，环境资源法还具有一些特殊的作用。

## 第一节　环境资源与环境资源问题

### 一、环境与自然资源

（一）环境的概念和种类

1. 环境的概念

人类的生存离不开环境（environment）。随着环境问题日益严重，环境一词的使用频率也越来越高。一般意义上所称的环境，是人类进行生产和生活活动的场所与人类生存和发展的物质基础。

在学术研究和一些特殊语境中，人们指称的环境是具有不同涵义的，这种不同是由中心事物决定的。中心事物不同，环境的含义和范围也不同。例如环境科学上的环境是以人为中心的，它是指围绕着人群的空间以及其中可以直接、间接影响人类生存和发展的各种天然和经过人工改造过的自然因素的总体。[①] 生态学上的环境以整个生物界（包括动物、植物和微生物）为中心，是指环绕着生物界并影响其生存与发展的外部空间和无生命的物质，如大气、水、土壤、阳光和其他物质。

环境资源法学中所称的环境是以环境科学对环境的界定为基础的。不同的国家针对其立法的要求和可能，对环境做出了相应的立法界定。纵观各国立法的状况，环境资源法律对环境的解释主要有三种类型：[②] 第一种是将环境的定义在立法上作扩充性、概括性的解释。保加利亚和葡萄牙等国家的环境立法对环境做了扩充性、概括性的解释。保加利亚1991年的《环境保护法》第1节（1）的增补条款这样定义"环境"：相互联系并影响生态平衡与生活质量、人体健康、历史文化遗产以及自然风光和人类基因和元素的综合体。葡萄牙1987年《环境基本法》也将环境的概念定义在现实中全部自然和人类环境的范围。同时它包括大气、水、土壤和底土、植物和动物。另一部分则以"人类环境"为名规定在第17条中，包括乡村、自然和文化遗产，以及污染的不同种类。

第二种是在环境基本法中对环境的定义仅作列举式规定，而具体范畴由单项立法解释。美国和日本等国家的环境资源法采取了这种立法模式。美国1969年《国家环境政策法》将环境分为自然环境和人为环境两部分，并且进行了进一步列举："其中包括但不限于，空气和水——包括海域、港湾、河口和淡水；

---

① 《中国大百科全书·环境科学》，中国大百科全书出版社1983年版，第164页。
② 汪劲著：《环境法学》，北京大学出版社2006年版，第2页。

陆地环境——森林、干地、湿地、山脉、城市、郊区和农村环境。"美国1980年通过的《综合环境反应、赔偿和责任法》（该法也称《超级基金法》）对环境作了如下列举：在美国专属管辖权下的通航水域、边境水域和海水中的自然资源，在美国或美国管辖下的其他地表水域和海水中的自然资源，在美国或美国管辖之下的其他地表水域、饮用水源、地表或地层或者周围空气。其中，自然资源是指土地、鱼、野生生物、生物区系、空气、水、地下水、饮用水源以及其他资源。日本1993年《环境基本法》对环境只做了列举性的规定，环境即大气、水、静稳（peace and stabilization）、森林、农地、水边地、野生生物物种、生态系统多样性等。由于没有对环境作严格的定义，所以单项环境立法就要根据具体的对策就环境要素及其环境保全上的障碍的范围再作规定。因此，日照、景观、历史文化的遗产以及各种都市的要素等也是日本各单项环境立法对象中的环境。

第三种是用概括加列举的方法解释环境的定义。采取这种立法模式的主要是一些欧洲国家。如英国1990年的《环境保护法》第1条规定：环境是由下列媒介的全部或者部分组成的，也就是指大气、水以及土地；大气的媒介包括建筑物内的空气以及其他高于或者低于地面的自然或者人为构造物内的空气。从20世纪90年代以后，欧洲国家环境立法的"环境"定义，也朝着概括加列举解释的方向发展。前欧洲共同体委员会曾于1967年通过了一个关于环境的法律文件，在第2条（1）（C）中规定："环境是指水、空气和土地以及它们之间的内部和外部的相互关系于任何一个生存的生物体"。然而，1993年该委员会环境立法中的环境概念采取了概括式的定义。德国1993年起草的《环境法典》（总则部分）草案第2条规定："环境是指生物圈、气候、乡村和经批准保护的自然物体"，"所谓生物圈，是指地表、水、空气和生存的生物体（自然资源）以及它们的相互存在的关系。"

我国环境资源法中对环境的概念采取了概括加列举的模式。1989年12月26日颁布实施的《环境保护法》① 第2条规定："本法所称环境，是指影响人类生存和发展的各种天然的和经过人工改造的自然因素的总体，包括大气、水、海洋、土地、矿藏、森林、草原、野生生物、自然遗迹、人文遗迹、自然保护区、风景名胜区、城市和乡村等。"《环境保护法》第2条前半段，是关于环境的定义，后半段所列举的14种环境因素则是当前与我国公众关系最密切，既是公众生存和发展所必需，又是法律能够加以保护的自然因素，而不是所有的一切自然因素。这些自然因素组成了自然环境和人为环境，包括了生活环境和生态环

---

① 本书中涉及我国的法律、法规的名称统一用省去名称中的"中华人民共和国"的方式表示，例《中华人民共和国环境保护法》统一为《环境保护法》。

境，体现了"大环境"的概念。但这个"大环境"并不包括社会环境和经济环境。① 我们知道，环境是个不断发展的概念，随着环境概念的发展和法律手段的不断更新，《环境保护法》中的自然因素的范围也将日益扩大。

2. 环境的种类

目前，各学科对环境的分类尚未形成共识。但通常以主体、环境要素、环境的范围以及人类对环境的影响程度和环境的性质为标准对环境进行分类。

以环境的主体不同，可以把环境分为人类环境和生物环境。在人类环境中，人是环境的主体，构成这个环境的外部条件和因素既包括了自然因素，也包括了社会和经济因素。人是人类环境的中心和主体，离开人谈论人类环境是毫无意义的。生物环境是以生物整体为中心和主体的环境。人类环境和生物环境之间既有联系又有区别。从外延上讲，生物环境的外延大于人类环境，人类环境从属于生物环境，人类环境是生物环境的子环境之一；从这两个环境的主体上讲，人类环境的主体是整个人类，而生物环境的主体是整个生物圈。

以环境要素的不同，可以把环境分为水环境、大气环境、生物环境（如草原环境、森林环境和野生动植物环境等）、土壤环境、地质环境等。其中的水环境是由地球表面的各种水体组成的环境，包括海洋、河流、湖泊、沼泽和地下水等；土壤环境是指地球表面能够为绿色植物提供肥力的表层；生物环境是由除人之外的所有生物组成的。

以环境的形成要素不同，可以把环境分为天然环境和人为环境。天然环境是自然形成的环境，因此也称作自然环境。它是地球在自然变迁中形成的，直接或间接影响人类生存和发展的一切自然物质、能量、生存空间和自然现象的总和。按照环境要素，自然环境又可以分为大气环境、水环境、土壤环境、生物环境以及地理环境等。人为环境是在自然环境的基础上经过人类长期有意识的社会劳动，加工、改造自然物质而创造出的人工环境。人为环境又可以分为经济环境、生产环境、交通环境、城市环境、文化环境及政治环境等。

以环境的范围大小不同，可以把环境分为聚落环境、区域环境、地理环境、地质环境、宇宙环境等。聚落环境是人类聚居和生活场所的环境；区域环境是指一定区域范围内的环境；地理环境是由岩石、土壤、水、大气、生物等自然要素有机结合而成的自然综合体；宇宙环境是指大气层以外的环境。

以环境的性质不同，可以把环境分为物理环境、化学环境和生物环境等。

（二）自然资源

1. 自然资源的概念

自然资源和环境有着密切的联系。环境学者认为，自然资源是指一切能为

---

① 韩德培主编：《环境保护法教程》（第五版），法律出版社2007年版，第2页。

人类提供生存、发展、享受的自然物质与自然条件，及其相互作用而形成的自然生态环境和人工环境。① 这种思考是将环境整合到资源中去。而且从环境的整体性出发，把自然资源作为环境的一部分进行思考更加有利于环境保护和资源利用。《环境保护法》在界定环境的概念时，将作为自然资源的水、海洋、土地、矿藏、森林、草原等作为重要的环境要素进行了列举式规定，也就是说，我国立法把自然资源作为环境的一部分加以保护和利用。1972 年联合国环境规划署（UNEP）对自然资源所作的定义，也明确了自然资源作为环境一部分的观点。联合国环境规划署规定：自然资源是指在一定时间条件下，能够产生经济价值，提高人类当前和未来福利的自然环境的总称。

自然资源是环境中具有特殊内涵的一部分。从自然资源的天然性角度看，自然资源是地球环境的一个组成部分，是环境的构成要素；从自然资源的社会性角度看，自然资源是环境要素中可被人类利用的自然物质的总称。环境中的自然因素很多，只有那些现在或是将来能为人类所用的自然因素，才被称作自然资源。那些不能被人类利用的自然因素，虽然是环境的组成部分，但不是自然资源。自然因素能否被人类所用，和科学技术和经济发展水平有着直接联系。根据我国 1987 年发布的《中国自然保护纲要》对自然资源的解释："在一定的技术经济条件下，自然界中对人类有用的一切物质和能量都称为自然资源。"有些物质和能量在现有经济技术条件下，已能为人类利用，这些物质和能量被统称为资源；由于现有经济技术条件的限制，有些物质和能量虽不能被人类立即利用，但将来可能被人类利用，这些物质和能量被称作"潜在资源"。

从自然资源的内涵可知，凡是现在或将来能为人类使用的物质和能量都是自然资源。而自然界中这种物质和能量的种类是非常多的。我国法律只是对几种比较重要的自然资源进行了列举。《宪法》第 9 条列举了矿藏、水流、森林、山岭、草原、荒地、滩涂等自然资源。《环境保护法》第 2 条列举的 14 类环境要素中有一半以上是自然资源。《中国自然保护纲要》列举的更为详细，它指出：自然资源主要包括土地、森林、草原和荒漠、生物物种、陆地水资源、河流、湖泊和水库、沼泽和海涂、海洋矿产资源、大气以及区域性的自然环境与资源。

2. 自然资源的种类

根据自然资源的形成条件、组合情况、分布规律等地理特征，可以分为矿产资源（地壳）、气候资源（大气圈）、水资源（水圈）、土地资源（地表）、生物资源（生物圈）五大类。根据自然资源自我再生的性质，又可分为可更新资源和不可更新资源，前者具有可更新、可循环、可再生的特点，如生物资源、

---

① 刘文等著：《资源价格》，商务印书馆 1996 年版，第 4 页。

水资源；后者为不可再生、不可循环、不可更新资源，如煤等矿产资源。最新的分类方法是著名地理学家哈格特提出的，他将自然资源分为恒定性资源、储存性资源和临界性资源。其中，恒定性资源，即按人类的时间尺度来看是无穷无尽，也不会因人类利用而耗竭的资源，包括太阳能、风能、潮汐能、原子能、气候资源和水资源；储存性资源，即地壳中有固定储量的矿产资源。由于它们不能在人类历史尺度上由自然过程再生产（如铜）或由于它们再生的速度远远慢于被开采利用的速度（如石油），它们可能被耗竭；临界性资源，即在正常情况下可通过自然过程再生的资源，但如果被利用的速度超过再生速度，它们也可能耗竭，包括土地资源和生物资源。

3. 自然资源的特点

（1）稀缺性。"稀缺性"是自然资源的固有特性。因为人类的需要实质上是无限的，而自然资源是有限的。自然资源相对于人类需要在数量上的不足，是人类社会与自然资源关系的核心问题。

（2）整体性。人类通常是利用某种单一资源甚至单一资源的某一部分，但实际上自然之间是相互联系、相互制约形成的一个整体系统。如土地资源是气候、地形、生物及水源共同影响下的产物。

（3）地域性。自然资源的形成服从一定的地域分异规律，因此其空间分布是不均衡的，总是相对集中于某些区域之中。如石油资源就相对集中于波斯湾地区。

（4）多用性。大部分自然资源具有多种功能和用途。例如一条河流，对能源部门来说可用作水力发电，对农业部门来说可作为灌溉水源，对交通部门而言则可能是航运线，而旅游部门又把它当成风景资源。

（5）可变性。自然资源加上人类社会构成"人类——资源生态系统"，它处于不断的运动和变化之中。这种变动可表现为正负两个方面。正的方面如植树造林、修建水电站等，使人类与资源的关系呈现良性循环。负的方面如滥伐森林、围湖造田，使资源退化衰竭，甚至加剧自然灾害。

## 二、环境问题

（一）环境问题的概念和种类

1. 环境问题的概念

环境问题是指由于自然界或者人类活动的影响，致使环境质量下降或者生态破坏，对社会经济发展、公众健康带来损害的现象。

2. 环境问题的种类

根据不同标准，可以对环境问题进行不同的分类。

（1）从环境问题的成因看，环境问题可以分做第一类环境问题和第二类环境问题。

第一类环境问题也称作原生性环境问题，它是由自然现象引起的环境质量下降或者生态破坏，如地震、火山爆发、海啸、干旱、雷电等自然现象导致的有害环境影响。这一类环境问题是人类无法控制的，人类只能根据自然灾害发生的规律和特点，尽可能地降低这类环境问题带来的人身、财产损害和经济社会损失。第二类环境问题也称作次生性环境问题，它是由人类活动引起的环境质量下降或者生态破坏，是人类违背自然规律、不恰当地开发利用环境带来的环境损害。这一类环境问题是可以避免的。次生性环境问题是环境科学和环境法学研究的主要对象。次生性环境问题是超越体制贯穿人类历史的社会问题。它"以自然、人口（在规模和城市等方面的地理配置）、生产力（特别是在人类安全环境保护的技术水准和技术体系）为基本条件。它是伴随着人类的经济活动特别是企业活动，由于直接或间接产生的环境污染或环境的形态、质量的变化而造成的社会损失。"① 次生性环境问题带来的社会损害包括人类的健康损害及其对生活环境的侵害两个方面。

（2）从表现形式看，环境问题分为环境污染和生态破坏两种形态。

环境污染是由于人们在生产建设或者其他活动中产生的废气、废水、废渣、粉尘、恶臭气体、放射性物质以及噪声、振动、电磁波辐射等对环境的污染和危害，使环境质量恶化，影响了人体健康、生命安全，或影响其他生物的生存和发展以致生态系统的良性循环的现象。20 世纪全球著名的"八大公害事件"② 和六大污染事故③ 就是这一类环境问题。环境污染具有如下特点：①环境污染往往是人类正常活动的有害副作用。企业、组织向环境排放废气、废水、固体废物、噪声等，总是伴随着生产、生活等对社会有益的正常活动出现。这种特点与伤害、杀人等本身就属于犯罪而对社会有害的行为不同。②环境污染具有复杂性和间接性。由于环境污染的污染源来自生产生活的各个方面、各个领域。诸多的污染源产生的污染物质种类繁多，性质各异，并且这些污染物常常是经过转化、代谢、富集等各种反应后，才导致环境污染的出现。另外，环境污染是以环境作为媒介来对人体造成危害的。当人类活动排放的污染物和能量进入环境，使得其化学、物理、生物等性质发生变异，导致其质量下降，然后才对

---

① ［日］宫本宪一著：《环境经济学》，朴玉译，北京三联书店 2004 年版，第 106、108 页。

② 包括比利时马斯河谷烟雾事件、美国多诺拉烟雾事件、伦敦烟雾事件、美国洛杉矶光化学烟雾事件、日本水俣病事件、日本富山骨痛病事件、日本四日市哮喘病事件、日本米糠油事件。见武汉大学环境法研究网站：http：//www. riel. whu. edu. cn/bbs/disbbs. asp? boardID = 9&ID = 153，2007 年 11月 13 日访问。

③ 包括意大利塞维索化学污染事故、美国三里岛核电站泄漏事故、墨西哥液化气爆炸事件、印度博帕尔毒气泄漏事故、前苏联切尔诺贝利核电站事故、德国莱茵河污染事故。

人体健康、生命安全造成危害。③环境污染具有潜伏性和积累性。环境损害一般具有很长的潜伏期，这是因为环境本身具有消化人类废弃物的机制，但环境的这种自净能力是有限的，如果某种污染物的排放超过环境的自净能力，环境所不能消化掉的那部分污染物就会慢慢地积累起来，最终导致损害的发生。如20世纪70年代日本发现的"富山骨痛病"，其潜伏期就达十几年。而因石棉污染引起的石棉性肺癌潜伏期可达30年之久。④环境污染具有持续性。环境污染常常透过广大的空间和长久的时间，经过多种因素的复合积累后才形成，因此而造成的损害是持续不断的。由于受科学技术水平的制约，对一些污染物缺乏有效的防治方法。因此，在很多情况下环境污染并不会因为污染物的停止排放而立即消除，反而呈现出持续性的特点。⑤环境污染具有广泛性。这种广泛性具体表现在：一是受害地域的广泛性，比如海洋污染往往涉及周边的数个国家；二是受害对象的广泛性，环境污染的受害对象一般而言是不特定的，甚至可以包括全人类及其生存的环境；三是受害权益的广泛性，环境污染往往同时侵害多种权益，如危害人们的生命健康权、休息权、财产权等。

　　联合国环境规划署1999年公布的《2000年全球环境展望》指出："人口和经济增长对环境造成的影响仍然要超过管理和技术的进步所取得的成果，我们正在沿着一条不可持续发展的道路前进。"这份报告称：引起全球变暖的温室效应气体的排放自20世纪50年代以来已经增加了三倍，全世界排入大气的污染物每年达160亿吨，约有9亿城市人口生活在二氧化硫超标的环境中，全世界每年有5000亿吨废污水排入江河湖泊及海洋，世界逾半数的大海和大河受到污染；全世界每年排弃的工业和生活固体废物达30亿吨，同样污染环境和水质，从而造成17亿人没有获得安全饮水的机会；人类在陆地活动所产生的废气、废水和固体废弃物最终都排入了海洋。近年来，由于海上船舶碰撞和海上作业事故导致的危险化学废物、放射性物质和原油泄漏等事件不仅严重威胁着海洋生物的安全，也直接或间接的影响着公众的身体健康。此外，某些组织和个人在经济利益的驱动下，还将公海等无人管辖的区域作为废物倾倒的场所。这些任意倾倒的废弃物，通过大气、海水环流和陆地水循环，最终都到达人类聚居的区域。联合国调查报告指出，目前，环境因素是导致人类疾病和死亡的主要原因。每年大约有400万儿童死于大气污染引起的呼吸道疾病，与环境有关的传染病，如疟疾，每年造成1700万人死亡，每年约有500万人由于杀虫剂和除草剂而中毒，在工业化世界，哮喘病的发病率20年来上升了50%。专家们称，艾滋病、埃博拉病毒和疟疾等新老疾病是人类破坏环境（毁坏森林、灭绝动物物种以及污染水流）的直接结果。①

---

① 韩德培主编：《环境保护法教程》（第五版），法律出版社2007年版，第6～7页。

生态破坏是指由于人们对环境不合理的开发利用活动所造成的现象，即由于毁林开荒、过量放牧、掠夺性捕捞、滥猎滥采、不合理灌溉、不适当的水利工程、过量抽取地下液体和破坏性采掘、不恰当种植或者移民、人口增长过速和都市化等造成的水土流失、土地沙漠化、耕地锐减、森林蓄积量下降、矿藏资源遭破坏、地面塌陷、水源枯竭、野生动植物资源和渔业资源日益减少或者一些品种灭绝、旱涝灾害频繁，以至传染病、地方病流行等。生态破坏包括对生活环境和对自然环境的破坏，但主要是指对自然环境的破坏。①

生态破坏型的环境问题，在人类社会的早期就存在，但在工业社会以前，人类对自然的影响程度还较为有限，自然生态经过一定时期的恢复，还能保持内部平衡和稳定。但工业社会之后，随着人类活动在自然环境内部的纵深展开，生态系统的自我恢复能力受到不间断的损害，生态系统的平衡被一再打破。持续的科学研究表明，地球上发生过五次物种大灭绝，而近年来灭绝和濒临灭绝的物种数量在持续增加。与生物多样性锐减相伴的是土壤荒漠化、沙漠化趋势以及频发的灾害性天气。人类正在吞食着不合理利用和开发生态环境所带来的恶果：全球天气变暖、水土流失、洪涝灾害、地面塌陷等。这种局面恩格斯在《自然辩证法》已作过描述："美索不达米亚、希腊、小亚细亚以及其他各地的居民，为了想得到耕地，把森林都砍光了，但是他们意想不到，这些地方竟因此成为荒芜不毛之地，因为他们使这些地方失去了森林，也失去了积聚和储存水分的中心。阿尔卑斯山的意大利人，在山南砍光了在北坡被十分细心地保护的松林，他们没有预料到，这样一来，他们把他们区域里的高山畜牧业的基础给毁了；他们这样做，竟使山泉在一年的大部分时间枯竭了，而在雨季又使更加凶猛的洪水倾泻到平原上。"②

（3）日本学者宫本宪一以环境问题对人类生活带来的影响为标准将环境问题分为两种类型，一种是与人类的广义的健康（公共卫生）直接相关的公害，另一类是使环境质量或舒适性恶化的问题（环境舒适性问题）③。

根据宫本宪一的解释，所谓公害是对伴随着城市化和工业化而产生的大量污染物及集中的害处仍处于预测阶段；受生产关系的制约，企业为追求利润而节约环境保护及安全方面的费用，普及大量消费的生活方式；由于国家（包括地方政府）制定政策而未支出足够的环境保护费用而造成的结果；是对自然及生活环境的侵害，因此而引发人类的健康障碍或生活困难等社会灾害④。舒适性

---

① 韩德培主编：《环境保护法教程》（第五版），法律出版社2007年版，第4页。
② 《马克思恩格斯全集》（第20卷），人民出版社1971年版，第519页。
③ ［日］宫本宪一著：《环境经济学》，朴玉译，北京三联书店2004年版，第108页。
④ ［日］宫本宪一著：《环境经济学》，朴玉译，北京三联书店2004年版，第106、108页。

是包含不能用市场价格进行评价的各种因素的生活环境，其内容包括自然、历史文化遗产、街道、风景地域文化、社区团体、风土人情、地区的公共服务、交通的便利性等。①

## （二）环境问题的产生和发展

### 1. 前工业社会的环境问题

环境资源法是现代社会的产物②，但环境污染和生态破坏在人类社会初期就已存在。人类在环境中生存，必然要对环境施加影响。生产活动和生活活动总会产生废弃物，所以人类对环境的不良影响在现代社会以前就已经存在了。在原始捕猎时期，人类对环境的利用处于盲目状态。当时的生产活动主要以采集和捕食为主，人类的环境影响能力十分有限。在这一时期，由于人口增长、乱捕滥猎或人为火灾，造成了一些环境污染和破坏。进入农牧业社会后，生产力水平得到提高，环境影响能力也加强了。人类通过有意识的自然改造活动（如兴修水利、改良农作物品种）拓展生存空间。这一时期的环境污染和生态破坏主要表现为：由于缺乏科学知识而大量砍伐森林、破坏植被引起的水土流失、土壤沙化、盐碱化；不适当地兴修水利引起的土壤沼泽化、血吸虫病流行；战争肆虐导致的水旱灾害等。尽管这些现象在当时已较为普遍，但由于当时的生产能力有限，人类向环境的索取还没有超过环境的自然供给能力，向环境的排放也没有超过环境的自然净化能力，人类与环境之间的物质、能量和信息交换仍处于相对的平衡和稳定状态。因此，前工业社会的环境污染和破坏尚未威胁到人类的生存，现代意义上的环境问题还未产生。

### 2. 工业社会的环境问题

工业社会使人类的生产能力得到了前所未有的释放，人类活动的范围不断拓展。从空间范围上讲，人类活动上可达宇宙太空，下可至海洋底土；从影响力上讲，人类对环境的影响超过了以往所有时代的总和，地球上几乎所有的角落和所有的环境因子都受到了人类活动的影响；从发展中心上讲，工业化初期资本主义发展的所有目标都围绕经济发展这个中心。"资本主义是一种经济发展的自我扩张系统，其目的是无限增长，或者说钱滚钱。利润既是资本进行扩张的手段，又是其扩张的目的。每个资本主义的机构和每一种资本主义的文化活动，其目的都是为了赚钱和资本积累，经济增长还被指认为社会问题的重要解决方法，它能消除贫困、失业、财富和收入的不平等分配等"③。"它反映的是

---

① ［日］宫本宪一著：《环境经济学》，朴玉译，北京三联书店2004年版，第137页。

② 许爱国："人类要吃饭、小鸟要唱歌——评汪劲博士的《环境法的理念与价值追求》"，载《中外法学》，2002年第1期，第103页。

③ 焦坤："'以人为本'与生产力概念的语境转换"，载《中国社会科学文摘》2004年2月，第25页。

近代工业化'财富至上'和片面经济增长的不可持续发展观。19世纪以来，人类把本属于诗人的浪漫和艺术夸张纳入到自己的日常行为中，非理性地、无节制地向自然界开战，使人类面临双重危机，即人与自然关系的生存危机和人与人关系的社会危机。技术理性造成的'全球问题'，现代性使人丧失内心向度而成为单面人就是这种写照。"① 全球市场的生产体现为"有组织的不负责任"的状态：经济活动的高额利润满足了理性"经济人"利润最大化的愿望，产生的有害副作用却由整个社会来承担。在这个时期，世界经济虽达到了前所未有的高度，但却表现出"极度的不均衡性和无序性：南北差距进一步加剧，生物圈的基本平衡被破坏"②。当工业生产的有害副作用逐渐释放出来后，全球环境开始经受前所未有的挑战，人类也开始面临巨大的生存危机——地球变得越来越不适宜生存，整个人类的发展面临巨大困境。现代环境问题因此产生。

工业化社会的环境问题主要表现为：持续的传统产业公害问题；新兴产业公害问题（主要指尖端技术、电子及生物工程技术产生的公害）；产业废弃物公害（废弃物产业化过程中产生的公害）；伴随产业服务化而导致的环境问题的扩散——特别是城市开发、旅游、休闲等产业造成的环境破坏；军事活动和公共事业的公害问题；消费生活的公害（以汽车公害及合成洗涤剂的污染为典型）等。③

（三）环境问题的实质

目前，以环境问题为研究对象的学科较多，不同学科得出的结论各有侧重，但其实质是一致的。

1. 经济学的视角

根据经济学外部化理论，环境问题的实质是私人生产的外部成本由社会承担的结果。外部性理论包括外部成本、外部收益、现金和非现金的外部性等几个基本概念。现金的外部性是指可以量化的外部性问题，而非现金的外部性是指不可量化的外部性问题，该概念的关键词是受损和受益。受损包括内部受损和外部受损；受益包括内部受益和外部受益。当内部受益发生时就会存在外部受损，其必然结果是发生负外部性，即成本外化，这种情况下会产生环境问题。因为私人在生产中受益，却不承担生产的环境成本；当内部受损发生时就会存在外部受益，其结果是发生正外部性，公共物品的提供就是典型的例子。公共物品消费的非竞争性和非排他性决定市场主体不会主动提供公共物品。环境保

① 焦坤："'以人为本'与生产力概念的语境转换"，载《中国社会科学文摘》2004年2月，第25页。

② ［法］亚历山大·基斯著：《国际环境法》，张若思编译，法律出版社2000年版，第27页。

③ ［日］宫本宪一著：《环境经济学》，朴玉译，北京三联书店2004年版，第21－27页。

护是公共物品，具有正外部性的特征，因此环境保护大多由政府提供。

2. 政治学、法学的视角

环境问题的产生是人类对利益的极端化和偏狭化的结果，也是在利益衡平中出现的衡平失当。从整个人类社会来看，"私益"是具有利益受损性的。但环境领域中情况相反，公益是具有利益受损性的，表现为经济受损进而公益受损，因而政府和个人都可以作为环境公益的代表，都可以提起环境利益的主张，但是涉及到公平问题：分为代内公平和代际公平。环境是环境利益的外在表现，环境问题是环境利益的冲突，环境保护是环境利益的协调和恢复。法律是社会利益分配的重要手段。环境资源法就是对和环境相关的各种利益协调和恢复的主要手段。根据我国台湾学者陈慈阳先生的观点，环境法的一个重要功能是"必须使环境利用利益上的竞合与冲突具平衡性，也就是必须衡平环境使用者彼此间或其与公共间的利益冲突与矛盾，特别是面对其他公共事务时，例如经济与科技之发展、社会正义以及社会安全等法益与环保法益之关联等，此中衡平考量更显重要，此称为'环境保护之衡平性'"①。

环境问题的出现是对公共利益的损害，原因是政府的公共管理出了问题。政府公共管理中的问题表现为：政府的作为和不作为。要解决环境问题须改变政府的管理模式和管理职能，无论哪一种管理模式公众都可以监督（来源于社会契约理论），同时公众都可以参与。政府不一定是公共利益的唯一代表（多元社会理论和多中心治道）。

从性质上讲，环境污染和生态破坏是个体行为危害了公共利益，是公害而非私害。第一，从污染和破坏源看，既有私人行为又有政府行为，而政府行为的危害更大，政府违法行政和行政不作为是造成环境问题的最直接、最明显、危害最大的原因，因此在环境保护中应把针对政府行为的法律、制度和规定作为重点；第二，从行为过程看，行为具有多样性，政府的决策行为和管理行为、企业的生产行为、公众的消费行为都可能导致环境污染和破坏；第三，从行为的后果看，后果具有广泛性。无论是公共行为还是私人行为产生的有害副作用，对公众健康、社会经济发展都会产生深刻的影响。私益具有利益刚性，所以在环保领域很容易把责任和重点方面放在个人（企业）方面，为了控制企业的行为容易走向行政命令和强制的简单化道路，容易加重企业负担；相反也可能导致对企业的过分迁就。所以，在解决环境问题中，应重点控制政府公共权力，这是因为政府决策和管理对环境的影响具有全局性和广泛性；其次，环境保护是公共物品，市场在公共物品的供给中常常失灵，只能由政府提供环境保护的公共物品；第三，政府可以通过公权力引导企业和公众的行为。

① 陈慈阳著：《环境法总论》，中国政法大学出版社2003年版，第37页。

（四）用法律手段解决环境问题的意义

要解决环境问题，实现人与环境的和谐发展，须通过法律手段规范人类的行为。环境资源法是环境保护的制度手段。人类健康和经济社会的持续发展，要求采取包括法律手段在内的各种有效手段进行环境保护。也就是说"人类在追求更舒适之生活环境过程中，尽可能进行一些可为环境所能容许的开发行为，而停止且避免过度开发、破坏环境之行为。"这种环境保护是在环境可容忍的范围下，人类可利用科技将污染处理至不危害人类与环境之程度。所以，"科技"虽然是最原始破坏环境的原因，但它也是保护环境的重要工具①。

环境保护，主要是指去减少，甚至去避免造成环境的负担及危险所采取的措施或行为整体。此时应包含有三大内涵：（1）为排除现已存在与出现的对环境的危害；（2）为排除或减轻对环境可能或潜在的危险性；（3）为经由预防措施的采取来防止对未来环境的危险性。因此环境保护的特征与任务首先在于具体危险的抵抗，此时含有彻底排除与降低减轻危害的抵抗行为，这也是环境行政法再次来自传统秩序法危险抵抗理念的由来。实际的破坏以及威胁到人类与环境时，则国家必须予以干预。当然环境保护并非仅满足于在危险具体产生的抵抗，而应是要求将持续保障人类生活与生存的基础，那么，这就是具有计划与预防性的环境维护的作用②。

# 第二节　环境资源法的概念和特征

## 一、环境资源法的概念

（一）环境资源法的称谓

环境资源法是从传统部门法中发展起来的新兴法律部门，从它产生开始，人们对它的称谓就不统一。

20 世纪 70 年代，欧洲的环境立法主要是从污染控制立法中发展起来的，所以欧洲国家过去多将其称为污染控制法；日本的环境立法是从控制公害的立法中发展起来的，所以日本将环境立法称为"公害法"。前苏联和东欧国家的环境立法是在自然保护法律的基础上建立起来的，所以这些国家将环境立法称为自然保护法；美国由于在环境管理和污染防治的相关领域中涉及了许多公法和私法问题，并且在 20 世纪初制定了大量环境行政法规，因此，美国将环境立法称

---

① 陈慈阳著：《环境法总论》，中国政法大学出版社 2003 年版，第 12 页。
② 陈慈阳著：《环境法总论》，中国政法大学出版社 2003 年版，第 12 页。

为环境法。后来，有的学者还从生态学的角度提出了生态法的概念①。

1972 年联合国人类环境会议之后，我国的环境保护工作和环境立法活动正式开始，其标志是 1973 年我国第一次全国环境保护会议。这次会议之后，根据国务院批准发表的国家计划委员会《关于保护和改善环境的若干决定（试行草案）》，我国成立了国务院环境保护领导小组，其主要职责是制定国家的环境保护方针、政策和行政规章，拟订国家环境保护规划，组织协调和监督检查各地区、各部门的环境保护工作。国务院环境领导小组的成立，不仅标志着我国环境保护监督管理机构的诞生，也标志着我国环境立法活动的正式开始，但是由于众所周知的原因，我国专门性环境立法到 1979 年才颁布试行。1979 年的专门性环境立法名称定为"环境保护法"，这个称谓一直沿用至今。

但是在我国法学研究和教学中，对学科称谓的使用却一直没有统一。目前，我国研究和教学领域，大体有三种称谓，第一种是"环境与资源保护法"，第二种是"环境法"，第三种是"环境资源法"，即本教材使用的名称。第一种称谓直接采用立法机关使用的称谓；第二种称谓来自英文译文，Environmental Law；第三种称谓强调资源在环境中的独立性。这三种称谓的重心和出发点虽有不同，但它们指向的都是同一个部门法，即是与污染防治、资源利用和生态保护有关的法律法规的总体。本教材使用第三种称谓，强调自然资源对人类的重要性。自然资源是社会生活和生产得以维持的重要物质保证，是社会和经济发展的动力源泉，没有自然资源的养料和原料供给，农业生产和工业生产都将难以为继，人类的生存也是不可能的；此外，自然资源中的不可再生资源具有稀缺性的特点，它在地球上的储量是有限的，在法律中强调资源在环境中的重要性和资源的稀缺性特点，有助于人们形成资源节约的意识，从而实现保护和改善环境的目的。

（二）环境资源法的概念

环境资源法是调整因保护和改善生活环境与生态环境，合理开发利用自然资源，防治环境污染和其他公害而产生的社会关系的法律规范的总称。主要包括以下三层含义：

1. 环境资源法的目的是保护和改善环境，保护人体健康和促进经济、社会可持续发展。

2. 环境资源法调整特定范围的社会关系。主要包括以下三种关系：以防治环境污染为主要内容的环境保护社会关系；以合理开发、利用和保护自然资源为主要内容的自然资源社会关系；以预防、救助和减轻自然灾害为主要内容的灾害防治社会关系等。

---

① 汪劲著：《环境法学》，北京大学出版社 2006 年版，第 41 页。

3. 环境资源法是调整环境利用关系的法律规范的总称。环境资源法律规范从表现形式看主要包括法律、行政法规、地方性法规、自治条例、单行条例和规章。关于污染防治和生态保护的法律、行政法规、地方性法规、自治条例、单行条例和规章共同构成了环境资源法律规范。

## 二、环境资源法的特征

环境资源法是应对现代环境问题的产物。作为一种社会控制手段，它与传统部门法一样都是出自国家并由国家强制实施、规定权利（权力）和义务的社会规范，因此从功能上讲，环境资源法具有法的一般规范作用，即告知、指引、评价、预测、教育和强制等规范作用，其中指引、评价、预测作用是以告知作用、教育和强制作用为前提或后盾的。[①] 但是作为一个新兴的独立法律部门，环境资源法特殊的调整对象和调整方法决定了它的独有特征：

第一，综合性。环境资源法以"保护和改善生活环境与生态环境，防治污染和其他公害，保障人体健康"为立法目的，这个目的的实现涉及非常复杂的社会和自然因素。从地域和空间上看，环境资源法的调整对象——人类的环境利用关系——涉及的范围非常广泛，不仅包括生产、流通、生活各个领域，且而和开发、利用、保护环境和资源的广泛社会活动有关；从环境问题的成因来看，环境问题是复杂的社会、经济、科技以及观念等因素长期共同作用的结果。要用法律手段有效控制和解决如此广泛的社会问题和如此复杂的环境问题，必须采用综合的法律规制方法和多样性的法律规范。因此，从内容上看，环境资源法律规范不仅包括专门性的污染控制和生态保护规范，还包括宪法、民法、行政法、劳动法、刑法中有关环境资源保护的规范；从法律措施上看，环境资源法采取了经济、技术、行政、教育等多种规制措施。

第二，科技性。环境问题的产生和科学技术的发展有着密切联系，近现代科学技术的高速发展及其在工业领域的广泛运用对环境产生了非常深刻的影响。为了预防技术的不当使用带来的有害环境影响，必须对技术的使用行为加以必要的法律限制，要求技术使用行为符合科学和自然规则。这种要求和限制的必然结果就是将大量的科学和自然规则转化为法律规则，来对人们进行引导、教育甚至强制。在一般的法律规范中，只有少数行为模式的确定需要考虑科学和自然的规则，而环境资源法律规范确定的行为准则需要大量的科学和自然规则作为支撑，如各类环境标准的制定就是以科学研究的成果为依据的，这些科技规则被法律确定了下来，就成为了人们的行为准则，对人的行为具有告知、指引、评价、教育和强制的功能。

---

[①] 张文显著：《法哲学范畴研究》，中国政法大学出版社 2001 年版，第 40 页。

第三，利益共同性。环境问题是超越体制贯穿人类历史的社会问题，只要是有人生存的区域，无论采取什么样的社会制度，都可能发生环境问题。这是因为整个地球是一个物质、能量不断循环的庞大生态系统，这个生态系统不受意识形态、政治国家以及人为疆界的影响。地球环境中的有机物、无机物相互依存。在生态系统中，每个生物都是错综复杂的食物链上的一环，食物链上任何一个环节的断裂都可能引起整个生态系统的崩溃。人是生态系统中的一员，处于食物链的末端，是靠食物链上的植物和其他动物养活的他养性生物。"人类既是他的环境的创造物，又是他的环境的塑造者，环境给予人以维持生存的东西，并给他提供了在智力、道德、社会和精神等方面获得发展的机会。"① "人类是自然的一部分，生命有赖于自然系统的功能维持不坠，以保证能源和养料的供应，文明起源于自然，自然塑造了人类的文化，一切艺术和科学成就都受到自然的影响，人类与大自然和谐相处，才有最好的机会发挥创造力和得到休息与娱乐。"② 因此，在自然界中，人必须尊重生态系统的自身规律，保持与自然的和谐，其种群才能够延续下去。当"由于人类活动或自然原因使环境条件发生不利于人类的变化，以致影响人类的生产和生活，给人类带来灾难"③ 时，就会发生环境问题。我们利用法律手段预防和控制环境问题，是在维护作为一个群体的所有人的共同利益。一个国家或地区严重的环境污染和生态破坏，最终会影响到其他区域人群的健康和安全。这是因为政治意义上的国家和地理意义上的国界虽然使地球环境在主观上被分成不同部分，但它无法改变自然上的联系和地理上一体化的事实。空气和水的流动以及动物的自然迁徙是任何政治制度和军队、国界所无法阻隔的。少数国家的森林破坏和二氧化碳排量增加，带来了全球气候的变化；前苏联切尔诺贝利核泄漏事故使周边国家的环境以及人身财产均遭受了不同程度的伤害；发生于公海的各种原油泄漏和倾废行为造成了各国内海的污染以及内海生物种群和数量的锐减……在经济全球化趋势日甚的今天，各种污染转嫁和跨境环境污染频频发生，各国无论主观上愿意与否，都不可能置身度外。一个国家或区域的环境资源法律制度，效力范围虽只在本国或本区域范围内，但客观上会起到维护人类整体的利益的作用。

## 第三节　环境资源法的发展概况

20世纪60年代末开始，在各国环境公众运动的推动和影响下，环境问题逐

---

① 《联合国人类环境宣言》，瑞典，斯德哥尔摩，1972年。
② 《世界自然宪章》，1982年10月28日联合国大会通过。
③ 金瑞林编：《环境法》，北京大学出版社1999年版，第16页。

渐受到政府的关注和重视，国际社会以及各国立法机关开始运用法律手段控制和解决环境问题，产生了许多国际和国内立法成果。

## 一、国际环境资源法的发展概况

国际环境资源法的发展经历了一个由慢到快，由小到大，由零散到系统的过程。这个过程以 1972 年联合国人类环境会议和 1992 年联合国环境与发展大会两个里程碑为标志，其最新的发展是 2002 年可持续发展世界峰会。

（一）国际环境资源法产生之前的概况

20 世纪初，国际社会已经通过了一些保护自然资源的国际条约。

1940 年以前产生的国际环境公约有：《保护农业益鸟公约》（巴黎，1902 年）、《保护海豹公约》（华盛顿，1911 年）、《油漆中使用白铅公约》（日内瓦，1921 年）、《国际捕鲸公约》（1931 年）、美加《边界水资源条约》（华盛顿，1909 年）、《保护处于自然状态下的动植物公约》（伦敦，1933 年）、《西半球自然保护和野生生物保存公约》（华盛顿，1940 年）等。1940 年以前的这些自然资源国际公约保护对象单一，适用范围狭小，还不具有控制和预防环境问题，保证人类可持续发展的目的。

1940 年以后，国际环境条约的数量明显增加，到 1970 年为止，大约缔结了 60 项国际环境条约。然而这些条约的主要目的是保护那些被人类视为"有价值的"环境组成部分，体现了明显的功利主义倾向。

（二）从斯德哥尔摩到里约

联合国人类环境会议于 1972 年 6 月在斯德哥尔摩举行。出席会议的有 114 个国家的代表和一大批政府间的组织和非政府组织的观察员，共约 1200 人。中国派代表参加了会议。会议的宗旨是"取得共同的看法和制定共同的原则以鼓励和指导世界各国人民保持和改善人类环境。"会议的重要成果为三项不具约束力的文件，即《人类环境宣言》、《行动计划》、《关于机构和资金安排的决议》。这些文件在同年秋季的第 27 界联合国大会上获得通过。

《人类环境宣言》的内容主要为两大部分，第一部分宣布 7 项对人类环境问题的共同认识。这些共同认识概括为对人与环境的关系的认识（第 1 项），对保护和改善环境的重要性和责任的认识（第 2 项），对人类改造环境的能力的认识（第 3 项），对发展中国家和发达国家的不同环境问题的认识（第 4 项），对人口与环境的关系的认识（第 5 项），对保护和改善人类环境这一人类共同的任务和目标的认识（第 6 项）和对国际环境合作的认识（第 7 项）。这些认识集中体现了自第二次世界大战之后，国际社会由环境急剧变化而形成的对人类与环境关系的新认识。它标志着人类对人与自然关系的认识发生了一次飞跃。它们不仅是《人类环境宣言》所宣示的 26 项共同原则的思想基础，而且为后来的国际环境保护事业和国际环境法的发展奠定了思想基础。《人类环境宣言》的第二部分宣布了 26 项指导人类环境保护事业的基本原则，这些原则可以归纳为 14 项，它们是：人类环境基本权利和责任（原则 1）；保护和合理利用地球自然资源（原则 4 至 7）；经济发展与环境保护（原则 8 至 15）；人口政策（原则 16）；国家的管理职能（原则 17）；科技作用（原则 18）；环境教育（原则 19）；环境科学研究和信息交流（原则 20）；国家资源开发主权权利与不损害国外环境责任（原则 21）；发展国际环境法（原则 22）；国际环境标准（原则 23）；国际合作（原则 24）；国际组织的作用（原则 25）和消除核军备竞赛（原则 26）。这些原则是在国际社会对人类环境问题的共同认识基础上形成的行为准则，对于指导各国的环境政策和国际环境法的发展具有重要指导意义。①

会议还建议成立一个新的联合国机构，即由一个理事会、一个秘书处和一个环境基金组成的联合国环境规划署（UNEP）。联合国大会于 1972 年 12 月 5 日通过的第 2997（XXVII）号决议赋予该理事会下列职能和职责：

● 促进在环境领域里的国际合作并为此推荐适当的政策；

● 为指导和协调联合国系统内的环境计划提供一般政策指导；

● 接受并审查联合国环境规划署执行主任提交的关于联合国系统内的环境计划的实施情况的定期报告；

● 不断审查世界环境形势以便确保新的具有广泛国际重要性的环境问题得到各国政府的适当而充分的考虑；

● 促进有关的科学和其他的专业团体对于环境知识和信息的获取、评估和交流的贡献；并且在适当的情况下，促进它们对于联合国系统内的环境计划的制订和实施的技术侧面的贡献；

● 保持不断的审查国际环境政策和措施对于发展中国家的影响，以及发展中国家因实施环境计划和项目而导致的额外代价；并确保这些计划和项目与这些国家的发展计划和优先项目保持一致。

1981 年，联合国环境规划署召集一批法律专家在蒙德维的亚起草了《关于制订和定期审查环境法的蒙得维的亚方案》，该方案于 1982 年被理事会接受。

联合国环境规划署在发展国际环境法方面起到了催化剂的作用。在联合国环境规划署的主持和配合下，四项全球性环境公约得到制订：

● 《濒危野生动植物物种国际贸易公约》（华盛顿，1973 年）；

● 《保护迁徙野生动物物种公约》（波恩，1979 年）；

● 《保护臭氧层维也纳公约》（维也纳，1985 年），以及《关于消耗臭氧层物质的蒙特利尔议定书》（蒙特利尔，1987 年）；

① 王曦编著：《国际环境法》，法律出版社 1998 年版，第 27 - 28 页。

- 《控制危险废物越境转移及其处置的巴塞尔公约》（巴塞尔，1989 年）。

在此期间，联合国环境规划署还发起了《区域海洋计划》。根据该计划将为保护 13 个区域海洋而签订公约、议定书和计划。此外，环境规划署还开发了各种准则或"软法"文件，其中有：

- 《关于化学品国际贸易资料交换的伦敦准则》（伦敦，1989 年）；
- 《保护海洋环境免受陆源活动污染的蒙特利尔准则》（蒙特利尔，2001 年）。

### （三）里约会议及之后的发展

#### 1. 联合国环境与发展大会

联合国环境规划署的 20 周年纪念以 1992 年 6 月在里约热内卢举行的联合国环境与发展大会（UNCED）为标志。联合国环境与发展大会的目的是形成适当的机制以对付人类在保护环境方面面临的实际危机，并同时保证最低水平的发展。

出席环境发展大会的有 116 位国家的政府首脑，172 个国家，8000 名代表，9000 名新闻记者和 3000 个非政府组织。会议的宗旨是"在加强各国和国际努力以促进所有各国的持久的无害环境的发展的前提下，拟订各种战略和措施，终止和扭转环境恶化的影响"。会议通过了三项法律文件和两项开放性签订的条约，三个法律文件是：《里约环境与发展宣言》、《21 世纪议程》和《关于森林问题的原则声明》；两项条约是：《联合国气候变化框架公约》和《生物多样性公约》。

《里约环境与发展宣言》（以下简称《里约宣言》）是联合国环境与发展大会的中心成果之一。它的主要内容是宣布关于环境与发展问题的 27 条原则，集中体现了国家社会所达到的对人类环境问题的更高认识。同 20 年前的《人类环境宣言》所反映的认识相比较，《里约宣言》在四个重大问题上有所突破。第一是在环境与发展的关系问题上的突破。《里约宣言》承认环境问题与发展问题之间具有密不可分的联系。环境问题阻碍人类社会的继续发展，不可持续的发展引起并加剧环境问题。人类不仅处于环境问题的中心，而且处于发展问题的中心。要保护和改善地球环境，必须解决发展问题，其中主要是消除贫困和改变生产和消费方式。第二是在国际环境合作问题上的突破。宣言提出建立新的公平的全球伙伴关系，主张各国以这样一种伙伴精神进行合作，共同解决人类面临的环境与发展问题。宣言关于建立"新的公平的全球伙伴关系"的思想比《人类环境宣言》所要求的全球合作的思想更为明确。第三是在社会经济发展模式问题上的突破。宣言提出了人类社会与经济发展的新模式，即可持续发展的模式，为各国和国际社会的环境保护和社会经济发展指出了一条新的道路。可持续发展模式的提出，具有重大的战略指导性意义。它引起了一场自 18 世纪工业革命以来的社会经济领域里的又一场重大变革，不仅如此，宣言还进一步明确指出实现可持续发展的基本途径，即改变传统的生产和消费方式并推行正确的人口政策。第四是在环境退化的历史责任问题上的突破。宣言确定了在全球环境退化问题上各国负有"共同但有区别的责任"。"共同但有区别的责任"既要求各国对保护全球环境共同作出努力，又要求发达国家作出更大的与它们的工业化对全球环境带来的巨大破坏相一致的努力。

《里约宣言》对国际环境资源法的发展予以前所未有的推动。它是发展中国家与发达国家之间的斗争与妥协的结果。它既体现了在全球环境保护问题上双方达成的一致，又体现了双方的分歧。宣言反映了发展中国家的很多愿望和要求，其中主要是承认发展中国家发展经济的愿望和要求。宣言认为发展经济和环境保护是密不可分的。

《21 世纪议程》是联合国环境与发展大会通过的另一重要文件。《21 世纪议程》是国际社会继 1972 年联合国人类环境会议制定的《行动计划》之后制定的又一项关于人类环境与发展问题的行动计划。《21 世纪议程》的目的是指出人类当前所面临的紧迫的环境与发展问题，并为各国提出相应的目标、活动和实施手段，以便"促使全世界为下一世纪的挑战做好准备"。《21 世纪议程》"反映了关于发展与环境合作的全球共识和最高级别的政治承诺"。①

2. 里约之后

联合国环境与发展大会之后，国际环境资源法向着更广、更深的方向发展。

1992 年 9 月，《防止船舶和飞机倾废污染海洋公约》（1972）和《巴黎陆源污染公约》的缔约国缔结了《东北大西洋海洋环境保护公约》。这个公约旨在取代前两个公约，其吸收了《里约宣言》和《21 世纪议程》倡导的许多思想和原则，以一个全新的整体生态系统的方法来对待东北大西洋的海洋环境问题。它采纳了风险预防原则、污染者负担原则、环境影响评价制度、信息开放和经济调节手段，是新一代环境公约的代表。

1994 年 10 月至 1995 年 10 月之间开放签订了《联合国防止荒漠化公约》，该公约的目的是以与《21 世纪议程》的要求相一致的综合的方法和有效地行动，控制荒漠化并减轻干旱，尤其是在非洲的干旱的影响。公约决定设立一个控制荒漠化的国际财政机制。

1992 年，《国际油污损害民事责任公约》（1969）和《设立国际油污损害赔偿基金国际公约》（1971）的成员国制定了一项关于赔偿责任的议定书。该议定书暗示油污损害赔偿的范围包括环境损害。

1993 年欧洲理事会制定了《环境危害活动所致损害的民事责任公约》，该公约吸收了《里约宣言》的许多成分。1994 年国际原子能机构制定了《核安全

---

① 王曦编著：《国际环境法》，法律出版社 1998 年版，第 39—44 页。

公约》。1989 年签订并于 1992 年开始实施了《巴塞尔公约》。

1993 年 5 月联合国环境规划署理事会通过了经修改的《关于制订和定期审查环境法的蒙特维的亚方案》。经修改的《关于制订和定期审查环境法的蒙特维的亚方案》为国际社会在当时和 21 世纪初的环境资源法的发展提出了 18 个方案领域和 7 个建议主题，具有很大的指导意义。[1]

2002 年 8 月 25 日至 9 月 4 日召开的约翰内斯堡可持续发展世界峰会，有包括 104 位国家元首和政府首脑在内的 192 个国家的 1.7 万名代表及其他各界代表等约 6.5 万人出席，使其成为联合国历史上规模最大的会议。会议的议题很广泛，涉及消除贫困、水资源短缺、提高世界市场可再生能源供应量和其他许多环境问题的解决办法等。会议达成了《可持续发展约翰内斯堡宣言》和《可持续发展世界首脑会议执行计划》等不具约束力的文件，这些文件的价值是就"在促进经济发展的同时保护生态环境"发出了行动信号，将根除贫困视为当前全球面临的最大挑战，并敦促发达国家作出具体努力，提高向发展中国家的官方发展援助数额。会议的目标之一是通过一项关于使用可再生能源的条约并将于 2015 年实施。欧盟成员国竭力说服其他国家接受在全世界范围内增加使用可再生能源的时间表：到 2015 年，世界各国所需能源的 15% 将为可再生能源。但是这一建议触犯了美国、日本、石油输出国组织成员等国家的利益，遭到他们的反对和抵制，最终没有通过关于使用可再生能源的条约，只是达成了没有法律约束力的《关于使用可再生能源的声明》。这项声明没有制定具体的目标，只号召世界各国发展清洁和绿色能源。会议还呼吁各国尤其是发达国家签署和核准 1997 年 12 月达成的旨在限制发达国家温室气体排放的《气候变化框架公约京都议定书》，但发达国家无一响应。这次会议只是强调了全球环境问题的严峻性和复杂性，并未采取实质行动，在国际环保的组织机构方面未有进展，在援助、减债、消除补贴等方面未出台任何时间表，发达国家也未作出实质性承诺。

## 二、国内环境资源法的发展

国内环境资源立法的发展路径大致与国际环境资源法相同，即从最初的对污染预防和自然资源保护的关心发展到对整个人类的可持续发展问题的关心。但由于国家间发展程度和法律传统的不同，发展中国家和发达国家在环境资源法的发展上表现出不同的特点。我们知道，多数发展中国家是在第二次世界大战后获得民族独立和国家主权的，所以其环境资源法律制度多是在 1945 年以后建立和发展起来的。1945 年以后恰巧是国际环境运动发展和高涨时期，所以多数发展中国家的环境资源法律制度都不同程度地受到国际环境运动的影响，其

---

[1] 王曦编著：《国际环境法》，法律出版社 1998 年版，第 48 - 49 页。

在立法的表现形式上有着一些共同的属性。而发达国家的环境资源法律制度由于其固有的法律传统和环境问题的不同，差异比较大。

（一）发展中国家环境资源立法的发展

在斯德哥尔摩会议之前，尽管许多发展中国家已有关于环境的某些方面的立法，如在非洲有关于野生动物保护的法律，但大多数环境立法仍局限于自然和自然资源保护以及保护公众健康。斯德哥尔摩会议之前的"环境资源立法"有三个突出的特点：其一，法律的范围大多是部门法；其二，大多"重在利用"（use-oriented）；其三，都"重在规则"（rule-oriented）。

发展中国家环境资源立法的发展可分为两个时期：第一个时期，即前斯德哥尔摩时期，主要以"重在利用"的自然资源法为特征；第二个时期见证了"重在资源"的立法、反污染法和最后的重在系统和统一的法律制度的出现，其原因是这个时期的立法从 20 世纪 70 年代的环境觉醒中获得了动力。这些类型的立法在不同时期出现于各区域，例如，当重在系统的法律制度开始在非洲和亚太区域的一些国家出现的时候，它在拉丁美洲已经出现；在非洲，重在资源的立法于 20 世纪 70 年代中期出现，而在拉丁美洲这一发展出现得更早。

在前斯德哥尔摩时期，发展中国家都存在针对具体的自然资源部门的部门法，如关于土地、森林、水、矿产、野生动物、渔业等部门的法律。这些立法在很大程度上主要关注自然资源的分配和利用而非它们的可持续管理。

由于这种固有的"重在利用"倾向，这种部门法律制度含有极为有限的关于管理资源利用的有害环境后果的规定。水法主要关心的是水权的分配（建立水利工程和发放取水证）而非水保护和预防、控制水污染。著名的例子有马拉维 1926 年的《水利工程法令》、苏丹 1940 年的《尼罗河抽水控制法令》、斐济 1955 年的《供水法》和 1961 年的《疏浚法》。森林立法几乎无一例外地集中于建立国家对森林资源的垄断权和森林开发的许可证制度。如，苏丹 1932 年的《森林控制法令》、肯尼亚 1942 年的《森林法令》和马拉维 1942 年的《森林法令》。关于土地资源的立法主要针对土地使用权问题而非土地利用和土地保养问题。环境与自然保护的成分只是在其后作为对环境退化的尖锐事件的反映而零碎地嵌入这些法律。

因此，20 世纪 50 年代至 70 年代之间，在一些发展中国家出现了被称为"重在资源"的立法。在大多数国家对环境资源加速开发和利用，引起了巨大的环境压力，包括可更新自然资源的不可逆转的退化和不可更新资源的消耗。"重在资源"的立法基本上注重自然资源的长期管理和可持续利用。新的法律制度不仅要求资源利用要注意环境方面的考虑，而且强调制定自然资源管理计划。赞比亚 1970 年的《国家资源法》包含有制定自然资源保护计划、整治和恢复措施、预防土壤侵蚀和控制水污染的规定。肯尼亚 1955 年的《农业法令》规定为特定的土地区域制定水土保养计划和为对付土壤侵蚀和森林减少问题管理土地利用的规定。野生动物立法逐渐包含了通过保护易受伤害物种来保持安全的最小数量的概念。博茨瓦纳 1961 年的《动物保护法》，在其附录二中列举了"受保护的狩猎物种"。对这些物种的狩猎许可证只有为有限的目的才颁发。这种野生动物立法的趋势在肯尼亚 1976 年的《野生动物（保护和管理）法》中得到了最好的说明。该法不仅包含受保护的动物和鸟类的名单，而且按照《濒危野生动植物物种的国际贸易公约》的管理制度严格管理猎获物种和标本的贸易。在坦桑尼亚 1974 年《野生动物保护法》和津巴布韦 1975 年《公园和野生动物法》中也可发现同样的规定。

除了"重在资源"的立法和反污染法的发展之外，后斯德哥尔摩时期还见证了"重在系统"的法律制度的出现。近年来，由于对生态系统内部的相互关系和环境压力之间的联系之认识的提高，人们日益认识到：即便是"重在资源"立法和反污染立法得到很好的结合也无法保证环境质量和可持续发展。于是，发展中国家开始从整个法律系统入手解决环境问题。这种转变首先开始于拉丁美洲，哥伦比亚 1974 年的《可更新自然资源和环境保护法典》和委内瑞拉 1976 年的《基本环境法》是这种转变的代表。"重在系统"的法律制度的目标是在所有的生态政策和环境管理方案的基础上对环境进行综合的规划和管理。这成为发展中国家环境资源立法的一个重要趋势。[①]

（二）发达国家环境资源立法的发展

1. 英国

众所周知，工业革命首先发生在英国，因此，大工业生产对英国的影响最早，其环境问题的发生在世界上也是较早的。

在英国"污染问题很早就引起了政府、财产所有者以及市民的关注。为了应对环境污染，一些污染防治的法律相继出台。从 14 世纪开始，法律就禁止市民扰乱泰晤士河，禁止向流经城墙内的河段抛掷动物尸体"[②]。在专门的环境行政机构成立之前，环境事务大多被当做公共健康问题来处理。

英国以法律形式公开关注环境问题源自于 19 世纪对公共健康问题的关注。大规模城镇化的到来和肮脏不卫生的贫民窟、雨后春笋般的出现的工厂共同催生了 1875 年的《公共卫生法》。这部法的立法目的在于保护公众健康和确保住房的最低标准。但是，1875 年的死亡率依旧同前四十年相当，婴儿死亡率高得令人毛骨悚然、不寒而栗，直到 19 世纪末，这种现象也没有明显的改观。

---

① 王曦主编/译：《联合国环境规划署环境法教程》，法律出版社 2002 年版，第 19 – 21 页。

② Sue Elworthy, Jane Holder: Environmental Protection Text and Materials, Butterworths, London, Edinburgh, Dublin, 1997, 47.

1875 年《公共卫生法》的实施取得了合理的成效并促成了卫生和健康法律的法典化，但是这部法律仅仅是居高不下的死亡率开始下降的一个信号。实质上，将公共卫生问题法典化在英国经历了一个较复杂的过程。1838 年 Edwin Chadwick 委派《平民法》（Poor Law）医疗调查组深入到伦敦的贫民窟进行实地调查，1842 年，这个调查组发表了他们的调查报告：《大不列颠劳动人口卫生状况研究》。随后，议会出台了 1848 年《公共卫生法》。但是由于这部法中很少有强制性条款，因此，19 世纪五六十年代，公共卫生的行政效率并不高。在 1848 年到 1872 年之间，有关公害、污水净化、疫苗、疾病和一般公共健康和普通住宅问题的大量成文法律出台并实施。在这个时期，尽管公共卫生法产生了，但是它那令人迷惑和复杂的实施方式连训练有素的专业人员都难以驾驭，更不消说是普通公众；而且，城市和乡村权力部门责任的区分为实施这项法律增加了不必要的障碍。此外，这些法律中的条款多为选择性规范而非强制性规范。公共卫生法的这些缺陷使其无法发挥应有的功能。英国 19 世纪 60 年代开始的改革对环境资源法的发展起到了举足轻重的作用。这个时期的改革确立了地方政府的责任。1868 年，政府同意成立皇家卫生委员会全面执行卫生法律。1871 年，皇家卫生委员会建议出台新的《公共卫生法》，最终，议会于 1875 颁布了这部法律。1875 年以后，有关公共卫生的法规和法典相继出台。主要包括：1936 年的《公共健康法》和 1961 年《公共健康法补充规定》及 1969 年《公共健康（二次公害）法》。后来，议会还颁布了另一些相关法律来处理影响公共健康和社会中的特殊行业的健康问题。这些特殊性的法律涉及废物处理、水、空气清洁、垃圾处理以及工作场所健康安全问题等。例如，1993 年的《空气清洁法》就强化了早期的特殊性法律的内容。1974 年颁布的《污染控制法》在公众健康立法方面取得了更进一步的发展。这部法律力图通过环境保护标准保护公众健康。随着有关垃圾收集、储存和处置以及固体有毒废物的处置、废水处理、噪音、空气清洁和工业废气排放的相关机构做出了大量系列性的报道和调查，污染控制法被列入成文法中。1990 年的环境保护法是英国环境法发展进程中的关键事件。这部法律明确其宗旨不仅在于保护公众健康，还在于进行环境保护①。

2. 美国

20 世纪 60 年代至 70 年代，由于环境问题的严重化和国家加强环境管理的迫切需要，美国加快了环境立法的步伐，环境保护的专门法规涉及极其广泛的领域，从反映国家环境政策的基本法到大气污染控制法、水污染控制法、固体废物处置、噪音控制、核废物处置、农药管理、有毒化学品的污染防治、资源

① David Hughes: Environmental Law, Butterworths, London, Dublin, Edinburgh, 1996, 3 - 4.

保护及恢复、能源重组、濒危物种保护、海洋哺乳动物保护等等。1969 年颁布并于 1970 年生效的《国家环境政策法》是联邦国会第一部反映美国国家环境政策以保证环境质量的重要立法。它在美国环境法体系中，具有最高的基本法的地位。该法第 2 条第 1 节规定：美国的各项政策、条例和公法的各种解释与执行，均应与本法规定的政策相一致。

美国《国家环境政策法》明确了政府环境公共权力的合法性。这部法的国会国家环境政策宣言（第 4331 条）明确规定："鉴于人类活动对自然环境一切构成部分的内在联系具有深远影响，尤其在人口增长、高度集中的都市化、工业发展、资源开发以及技术日益进步所带来的深远影响，并鉴于恢复和保持环境质量对于全人类福利与发展所具有的重要性，国会特宣布：联邦政府将与各州、地方政府以及有关公共和私人团体合作采取一切切实可行的手段和措施，包括财政和技术上的援助，发展和增进一般福利，创造和保持人类与自然得以共处与和谐中生存的各种条件，满足当代国民及其子孙后代对于社会、经济以及其他方面的要求。为了执行本法规定的政策，联邦政府有责任采取一切切实可行、并与国家政策的其他基本考虑一致的措施，改进并协调联邦的计划、职能、方案和资源，以达到如下目的，即国家应当：（1）履行每一代人都作为子孙后代的环境保管人的责任；（2）保证为全体国民创造安全、健康、富有生命力并符合美学和文化上的优美的环境；（3）最大限度地合理利用环境，不得使其恶化或者对健康和安全造成危害，或者引起其他不良的和不应有的后果；（4）保护国家历史、文化和自然等方面的重要遗产，并尽可能保持一种能为每个人提供丰富与多样选择的环境……"，"总统府设立环境质量委员会……按照本章第 4331 条规定的政策对联邦政府的计划和活动进行评价；对国家的科学、经济、社会、美学与文化等方面的需要和利益具有清晰的认识和责任感，并能就促进环境质量的改善提出各项政策（第 4342 条）"①。委员会具有以下责任和职能：（1）在总统依照本节第 4341 条制作环境质量报告时，提供帮助和建议；（2）实施收集关于当前和未来环境质量的状况以及发展趋势的正确资讯，并对该资讯进行分析和解释，以确定这种状况与发展趋势是否妨碍本节第 4341 条所规定政策的贯彻执行，编辑关于此项情况与发展趋势的研究报告并向总统提出建议；（3）按照本章第一节所规定的政策，对联邦政府的各项计划和活动进行审查和评价，以确定这些计划和活动有助于该政策贯彻执行的程度，并就此向总统提出建议；（4）研究促进环境质量的改善问题，并向总统提出各项国家政策的建议，以达到环境保护和国家社会、经济、卫生及其他方面的需要与目的；

① 赵国青主编：《外国环境法选编（第一辑）》（上），中国政法大学出版社 2001 年版，第 211 - 216 页。

（5）对生态系统与环境质量进行调查、研究、考察、探讨与分析；（6）记录并确定自然环境的变化（包括植物系统和动物系统的变化），并积累必要的数据资料及其资讯，以便对这些变化与发展趋势进行持续的分析研究，并对其原因作出解释；（7）就环境的状态和情况每年至少向总统汇报一次；（8）根据总统的要求，提出有关政策与立法等事项的研究、报告与建议。

美国1972年制定的联邦水污染控制法确认了联邦环境保护局局长的个人负责制（第1251条第4款），并明确规定了其职责：局长应当制定预防、减少和消除污染的国家计划并被授权行使下列权力：（1）收集研究或其他活动的结果以及其他信息，包括局长本人与之有关的适当的建议，并使之可以获得；（2）与其他联邦部门和机构、州水污染控制机构、州级机构、其他公共和私人机构、团体、组织、有关企业和个人合作，准备并从事第1款第1项规定的研究和其他活动；（3）向州水污染控制机构、州级机构、其他公共或非营利性私人机构、团体、组织和个人提供补助……

### 3. 德国

德国一直很重视保护自然生态系统，维护生态平衡。1976年，总理施密特在议会发表政府声明时就提出，联邦共和国的环境应成为一个使人感到是"值得住的"、"舒适的"国家。联邦共和国经济合作部长说："保护自然环境是德国发展政策的重点。"随着工业的发展，联邦德国开发利用自然资源的范围越来越广。为了保护自然环境和生态系统，《矿山还原法》规定，凡是被破坏的土地（包括农田和草地等）必须还原再造，以恢复原来的自然景观。实际上，在还原再造的过程中，人们并不满足于仅仅恢复原来的自然景观，而是根据需要重新全面规划，还原后，不仅有森林、农田、草地和人工湖泊，而且有游览、休假地和新建的村镇，从而大大改善了原来的自然景观和生态系统。

为了便于土地还原再造，联邦德国在开矿时将表层土按剥离的先后顺序堆放在一边，开采后还原土地时，先填底土和无害垃圾，然后再按顺序回填各层表土。土地还原后，按规定，第一年种绿肥，第二年种甜菜，从第三年开始种植粮食作物。5年后，也就是待土地充分成熟化后，采矿公司才能把土地移交给农民耕种。

20世纪60年代以前，保护环境的要求开始提出，到1959年底，联邦议会通过了《自然保护法》、《原子能法》等环境法律和法规，进入60年代以后，环境污染成了重大的社会问题。在60年代，除了对以前通过的一些环境法律、法规进行了修订外，又增订了《水资源管理法》、《植物保护法》等，把环保法律规范扩大到工业、交通、城建和水域管理等许多部门。70年代以来，又制定了《环境基本法》、《消除废物法》、《防止飞机噪声法》等，把环保法律规范扩大和深入到生产和生活的各个方面。90年代，又颁布了《环境检测法》、《环境信息法》、《信息经济和废物清除法》、《联邦侵扰防护法》等，使环境保护法律规范渗透的面更广。

这些法律法规中，均确立了政府在不同的环境领域中的权力和职责。以1990 年《环境检测法》为例，该法第 2 条规定："环境监测是政府执行管理的一部分，为制定计划服务。"第 3 条规定：根据本法提出的设备计划应当处在环境监测之下。联邦政府通过联邦参议院同意的法律条款对下列事项授权：（1）将可能对环境造成重大影响的设备纳入计划之内；（2）考虑到欧洲共同体会议或委员会法律文件，计划不包括那些担心对环境造成重大影响的设备。在授权基础上的法律条款需要联邦议院同意，如果联邦议院接到法律条款后不在 3 周内拒绝给予批准。当有紧急的防务理由或履行国家间义务时，联邦国防部长可以根据与联邦环境自然保护和核安全部长达成一致意见后制定的原则，同意为国防服务的计划不适用本法或不适用本法的具体要求。但是，应考虑环境免受有害的影响。其他涉及审批程序的法律条款不受影响。联邦国防部长每年向联邦环境自然保护和核安全部长报告本款的实施情况。第 5 条规定：当计划的承办者向主管部门报告计划时，主管部门应立即根据计划承办者提供的材料就环境监测的现状、范围和方法以及其他执行环境监测可能出现的问题进行说明……主管部门应将环境监测的范围以及根据第 6 条所附材料的种类和范围通知计划承办者……第 11 条规定：主管部门的工作要在第 6 条资料基础上，根据第 7 条和第 8 条的主管部门的意见以及根据第 9 条公众的意见，对计划给予第 2 条第 1 款所指保护对象的影响及相互作用进行说明。自己调查的结果要包括进去……第 12 条：主管部门在第 11 条总结说明的基础上对计划的环境影响做出评估，并在批准计划的决定中考虑依据本法第 1 条、第 2 条第 1 款第 2 项和第 4 项有效的环境预防措施。

4. 日本

日本曾被称为"公害列岛"，随着一系列环境措施的实施，这个被称为"公害先进国"的国家成了公认的"公害治理先进国"。

从 20 世纪 50 年代初开始，日本相继发生了富山骨痛病事件、新泻水俣病事件、熊本水俣病事件和四日市烟害事件等震惊世界的四大公害事件，公害受害者及其遗属在日本律师团的声援和支持下，纷纷向法院提起损害赔偿的诉讼请求。公害问题，作为一种法律现象，在日本首先是以司法救济的形式出现的。

通过民事裁判追究加害者的损害赔偿责任，是以对受害者的事后救济为目的的，但不能从根本上解决日益严重的公害问题，所以，从 20 世纪 50 年代后期开始加强了环境立法。并于 1967 年颁布了《公害对策基本法》，1976 日本召开了第六十四届国会（被称为公害国会），历时一个多月，专门讨论公害问题，修订了《公害对策基本法》、《大气污染治理法》、《噪声防治法》、《下水道法》、

《道路交通法》、《毒品和剧毒品管理法》和《自然公园法》，新制定了《水污染防治法》、《海洋污染和海上灾害防治法》、《农田土壤污染防治法》、《防治公害事业费企业主负担法》、《关于危害人体健康公害犯罪制裁法》、《废弃物处理与清扫法》等，这次国会会议制定和修订了 14 部环境保护的法律，开创了世界环境法制史上的先河，堪称日本环境法制建设上的一个里程碑。1971 年，日本又制定了《自然环境保护法》、《恶臭防治法》、《公害防治事业国家财政上的特别措施法》和《环境厅设置法》等重要法律，形成了一个以《公害对策基本法》为基本法的相当完备的环境法体系。

根据《环境厅设置法》，日本政府于 1971 年 7 月撤销了 1954 年建立的中央公害对策特别委员会，设立了统管全国环境保护工作的环境厅，由内阁总理大臣直接领导，环境厅长官则以内阁大臣身份参加内阁，从而结束了长达 6 年的由五大臣，即：大藏大臣、厚生大臣、农业大臣、通商产业大臣及运输大臣联合执政的那种政出多门、互相推诿扯皮的环境管理状态。《环境厅设置法》的实施理顺了环境行政管理体制，开创了环境保护工作的新局面。日本政府依法成立了具有准司法性质的中央公害调整委员会和都、道、府、县公害审查会，建立了一套行之有效的环境纠纷处理制度。这种具有准司法性质的行政执法机构，拥有行使职权调解、仲裁和裁定的权力，它们对环境纠纷案件的处理，具有程序简单、案件审结时间短、诉讼费用低等优点。现在日本所发生的环境纠纷案件，绝大部分都是经过公害调整委员会和公害审查会处理的，从而大大减轻了各级法院的负担。公害调整委员会和公害审查会的办案人员一般都是环境保护专家、法律专家，业务熟练，办案效率高，质量好。对公害调整委员会和公害审查会处理的案子不服的，可依法向法院起诉。

日本《环境基本法》既是基本法、又是一部授权法。它给政府公共权力赋予了很大的行动空间。日本环境法授权政府行使的公共权力主要包括：（1）制定环境质量标准，明确国家环境质量目标；（2）制定污染物排放标准，实行污染物总量控制；（3）控制国土的开发利用，建立健全环境监督、监测制度；（4）制定公害防治规划，采取环境综合整治措施；（5）建立公害防治事业费企业主负担制度；（6）建立健全环境影响评价制度；（7）制定公害防治事业国家财政税收上的特别措施和优惠政策；（8）建立公害纠纷处理制度，惩治公害违法犯罪行为；（9）建立公害病的认定和公害受害者的补偿制度。

日本《环境基本法》第 6 条规定：国家拥有制定和实施有关环境保护的基本的且综合性的政策和措施的职责。第 7 条规定：根据基本理念，地方公共团体拥有制定和实施符合国家有关环境保护政策的地方政策，以及其他适应本地方公共团体区域自然社会条件的政策和措施。第 12 条规定：政府应当每年向国会提交一份有关环境状况和政府采取的有关环境保护政策和措施的报告。政府每年应当在考虑前款报告中有关环境状况的基础上，做出明确将要采取的政策和措施的文件，并将其提交国会。第 15 条：为了谋求综合而有计划地推进有关环境保护的政策，政府应当制定有关环境保护的基本规划……内阁大臣在听取了中央环境审议会的意见后，应该编制环境基本政策方案，并提请内阁会议作出决定。内阁总理大臣在内阁会议作出前款规定的决定后，应当立即公布环境基本规划。

（三）中国环境资源法发展概况

中国环境资源法的发展经历了四个阶段。

1. 环境资源法的产生阶段

从建国到 1973 年中国第一次环境保护会议召开，是中国环境保护事业兴起和环境资源法孕育和产生阶段。这一阶段的环境资源法律主要以自然资源法为主。1951 年颁布了《矿业暂行条例》，1953 年颁布了《国家建设征用土地办法》（现已失效），1957 年颁布了《水土保持暂行纲要》，1956 年颁布了《矿产资源保护试行条例》和《工厂安全卫生规程》（现已失效），1959 年颁布了《生活饮用水卫生规程》（现已失效）。这个时期中国制定的有关环境与资源保护管理的法规和标准已经涉及环境保护的主要方面，但它还归属于经济行政和卫生行政，在总体上还没有形成完整的环境保护概念，环境立法也非常零散，并且这些规定中的义务性规范也没有法律责任制裁作保障，对规定的执行完全依赖于党和政府的政治、行政压力以及行为主体的"革命自觉性"和对革命工作的政治热情。

从政府环境行政权看，1973 年，成立了国务院环境保护领导小组。其主要责任是，制定环境保护方针、政策和行政规章，拟定国家环境保护规划，组织协调和监督检查各地区、各部门的环境保护工作。

2. 环境资境法的艰难发展阶段

从 1973 年 8 月中国召开第一次全国环境保护会议至 1978 年十一届三中全会，是我国环境保护工作和环境资源法艰难发展的阶段。这个阶段，由于国内政治形势混乱，我国的环境法制建设发展相当缓慢。1973 年国务院召开了第一次全国环境保护会议，把环境保护提上了国家管理的议事日程。1974 年，颁布了《防止沿海水域污染暂行规定》，1978 年修订的《宪法》第一次对环境保护作了如下规定："国家保护环境和自然资源，防止污染和其他公害"。这一时期，还颁布了工业三废排放试行标准、生活饮用水卫生标准、食品卫生标准。

3. 环境资源法的初步完善阶段

十一届三中全会以来，我国的政治、经济形势发生了重大变化，国家的环境保护和法制建设也进入了一个蓬勃发展的时期，并初步建立了完整的环境法律体系。这一期的标志性事件是 1979 年《环境保护法（试行）》（现已失效）的颁布。1982年我国开始了经济体制改革，为了适应经济发展的需要，也对环保机构进行了调整。国务院撤销了国务院环境保护领导小组，其业务并入新建的城乡建设环境保护部，成为该部内设的一个局，称环境保护局。随后，绝大多数地方人民政府也将原设置的环境保护监督管理机构与城乡建设部门合并。国务院的这种调整意在将不上编制的原国务院环境保护领导小组，并入一个较高级别（部级）的常设机构城乡建设环境保护部，以加强环境保护监督管理工作。但是，由于认识不足，合并后反而削弱了环境保护监督管理工作。为了纠正这种现象，国务院1984年成立环境保护委员会，以加强对全国环境保护的统一领导和部门间的协调工作。同年年底，原城乡建设环境保护部内的环境保护局对外称"国家环境保护局"，享有相对独立性。随后，一些地方的环境保护监督管理机构也做了相应的调整。

　　4. 环境资源法的全面发展阶段

　　1988年，国务院决定将原城乡建设环境保护部中的环境保护局独立出来，直属国务院，同时作为国务院环境保护委员会的办事机构，称"国家环境保护局"。1989年12月，《环境保护法》颁布施行。根据该法，建立起了符合我国国情的环境保护监督管理体制，即统一监督管理与分级、分部门监督管理相结合的体制。20世纪90年代后，我国的环境资源立法迅速发展，出台了一系列环境资源法律法规。污染治理方面的法律法规主要有：《海洋环境保护法》、《防止船舶污染海域管理条例》（现已失效）、《水污染防治法》、《大气污染防治法》、《环境噪声污染防治条例》（现已失效）、《固体废物污染环境防治法》等等；在自然资源和资源方面，这一时期颁布了《水产资源繁殖保护条例》、《水土保持工作条例》（现已失效）、《水土保持法》、《渔业法》、《矿产资源法》、《森林法》、《土地管理法》、《水法》、《野生动物保护法》等。截至2006年8月，我国已制定了一部综合性环境保护基本法——环境保护法，九部自然资源保护单行法①，五部防治环境污染单行法②，三部将自然资源保护和污染防治集于一体的环境保护法律③以及大量的全国性环境保护行政法规、规章和地方性环境资源行政法规、规章。此外，还包括解决环境资源纠纷的程序法。④

---

　　① 指水法、土地管理法、矿产资源法、渔业法、森林法、草原法、野生动物保护法、水土保持法和防沙治沙法。

　　② 指大气污染防治法、水污染防治法、固体废物污染环境防治法、环境噪音污染防治法和放射性污染防治法。

　　③ 指海洋环境保护法、环境影响评价法和清洁生产促进法。

　　④ 指由行政诉讼法、民事诉讼法、刑事诉讼法和行政复议法等。

## 第四节 环境资源法的体系

### 一、环境资源法体系概述

环境资源法体系，是指由一国有关保护和改善环境、合理开发利用自然资源、防治污染和其他公害的所有法律规范组成的一个相互联系、相辅相成、有机联系的规范统一体。这个体系是内外协调一致的，它对外与其他法律部门相互协调，以保证整个法律体系的和谐统一；对内各法律规范之间协调互补，以保证发挥环境资源法的整体功效，维系环境资源法的独立存在。

环境资源法的体系是一个历史的、动态的范畴。在 20 世纪 60 年代以前，尽管世界上尚未出现整合性环境保护的概念，但各国已针对局部的环境污染、妨害和自然破坏问题制定了一些污染防治和自然保护的法律。直到 20 世纪 60 年代以后，伴随着环境保护的全球化趋势，各国才意识到通过立法对环境领域存在和面临的共同性问题进行综合整治的重要性，这时用统一的指导思想和原则方法来构建和完善环境资源法体系的共识才开始在各国形成。所以说，环境资源法体系也是国家在环境保护领域为促进环境与资源的可持续发展和利用而制定的相关法律的集群。[①]

环境资源法体系是由环境资源法的调整对象决定的，调整对象的独立性决定了法律规范的独特性，从而决定了整个环境资源法体系的独特性。从环境资源的调整对象上看，环境资源法是对现代社会中的污染防治关系、自然资源保护关系和自然灾害防治关系进行调控的法，因而它应当包含污染防治、自然资源保护和自然灾害防治这三个方面的法律规范，并由一个综合性的基本法加以全面规定。这些独立的法律规范具有自己的特殊性，与构成其他传统法律部门的法律规范并不发生重叠或矛盾，从而可以避免环境资源法与其他法律部门的冲突，保持整个法律体系的协调一致与相对和谐统一。环境资源法调整对象也决定了环境法律体系中各个子法律部门的构成。这些子法律部门可以分为三类：一类是由有关污染防治的法律规范构成，可称之为污染防治法，主要包括水污染防治法、大气污染防治法、海洋污染防治法、环境噪声污染防治法、有毒有害物质控制法、放射性污染防治法等；一类是由自然资源保护的法律规范构成，可称之为自然资源法，主要包括森林保护法、草原保护法、风景名胜区保护法等；一类是由有关自然灾害防治的法律规范构成，可称之为灾害防治法，主要

① 汪劲著：《环境法学》，北京大学出版社 2006 年版，第 114 页。

包括防洪法等。这三类性质相同的法律规范紧密地交织在一起，从而使各个部门法也密切相关、协调共处。

## 二、我国环境资源法的体系

我国环境资源法体系中包括污染防治、自然资源保护和自然灾害防治三类法律规范，主要由以下八个方面组成。

（一）《宪法》中有关环境资源的法律规范

我国早在建国初期起草具有临时宪法作用的《共同纲领》中，就设有环境保护规范①。在1978年和1982年颁布的《宪法》中，也都设有环境保护规范。现行的1982年《宪法》第9条第2款、第10条第5款、第22条和第26条的规定都涉及环境保护问题。在这些宪法条文中明确了环境保护的任务、内容和范围，体现了我国保护和改善环境的基本国策，是开展环境保护工作，进行环境监督管理和环境司法、制定环境资源法律、法规和规章的根本依据。

（二）综合性环境资源基本法

这一类的环境保护法律，是适应环境要素的相关性、环境问题的复杂性、环境保护的综合性和科技性的需要而出现的，是国家环境保护方针、政策、原则、制度和措施的基本规定。其法律规范的特点是原则性和综合性。美国的《环境政策法》、俄罗斯联邦的《环境保护法》、日本的《环境基本法》和我国的《环境保护法》均属于这一类。这类环境保护法在整个环境资源法体系中，具有重要的地位和不可代替的作用。其效力仅次于《宪法》和国家基本法，是制定环境资源体系中的自然资源和污染防治单行法、环境保护行政法规、规章的基本依据。

（三）环境资源单行法律法规规章

从内容上看，环境资源单行法包括污染防治、自然资源保护和自然灾害防治三类单行法律。它们共同特点是：从立法宗旨上看，都是为了防治某一类污染物或者保护某一类自然资源而制定的，因而称之为环境资源单行法，而与上一层次的综合性基本法相区别；从立法模式上讲，环境污染防治法律所组成的法律规范基本上是污染防治方面，但也包含个别的自然资源保护条款，而自然资源单行法，其中也含有个别环境污染防治的法律法规。可见，这三类环境资源单行法之间均存在相互交叉的法律规范。

1. 环境污染防治单行法律、法规、规章

我国已先后颁布了《大气污染防治法》、《水污染防治法》、《固体废物污染环境防治法》、《环境噪声污染防治法》、《环境影响评价法》、《清洁生产促进

---

① 《共同纲领》第32条和第33条等的规定。

法》。前四部污染防治单行法，是防治某类污染物的牵头和综合性单行法，后两部单行法律则有所不同，它们均包含防治环境污染和自然资源保护规范，只是适用的对象和范围与《环境保护法》不同，为了使上述单行法具体化和便于实施，国务院和有关部（委）还相应制定了配套的实施细则、条例，如《大气污染防治法实施细则》（现已失效）、《水污染防治法实施细则》、《排污费征收使用管理条例》、《建设项目环境保护管理条例》、《建设项目环境影响评价资格证书管理办法》（现已失效）、《化学危险物品安全管理条例》、《农药管理条例》、《城市放射性废物管理办法》、《放射环境管理办法》（现已失效）等。

2. 自然资源保护单行法律、法规、规章

这类单行法的突出特点是，在立法模式上采用与自然资源管理法律法规合并在一个法律文件中的形式，也就是说，这类法律文件中，既包括自然资源管理法律规范，又包括自然资源保护法律规范。因此，从立法目的上看，既是为了保护作为环境要素的自然资源，也是为了经营管理作为财富的自然资源。从法律性质看，具有双重性，既是属于环境保护法体系中的自然资源保护单行法，也属于经济法中的自然资源管理法，故可将这类法律文件称为自然资源法。这一类法律主要有：《水法》、《土地管理法》、《农业法》、《渔业法》、《矿产资源法》、《森林法》、《草原法》、《野生动物保护法》、《水土保持法》、《防沙治沙法》、《种子法》等。此外，为了贯彻实施上述法律、法规，国务院以及国务院有关部委还制定了配套实施的细则、条例和办法，如《取水许可和水资源费征收管理条例》、《土地管理法实施条例》、《土地复垦条例》、《基本农田保护条例》、《矿产资源法实施细则》、《森林法实施条例》、《渔业法实施细则》、《水土保持法实施条例》、《陆生野生动物保护实施条例》、《水生野生动物保护实施条例》、《森林和野生动物类型自然保护区管理办法》和《全国生态环境保护纲要》，等等。

3. 自然灾害防治单行法律、法规、规章

我国已先后颁布了《水土保持法》、《防沙治沙法》、《防洪法》、《防震减灾法》等。

（四）环境资源纠纷解决程序的法律、法规、规章

这一类法律、法规和规章是有关追究污染或者破坏环境者的行政责任、民事责任和刑事责任的程序性法律规范。这类规范现代各国一般都沿用国家颁布的行政诉讼、民事诉讼和刑事诉讼以及调解、仲裁中的有关法律规定。专门制定环境纠纷解决程序的国家，仅见于日本1970年颁布的《公害纠纷处理法》。

我国在环境纠纷的解决程序上也沿用国家有关法律、法规和规章，如《行政诉讼法》、《民事诉讼法》、《刑事诉讼法》以及《仲裁法》、《行政复议法》、《监察机关处理不服行政处分申诉的办法》和环境保护法中的相关规定。在海洋

污染损害民事诉讼方面，还可以根据《海事诉讼特别程序法》、《中国海事仲裁委员会仲裁规则》的有关规定。

此外我国还有大量的规范环境监督管理部门的行政处罚与行政处分行为的法律、法规和规章。如《行政处罚法》、《环境保护行政处罚办法》（被《环境行政处罚办法》废止）、《环境保护违法违纪行为处分暂行规定》、《土地违法案件处理暂行办法》（被《土地违法案件查处办法》废止）、《林业行政处罚程序规定》、《渔业行政处罚程序规定》（现已失效）、《风景名胜区管理处罚规定》（现已失效）和《交通管理处罚程序规定》（被《交通违章处理程序规定》废止失效）等。这些自然资源纠纷的解决程序具有双重性，它们不仅是自然资源保护纠纷解决程序，而且是自然资源管理纠纷的解决程序。另外，上述部门规章，除了原国家环境保护总局发布的《环境保护行政处罚办法》和《环境保护违纪行为处分暂行规定》之外，大多在《行政处罚法》颁布实施前就制定了，因此，均面临着修订的任务。在其未修订之前，凡与该法矛盾的条款应当认为不再有效。

（五）环境标准中的环境资源规范

环境标准，也称作环境保护标准或环保标准。它是为了保护人体健康、社会物质财富和维持生态平衡，对大气、水、土壤等的环境质量、污染源、检测方法等，按照法定程序制定和批准发布的各种标准的总称。环境标准包括环境质量标准、污染物排放标准、环保基础标准、环保方法标准和标准样品标准。

根据《标准化法实施条例》第 18 条的规定，环境标准中的环境质量标准和污染物排放标准是"属于强制性标准"。环境强制性标准具有法律的约束力，是环境资源法体系中的一部分。目前，我国已初步建立了以国家环境质量标准和国家污染物排放标准为主体，以环境方法标准、标准样品标准和基础环境标准相配套，以地方环境标准和行业标准为补充的环境标准体系。截至 2003 年 12 月 31 日，国家环境保护总局制定公布的强制性标准共计 113 项，与之相配套的推荐性国家环境标准和环保行业标准共计 405 项，近 20 个省、自治区、直辖市发布了地方环境标准①。近年来，我国正在编制资源节约的综合利用标准发展计划，将在节能、节水、节材、环境管理、废旧产品回收利用、清洁生产、循环经济、矿产资源综合利用、可再生新能源等方面，建立标准体系框架。资源节约标准有着广阔的发展空间，也是建设生态文明型国家的必由之路。但这类标准的性质、实施主体、监督管理部门，以及与环境质量标准、污染物排放标准的关系等问题，还亟待进一步研究。

---

① 数据引自孟伟："以环境标准建设提升环境管理内涵"，载《中国环境报》2004 年 8 月 23 日第 3 版。

（六）地方环境资源法规、规章

《立法法》第 63 条规定：省、自治区、直辖市的人民代表大会及其常务委员会根据本行政区域的具体情况和实际需要，在不同宪法、法律、行政法规相抵触的前提下，可以制定地方性法规。第 73 条规定：省、自治区、直辖市和较大的市的人民政府，可以根据法律、行政法规和本省、自治区、直辖市的地方性法规，制定规章。省、自治区、直辖市人大及其常委会或省、自治区、直辖市人民政府制定的地方性环境资源法规和规章是我国环境资源法体系中的重要组成部分。环境问题的地方性特点和我国地域广阔、人口众多的国情，决定了这类环境资源法规、规章的重要性。20 世纪 80 年代以来，全国各地在立法权限内制定了大量的地方性环境资源法规和规章。这些法规和规章具有内容广泛、规定详细、操作性强的特点，是地方环境资源保护和管理中不可或缺的法律依据。有些地方性法规和规章的成功制定和实施，还为国家环境资源立法的完善提供了经验。但不足之处是：发展不平衡、地方特色不足以及自然资源保护立法滞后。今后，在地方一级贯彻环境发展战略思想、克服地方保护主义、加强环境保护的监督管理等是地方人大和政府环境立法的主要努力方向。

（七）其他部门法中的环境资源规范

其他部门法中的环境资源规范也是我国环境资源法律体系的有机组成部分，如《行政许可法》、《行政复议法》和《行政处罚法》中关于行政执法的效力、特点、种类和程序的规定，《民法通则》和《物权法》中关于自然资源使用中的保护、合理利用义务的规定，《民法通则》中关于相邻关系的规定，关于污染、破坏环境资源民事责任的构成要件、形式、免责条件和诉讼时效的规定，《刑法》中关于犯罪的概念、罪犯责任年龄、犯罪者心态的形式、犯罪的追诉时效等规定，关于环境资源犯罪的规定。经济法中关于指导外商投资方向和防止污染转嫁的规定，以及前面提到的有关行政、民事和刑事诉讼的规定等等。

（八）国际公约和条约中的环境资源规范

我国参加、批准的专门性环境国际公约、条约以及其他国际公约和条约中关于环境保护的条款是我国环境资源法体系中的一个组成部分。这些国际环境保护规范，除我国声明保留的条款之外，在我国具有法律约束力，如果公约和条约中的内容与我国国内法规定不相同的，国际条约和公约具有优先性，但我国声明保留的条款除外。目前，我国参加、批准的与环境保护有关的国际公约和条约主要有：

《联合国海洋法公约》、《控制危险废物越境转移及其处置的巴塞尔公约》、《保护臭氧层维亚纳公约》及其《议定书》、《气候变化框架公约》、《生物多样性公约》、《联合国湿地公约》和《关于持久性有机污染物的斯德哥尔摩公约》等。

## 第五节　环境资源法的性质和地位

### 一、环境资源法的性质

现代法学发展和理论研究的结果表明，在公法和私法之外，还存在界乎公法和私法之间的法律规范，这些法律规范不仅涉及公共事务，还涉及私人事务，这一类规范属于第三法域，是以保护社会公共利益为目的的规范，被称作社会法规范，环境资源法规范从立法目的和法律规范的内容构成等角度看，就是这种法律规范。环境资源法具有社会法的属性。

（一）以保护公共利益为立法目的

从立法目的看，环境资源法是为了保护和改善环境，防治污染和其他公害，保护人类健康而制定的法律规范。我们知道，环境是人类赖以生存的物质基础，环境质量的好坏不仅直接影响着每个人的身体健康，而且还影响到作为一个群体的人类的继续发展问题，所以，环境资源法保护的法益中包括了个体利益和公共利益两部分。在这两种法律权益中，公共利益居于核心位置。也就是说，环境资源法保护人类群体的可持续发展，确保了作为个体的人在当下和未来的生存质量。实质上，环境资源法正是人类修正狭隘的个人观念，重视宏观利益、群体利益和长远利益的结果，是人类突破传统发展观念的重大法律成果。

从成因上看，工业革命以来的不可持续发展观和将个人权利极端化的观念是环境问题的始作俑者。工业革命之后，由于商品货币支配地位的获得，发展的目的被异化，突出表现在金钱本位思想的出现。因为"资本主义是一种经济发展的自我扩张系统，其目的是无限增长，或者说钱滚钱。利润既是资本进行扩张的手段，又是其扩张的目的。每个资本主义的机构和每一种资本主义的文化活动，其目的都是为了赚钱和资本积累，经济增长还被指认为社会问题的重要解决方法，它能消除贫困、失业、财富和收入的不平等分配等。"① "它反映的是近代工业化'财富至上'和片面经济增长的不可持续发展观。19 世纪以来，人类把本属于诗人的浪漫和艺术夸张纳入到自己的日常行为中，非理性地、无节制地向自然界开战，使人类面临双重危机，即人与自然关系的生存危机和人与人关系的社会危机。技术理性造成的'全球问题'，现代性使人丧失内心向

---

① ［美］詹姆斯·奥康纳著：《自然的理由》，唐正东、臧佩洪译，南京大学出版社 2003 年版，第 16 页。

度而成为单面人就是这种写照。"① 利润扩张在社会、政治、文化各领域的全面渗透，使物质财富成了人们普遍甚至唯一追求的对象。这种现象虽然在客观上起到了推动一些国家和地区经济增长的效果，但由于为了实现资本扩张的目的而不择手段，许多社会问题因此而产生，其中最为严重的就是生态环境的恶化问题。因为自然并不能像资本那样进行自我扩张，"森林资源已经处在其顶点的状态；淡水资源受到地理和气候条件的限制；矿物燃料和矿石的储量是由自然法则所决定的。自然界虽说在限制人类生产的同时，对人类来说远不是吝啬的，它的确给人类生产提供了基本的条件，但是，自然界本身发展的节奏和周期是根本不同于资本运作的节奏和周期的。"② 因此在 20 世纪 60 - 70 年代，西方主要的工业化国家都出现了相当严重的环境问题，闻名世界的八大污染事件，使世人震惊。"上个世纪 60 年代以后，一些发展中国家在模仿西方工业化国家的发展过程中，也出现了所谓'无发展的增长'（Growth without Development）。主要表现为一味追逐经济规模的扩大却没有质的变化，结果社会系统失调、贫富两极分化、本土价值失落以及生态环境恶化等问题接踵而至。"③

这些事实使人们逐渐认识到增长和发展是不同的范畴，增长仅仅是质量的增长，发展应包括一系列社会目标。以此为基础出现了各种替代发展战略，1976 年国际劳工组织在日内瓦就业大会上提出的"基本需求发展战略"标志着发展观的转变。随后"以人为中心的综合发展观"主张发展是整体的、综合的和内生的，经济只是发展的手段，发展的目的是社会和人的需要，而且这种需要不仅仅是物质需要，还包括和各个民族的价值及传统相一致的社会、文化和精神的需要。④ 从 1990 年开始，联合国发展计划署（UNDP）每年发表的《人类发展报告》在人类发展概念上取得了共识：（1）发展必须把人处于所关心的一切问题的中心位置；（2）发展的目的是扩大人类的选择范围，而不仅仅是增加其收入，它所关心的是整个社会，而不是仅仅是经济；（3）人类发展既与扩大人的能力有关，也与充分利用这些能力有关；（4）人类发展建立在生产力、公正、持续性和享有权利之上。1992 年在里约热内卢召开的联合国环境与发展大会把"环境"和"发展"问题联系起来，指出："人类处在普受关注的可持

① 焦坤："'以人为本'与生产力概念的语境转换"，载《中国社会科学文摘》2004 年 2 月，第 25 页。

② ［美］詹姆斯·奥康纳著：《自然的理由》，唐正东、臧佩洪译，南京大学出版社 2003 年版，第 16 - 17 页。

③ 胡鞍钢、熊义志："中国的长远未来和知识发展战略"，载《中国社会科学》2003 年 2 月，第 126 页。

④ 胡鞍钢、熊义志："中国的长远未来和知识发展战略"，载《中国社会科学》2003 年 2 月，第 126 页。

续发展的中心，他们应享有与自然相和谐的方式过健康而富有生产成果的生活的权利。"保护人类过健康而富有生产成果的生活的权利成为当代法学的新使命，环境资源法适时地承担起这个神圣的使命。

### （二）私法规范和公法规范兼而有之

从法律规范的内容构成来看，环境资源法律规范中既包括了公法规范，又包括了私法规范。这种公私法交错的状况是第二次世界大战后社会发展的结果。我们知道，环境问题是在私法秩序下产生的，它表明私法在环境保护中的无能。而科学技术的发展所带来新的环境问题又使环境与生态保护成为人类社会经济发展的必要条件，它的社会公共利益性使其作为独立利益形态的要求日趋突出，这种情况下，环境问题的解决当然不能指望私法，而必须采用新的法律手段。在国家这个"有形之手"的介入下，环境问题的解决才是有希望的。[①]

正是基于如此，法律必须对导致环境污染和生态破坏的绝对化所有权和无限制的契约自由原则进行必要的限制，这种限制一方面表现在约束私权，对权利人苛以不损害他人和公共利益的民事义务；另一方面，赋予国家机关一定的公共权力，以保障环境公共利益不受到侵害。所以，现代社会的私法规范中和公法规范中都出现了以预防污染和保护环境为目的的法律规范，这些规范是环境资源法律规范的有机组成部分。

## 二、环境资源法的地位

环境资源法是一个独立的法律部门。从表现形式上看，环境资源法律规范除了专门性的环境保护和污染防治规范外，还有很多规范分散在各传统法律部门之中。在传统法学学科看来，环境资源法律规范似乎只是各类法律部门为应对环境问题而采取的变通措施。但是由于传统部门法在解决环境问题上存在着固有缺陷，它们为应对环境问题作出的变通措施不能全面应对现代环境风险对社会的挑战。为此，从人类整体利益和控制环境风险的目的出发，结合传统部门法在环境问题上的立法成果，形成了一个运用综合法律方法预防和控制环境风险的独立法律部门——环境资源法。

目前，我国已经制定了二十余部环境与资源保护单行法律和数百部相关行政法规、规章或环境标准。一个全面调整环境利用社会关系的法律体系已经基本形成。

在我国，法律部门划分的主要标准是法的调整对象，一般通过法所调整的社会关系或法在调整社会关系时所适用的方法来判断。根据这个标准，结合我国的环境资源领域的法律实践，我国法学界的主流观点认为，环境资源法是一

---

① 吕忠梅著：《环境法学》，法律出版社 2004 年版，第 44 页。

个独立的法律部门。①

首先，环境资源法的调整对象具有独立性。环境资源法的调整对象是人们在保护和改善环境、防治污染和其他公害过程中形成的社会关系，即保护和利用环境的社会关系，它是一种人与人之间的关系。这种社会关系既区别于民法的调整对象——平等主体间的人身关系和财产关系，又区别于行政法的调整对象——国家干预关系。我们知道，在环境资源法产生以前，法律早已对环境中的物质归属和环境品质问题做过规定。比如说，民法在土地、水、矿产资源的所有权和使用权问题上的规定，以及行政法在城市环境卫生问题上的规定。但这些法律规定，并不是基于维护人类发展利益和预防、控制环境风险的目的，而是从私权和疫病防治等角度解决物的归属和公共卫生问题。环境问题凸现之后，环境资源法专门承担起调整保护和利用环境的社会关系，因此形成了环境资源法律关系，这种法律关系的核心问题是环境资源使用过程中的保护义务和污染防治义务。环境资源法也涉及到环境中的土地、水以及矿产资源等问题，但环境资源法的核心问题是这些环境要素的合理、持久利用以及其品质等问题，而不像民法那样关心这些环境要素的权属问题。另外，环境资源法关注公共卫生问题是通过确定排放标准等手段确保环境品质以保证可持续发展，而不是出于疫病防治的目的。环境资源法对环境问题的关注视角和目的都与民法、行政法等传统部门法不同，它的调整对象——环境保护和利用关系，是明显区别于传统部门法的调整对象的。

其次，环境资源法的调整方法具有特殊性。本章已经提到，环境资源法具有综合性的特点，这里所谓的综合性包括了调整方法的综合性。由于环境问题是多种因素共同作用的结果，依靠单一的手段是无法彻底预防和控制环境问题的。因此，环境资源法调整方法的使用既包括了传统法学方法的综合使用，也包括了环境科学等相关学科方法的使用。"综合传统法律部门方法以及将环境科学新成果、新方法运用于环境立法和执法之中这一点，便体现了环境法在其方法论上的综合性特点，也是其他任何法律部门所不能及的。这是因为，环境法的公益性使得对环境的保护和改善带来的恩泽与环境的污染和破坏带来的祸患不分国别、阶层而由全社会共同享受和承担，需要综合运用法律的各种方法；其次，环境法的技术性使得原有的各种法律方法都不能满足这种需要，而必须结合各种相关学科的发展创建新的、综合性的方法对环境与资源进行整体、全面保护以满足这种需要。"②

---

① 汪劲著：《环境法学》，北京大学出版社2006年版，第123页。
② 汪劲著：《环境法学》，北京大学出版社2006年版，第125页。

# 第六节　环境资源法的目的和作用

## 一、环境资源法的目的

### （一）环境资源法目的概述

从法哲学的角度出发，法的目的有两层含义：第一，它是主导法的形成、实现之相关因素而拟依靠制定法而达成的实际目的。由于它是指导和实现一定的法律制度以及形成法律方法的原因，所以在学理上它又被称为"动机上的法的目的"。第二，它是需要依靠法来实现的基本价值和法的基本使命，及作为法的正当与否、合理与否的评价规则和基准，所以它又具有法的形成、实现之指导原理上的意义。因此，通常在法理学界也将法的目的称之为法的理念（或价值理念、目的理念）、法的价值。[①]

我国现行的《环境保护法》（1989 年）在确立目的时，侧重于"动机上的法的目的"，即该法要达成的实际目的。《环境保护法》第 1 条规定："为了保护和改善生活环境与生态环境，防治污染和其他公害，保障人体健康，促进社会主义现代化建设的发展，制定本法。"20 世纪 90 年代之后，随着可持续发展理念的深入，我国在制定和修改环境资源法律规范时，将作为价值理念的"可持续发展观"在法律中确立了下来。如《环境影响评价法》（2002 年）第 1 条规定："为了实施可持续发展战略，预防因规划和建设项目实施后对环境造成不良影响，促进经济、社会和环境的协调发展，制定本法。"《固体废物污染环境防治法》（2004 年修订）第 1 条规定："为了防治固体废物污染环境，保障人体健康，维护生态安全，促进经济社会可持续发展，制定本法。"也就是说，我国环境资源法的目的涵盖了两层含义，体现了"动机上的法的目的"和法的价值理念的结合。从动机上的法的目的来看，我国环境资源法要实现的实际目的是通过环境保护和污染防治，保障人体健康和经济发展。从法的价值理念的角度看，环境资源法在实现实际立法目标时贯彻了可持续发展的理念。

### （二）环境资源法目的的二元性

纵观世界各国环境资源法关于目的的规定，可以从理论上把环境资源法的目的分作两种：一是基础的直接的目标，即协调人与环境的关系，保护和改善环境；二是最终的发展目标，即保护人体健康和保障经济社会持续发展。在保护和改善环境这一直接目的方面，世界各国并无不同；在最终的目的方面，各

---

① 汪劲著：《环境法价值的理念与价值追求》，法律出版社 2000 年版，第 11 页。

国规定则有差别。多数国家主张环境资源法的最终目的，首先是保护人的健康，其次是促进经济社会持续发展，即"目的二元论"。也有的国家，如日本、匈牙利等国家法律规定，环境资源法的唯一目的是保护人群健康，即"目的一元论"①

"目的一元论"和"目的二元论"实质上反映的是人们对环境保护和经济发展关系的认识。在环境问题刚刚凸现的 20 世纪 60 年代，人们认为环境保护和经济发展之间具有不可协调的对立关系，著名的罗马俱乐部甚至认为只有抑制经济发展，环境保护才是有希望的。所以，提出了限制经济增长的"零增长"理论，这种理论反映了人们对环境保护和经济发展关系的悲观情绪，其在法律中的表现结果就是"目的一元论"。但是随着理论研究的深入和可持续发展观的形成，人们意识到只要改变传统的发展模式，环境保护和经济发展都是有希望的。特别是对一些发展中国家，经济发展是环境保护的前提条件。我们知道，发达国家的环境问题主要是生产方式和消费方式造成的，而发展中国家的环境问题是发展不足引起的，解决这两类环境问题，应该采取不同的方法。发达国家环境问题的解决重点在于改变其不可持续的生产和消费模式；发展中国家环境问题的解决则需要通过大力发展经济来实现。因为在发展中国家，经济增长不仅是实现社会目标、改善公众生活、满足社会需要的基本手段，还是环境保护的基本物质保障，近年来，虽然还存在一些限制发展的论调，但经济发展和环境保护间具有协调关系的国际共识已经形成，这种共识的法律表现是多数国家在环境资源法的目的确立中采用了"目的二元论"，即环境资源法的目的不仅在于保护和改善环境，还在于维护人体健康和保障经济、社会持续发展。

法律确认"目的二元论"是基于对环境和发展关系的正确认识。发展和环境之间既相互制约，又相互依存。首先，二者具有互相制约和矛盾的一面，例如，经济发展不仅要消耗能源和资源而且要向环境排放废弃物；而环境保护需要强有力的物质保障，当一国物质保障不足时，环境与发展间的矛盾可能会很突出。其次，更重要的是发展和环境之间具有相互依存、相互促进的关系，这主要表现在：第一，环境保护的任务就是保护自然资源，保护生产力，维持生态平衡，这就为经济健康发展提供了必要条件和物质基础；第二，环境保护要求尽可能综合利用资源和能源，要求技术革新以减少污染，这样就促进了技术革新和资源节约，从而有利于经济发展；第三，环境质量的改善会获得直接的经济效益并有助于现代经济特别是高科技经济的发展。反过来，经济发展又会促进环境保护事业的发展：一是，它可以为环境保护提供雄厚的物质基础和污染防治资金；二是，它为环境保护提供现代科学技术手段。

---

① 汪劲著：《环境法价值的理念与价值追求》，法律出版社 2000 年版，第 55 页。

把环境和发展对立起来，认为非此即彼，不论强调哪一面，在实践中都是有害的。如果以环境为代价发展经济，必然要重蹈发达国家的覆辙——先污染后治理模式，这种模式，经济发展是不具有持续性的；如果只强调环境保护，而对经济发展进行抑制，则会削弱社会发展的物质基础，那么环境保护的物质保障也将会被削弱。正确处理发展与环境的关系，必须衡量发展与环境相互制约的临界线，把发展带来的环境问题限制在一定的限度内，在不降低环境质量的要求下使经济能够持续发展。环境保护的"目的二元论"，就是建立在正确认识发展与环境的关系的基础上的。①

我国环境资源法确立了目的二元论的合法性。《环境保护法》第 1 条规定："为了保护和改善生活环境与生态环境，防治污染和其他公害，保障人体健康，促进社会主义现代化建设的发展，制定本法。"也就是说，我国环境资源法确立了该法的基本目标是协调人与自然关系，保护和改善环境；最终目标是保护人体健康和促进经济、社会持续发展。

## 二、环境资源法的作用

作为一种社会规范，环境资源法也具有法的一般作用，即告知、指引、评价、预测、教育和强制的作用。但作为专门以保护环境和防治污染为目的的社会规范，环境资源法还具有一些特殊的作用（或功能），具体表现在：②

（一）环境资源法是国家进行环境管理的法律依据，是推动我国环境保护事业和环境资源工作发展的强大力量

环境资源法对环境管理部门及其职责、环境监督管理措施和制度、环境管理范围和管理关系以及各项环境保护工作作了全面规定。环境资源法是环境行政管理的依据和保障，是环境保护事业发展的有力保障。

（二）环境资源法是防治污染和其他公害、保护生活环境和生态环境、合理开发和利用环境资源、保障人体健康的法律武器

环境资源法规定了开发、利用、保护、改善环境的各种行为准则，对各级人民政府及其所属部门、一切单位和个人规定了环境资源保护方面的权利和义务以及相应的法律责任和补救措施，是他们享受权利、履行义务，与污染、破坏环境资源的行为斗争的有力武器。

（三）环境资源法是协调经济、社会发展和环境保护的重要调控手段

环境资源法把协调经济、社会发展和环境保护的经济手段、行政手段和科学技术手段提升到法律高度，既确定了环境规划、布局、价格、税收、信贷等

---

① 汪劲著：《环境法价值的理念与价值追求》，法律出版社 2000 年版，第 56 页。
② 蔡守秋主编：《环境资源法教程》，武汉大学出版社 2000 年版，第 64 页。

宏观调控方式的地位，又规定了现场检查、申报登记、行政处罚等调控方式的地位，是在社会主义市场经济体制下协调经济、社会和环境保护的有效手段。

（四）环境资源法是提高公众环境意识和环境法制观念、促进公众参与环境管理、倡导良好的环境道德风尚，普及环境科学知识和环境保护政策的法律平台

环境资源法向社会提出保护环境的行为规范和政策措施，明确了法律提倡什么、禁止什么，以法律为准绳在环境资源工作领域树立起了判断是非善恶的标准，是最好的环境保护宣传材料和法律平台。

（五）环境资源法是处理我国与外国的环境关系、维护我国环境权益的重要工具

我国环境资源法注意了与有关国际条约的协调，纳入了有关国际环境资源法律规范，宣布了我国的基本环境政策，明确了环境资源法的适用范围，有利于防止外国向我国转嫁污染以及侵犯我国环境权益的事件发生。

# 第七节 环境资源法的适用范围

环境资源法的适用范围，就是环境资源法的效力范围，是指环境资源法在哪些地方和在什么时间对哪些人有效的问题。从内容上说，包括环境资源法的空间效力、时间效力和对人效力。

只有确定了环境资源法的效力范围，环境资源法实施的空间、时间和对象才能够明确。

## 一、适地范围

环境资源法的适地范围，是环境资源法在哪些地方、区域有效力，也称对地域的适用范围或者对地的效力范围。

（一）全国性环境资源法律、法规，在全国范围内有效

由全国人大及其常委会制定的环境保护法律和由国务院制定的环境资源行政法规，以及由国务院各部、委（局）制定的环境资源规章，一般在全国范围内（不包括台、港、澳地区）有效。如《环境保护法》第 3 条规定："本法适用于中华人民共和国领域和中华人民共和国管辖的其他海域。"这表明环境资源法的效力及于我国全部领域，包括我国的领陆、领海、领空和延伸意义上的其他领域。其中，延伸意义上的其他领域指的是我国领土法律意义上的延伸，包括我国驻外使馆、我国领域外的本国船舶、航空器等等。《环境保护法》第 3 条所规定的"其他海域"是指毗连区、专属经济区和大陆架等。此外，由于历史

和政治等原因，全国性环境资源法律、法规的效力范围不包括香港、澳门以及我国台湾地区。需要注意的是，全国性环境资源法律、法规在全国范围内有效，并不是指在全国所有领域内有效，而是指在环境保护领域或是环境保护的某一领域内有效。如《环境保护法》在大陆的环境保护领域具有法律约束力，而《海洋污染防治法》只适用于中华人民共和国内水、领海、毗连区、专属经济区、大陆架以及中华人民共和国管辖的其他海域的海洋环境保护。《水污染防治法》适用于环境保护领域的陆地水体污染防治。

（二）地方性环境保护法规、规章的效力及于该地区

地方立法机关、行政机关依法制定的地方性环境保护法规、规章（包括少数民族地方自治法规），只在该辖区内的环境保护领域或者该领域的某一方面有效力。地方性环境资源法规、规章在其他区域内没有法律约束力。如《江苏省太湖水污染防治条例》（1996 年制定，2007 年修订）就仅在江苏省内的太湖水体有效力，对其他省份的太湖水体是不具法律约束力的。

（三）我国某些环境资源法律具有"域外效力"[1]

上面所述有关我国环境资源法的效力及于国家主权所管辖的领域，称作"域内效力"原则。根据该原则，环境资源法在国家主权管辖领域内有效力，只是不同位阶的环境资源法律、法规、规章在空间上的具体适用范围有差别。

随着对外贸易的发展和国际交往的增多，为防止域外单位或者个人危害我国环境权益，国家的某些环境资源法律也适用"域外效力"原则，即可在本国领域外发生效力的原则。如《海洋环境保护法》和《刑法》就属于这类法律。《海洋环境保护法》第 2 条第 3 款规定："在中华人民共和国管辖海域以外，造成中华人民共和国管辖海或污染的，也适用本法。"就是说，在我国管辖海域以外的单位或者个人实施了污染损害我国海洋环境的行为的，我国有关机关可依据该条法律规定追究其法律责任。又如《刑法》有关破坏环境资源保护罪的规定也具有域外的效力，但具备该法第 7 条或者第 8 条规定的除外。[2] 这种"域外效力"，国外法律也有类似的规定，且一般必须以同有关国家缔结了多边、双边协定为条件，才得以顺利实施。

（四）国际环境条约和公约的优先效力

根据国际法和国内法关系的有关原则，我国缔结或者参加的国际环境条约和公约是我国法律制度的有机组成部分。这些国际条约和公约在我国领土内具有法律约束力。当国际环境条约和公约的规定与国内环境资源法律、法规内容

---

① 韩德培主编：《环境保护法教程》（第五版），法律出版社 2007 年版，第 52 页。
② 即在我国境外犯《刑法》规定之罪，但对其刑罚最高刑为 3 年以下的我国公民，或者在我国境外犯《刑法》规定之罪的外国人，但按犯罪地法律不受处罚的除外。

不同时，国际环境条约和公约具有优先效力，但我国缔结和参加时申明保留的除外。

（五）国内跨行政区域环境资源法的适用

《行政处罚法》第 20 条规定："行政处罚由违法行为发生地的县级以上地方人民政府具有行政处罚权的行政机关管辖。法律、行政法规另有规定的除外。"根据该条规定，跨行政区域环境资源纠纷案件原则上应以环境资源违法行为发生地的法律给予行政处罚。国务院《关于落实科学发展观加强环境保护的决定》规定，对于环境污染赔偿纠纷案件，属于跨省界的"上游省份排污对下游省份造成污染事故的，上游省级人民政府应当承担赔付补偿责任，并依法追究相关单位和人员的责任。"

## 二、适人范围

环境资源法的适人范围，是指环境资源法对谁有效力，适用于哪些人，包括对哪些单位和自然人有效。这里所说的单位，既包括具有中国国籍的单位，也包括不具有中国国籍的单位，既包括法人单位，也包括非法人的其他组织；自然人包括了我国公民、在我国领域内的外国公民和无国籍人。

在世界各国的法律实践中先后采用过四种对人的效力原则：

（一）属人主义

属人主义，指法律只适用于本国人（具有本国国籍的自然人、法人和其他组织，下同），不论其身在本国内或者国外，本国法律都发生法律效力。根据这种原则，本国法律对在本国境内的外国人不具有法律约束力。

（二）属地主义

属地主义，指一国法律对其管辖领域内的一切人，不论是本国还是外国公民、单位和无国籍人都具有效力。本国公民不在本国，则不受本国法律的约束和保护。

（三）保护主义

保护主义，是以维护本国利益作为是否适用本国法律的依据，任何侵害了本国利益的人，不论其国籍和所在地，都要受该国法律的追究。

（四）以属地主义为主，与属人主义、保护主义相结合

以属地主义为主，与属人主义、保护主义相结合的原则是近代以来多数国家所采用的原则，我国也是如此，采用这种原则的原因是：既保护本国利益，坚持国家主权，又要尊重他国主权，照顾法律适用中的实际可能性。

根据我国宪法和环境资源法的规定，我国环境资源法对人的适用范围如下：

（一）对我国公民的效力

中国公民在中国领域内一律适用中国法律。《宪法》第 5 条第 4 款规定：

"一切国家机关和武装力量、各政党和各社会团体、各企业事业组织都必须遵守宪法和法律。一切违反宪法和法律的行为，必须予以追究。"第 33 条第 2 款："中华人民共和国公民在法律面前一律平等。"作为一个部门法，环境资源法适用于我国公民和单位，任何个人和单位都有保护环境的义务，不得享有超越宪法和法律的特权。

我国领域外的中国公民和单位，原则上仍受我国环境资源法的保护，同时也有遵守我国环境资源法的义务。如果由于不同国家间环境资源法规定的不同造成法律适用冲突，应本着维护国家、单位和公民合法利益和尊重所在国主权的原则，参照国际惯例或者根据我国参加、缔结的国际条约妥善予以解决。

（二）对外国人和无国籍人的效力

中国法律对外国人和无国籍人的适用问题，包括两种情况：一种是对在中国领域内的外国人和无国籍人的法律适用问题，另一种是对在中国领域外的外国人和无国籍人的法律适用问题。外国人和无国籍人在中国境内，除法律另有规定者外，适用中国法律。中国法律既保护他们在中国的法定权利和合法利益，又依法处理其违法问题，这是国家主权原则的必然要求。外国人在中国领域外对中国国家或者公民犯罪，按照《刑法》规定的最低刑为 3 年以上有期徒刑的，可以适用中国刑法，但是按照犯罪地法律的规定不受处罚的除外。

根据国际惯例和条约，外国代表和依国际条约享有外交特权和豁免权的人，我国法律一般对其不具有约束力，但如果严重污染或者破坏环境必须依法追究其刑事责任时，可通过外交途径解决。

## 三、适时范围

法的适时范围也称作法的时间效力范围，指法何时生效、何时终止效力以及法对生效以前的事件和行为有无溯及力的问题。因此，环境资源法的适时范围指的是环境资源法在什么时间生效和何时终止其效力，以及环境资源法对在其颁布之前的环境污染和生态破坏行为有无约束力的问题。

（一）环境资源法生效时间的确定方式

1. 从公布之日起生效

从公布之日起生效也就是通常所说的立即生效。在环境资源法律法规中，采取立即生效方式的比较少见。1979 年的《森林法（试行）》（现已失效）和《环境保护法（试行）》（现已失效）在颁布时并没有确定生效时间，按照惯例应当认为是自公布之日起开始生效。之所以采取立即生效的形式，是因为当时实际生活中急需。但由于法律是一种具有强制力的行为准则，在其生效前应该留有必要的时间让遵守者学习。因此，采取这种生效形式的环境资源法律、法规不多。

2. 自公布之日起一定期限后生效

这是最普遍的一种生效方式，其中包括原已颁布施行后经修订和新制定的法律文件。前者如 2000 年 4 月 29 日修订后颁布施行的《大气污染防治法》（2000 年 9 月 1 日施行）、1998 年 4 月 29 日经修订公布施行的《森林法》（1998 年 7 月 1 日起施行）、2001 年 8 月 31 日公布的《防沙治沙法》（2002 年 1 月 1 日起施行）等。之所以采取公布之后不立即生效，而规定在一定期限之后生效，是因为这些法律、法规的贯彻实施，人们需要有一定时间做准备。在思想准备方面，如对广大干部、群众进行广泛、深入的宣传教育，以提高认识并熟悉法律的要求，为守法、执法和司法打好思想基础；业务准备方面，如由国家有关行政主管部门起草配套的实施条例、细则和标准，建立各种必要的监督管理程序等；组织准备方面，如组建相关执法、司法和监督机构，培训执法、司法人员以适应法律文件生效后执法、司法的要求。

值得注意的是，对于已施行后修订实施的法律、法规，其生效时间的规定有两种形式：一是在修订后颁布的法律文件中规定了生效时间，并同时在公布该法律文件的命令中做出明确的规定；二是在修订后颁布施行的法律文件中对生效时间未作相应的更改，但在修改该法律文件的决定中规定了具体生效时间。如经第八届全国人大常委会第十九次会议于 1996 年 5 月 15 日修订后颁布施行的《水污染防治法》第 62 条规定："本法自 1984 年 11 月 1 日起施行"，而在 1996 年 5 月 15 日公布修订该法的决定中则规定，"本决定自公布之日起施行。"很明显，这就是根据该决定修订后《水污染防治法》的生效时间。因为，该决定实际上已经修改了《水污染防治法》第 62 条的内容，为了避免出现上述该法生效时间形式上的矛盾发生，今后，立法部门应当多采用第一种规定形式，各种环境资源法律汇编也应在登载该法律文件时一并将修改该法的决定刊出，以免对该法的生效时间发生误会。

3. 颁布试行之后经一定时间修改才正式生效

这是我国环境资源立法初期采用的生效形式，目前已不再使用。准确地说，这种生效形式是对应着改革开放初期发布的《环境保护法（试行）》和《森林法（试行）》等"试行法"而产生的。当时之所以采取"试行"的立法形式，主要是针对科技性比较强，又需要通过试行的实践积累经验后修订再行颁布使其正式生效。1989 年 12 月 16 日，第七届全国人大常委会第十一次会议和 1984 年 9 月 20 日第六届全国人大常委会第七次会议分别对上述两部"试行法"进行了修改后正式颁布施行。但是，试行的时间不宜过长，也不宜以原则通过的方式公布，以免发生歧义，影响法律的权威性和稳定性。

（二）环境资源法失效时间的确定方式

环境资源法的失效时间一般也有三种：

1. 经修订的法律明文规定在该法施行之日起相应的原法同时废止

《环境保护法（试行）》就采取了这种废止形式。《环境保护法》第 47 条规定："本法自公布之日起施行。《环境保护法（试行）》同时废止。"

此外，在环境资源立法中，有将原由国务院发布的行政法规经全国人大常委会修改后制定为法律的做法，这是为了提高原行政法规的法律地位。通常情况下，这类行政法规在经全国人大常委会修订时往往在该法律文件中规定，原同一类型的行政法规从该法生效之日起同时废止。例如，1996 年 10 月 29 日公布的《环境噪声污染防治法》就属于这种立法形式。

2. 规定与新法相抵触的原法律规范失效

我国的环境资源法律规范中有一些法律规范采取这种方式，如 1982 年 8 月 23 日公布施行的《海洋环境保护法》。该法第 46 条规定："现行的有关海洋环境保护的规定，凡与本法相抵触的，均以本法为准。"

3. 随着新法的施行原有同类法律自行失效

《水污染防治法》就属于这种情况。该法是根据 1996 年 5 月 15 日全国人大常委会第十九次会议《关于修改〈水污染防治法〉的决定》修订的。在该法的内容和公布该法的命令以及在上述决定中，均没有规定从修订后的新法生效（或者公布）之日起，原法中同样内容的法律条文相应地失效。

上述三种法的失效情况，前两种是属于"明示废止"的情况，即由新法明文规定废止旧法的情况，是"以法废法"的做法，为当今世界大多数国家所采用。后者是"默示废止"的情况，即不是由法律明文规定废止与之相抵触的旧法，而是在实践中认定旧法与新法相抵触，依照"新法优于旧法"的原则或者依照"后颁布的法优于前颁布的法"的原则确认旧法失效。从有利于法律的稳定性和连续性考虑，今后，立法部门宜多采取"明示废止"的失效形式较妥。①

（三）环境资源法的溯及力问题

法的溯及力，也称法溯及既往的效力，是指法对其生效以前的事件和行为是否适用。如果适用，就具有溯及力；如果不适用，就没有溯及力。可见，环境资源法的溯及力就是环境资源法对其生效以前的行为和事件是否适用的问题。如果适用，环境资源法就具有溯及力，如果不适用，就没有溯及力。

一般而言，法是否具有溯及力，世界各国一般比照刑法的相关规定来确定。这些规定，主要有以下五种：

1. 从旧原则，是指新法对其生效以前的行为和事件没有溯及力。

2. 从新原则，是指新法对其生效以前的行为和事件有溯及力。

3. 从轻原则，是指新法与旧法相比较，以对行为人处罚较轻的法律为处罚依据。

---

① 韩德培主编：《环境保护法教程》，法律出版社 2007 年版，第 57 页。

4. 从旧兼从轻原则，是指新法原则不溯及既往，但新法对行为人处罚较轻的，从新法。

5. 从新兼从轻原则，是指新法原则上溯及既往，但旧法对行为人处罚较轻的，从旧法。

在法的溯及力上，现代各国大多采用从旧兼从轻原则。我国也是如此。《刑法》第 12 条规定："中华人民共和国成立以后本法实施以前的行为，如果当时的法律不认为是犯罪的，适用当时的法律；如果当时的法律认为是犯罪的，依照本法总则第四章第八节的规定应当追诉的，依照当时的法律追究刑事责任，但是如果本法不认为是犯罪或者处罚较轻的，适用本法。"由此可知，我国法律一般没有溯及力。但有例外情况。1982 年 4 月 1 日《关于严惩严重破坏经济的罪犯的决定》（现已失效）是个例外。在这个决定中规定："凡在 1982 年 5 月 1 日以前对所犯的罪行继续隐瞒拒不投案自首，或者拒不坦白承认本人的全部罪行，也不检举其他犯罪人员的犯罪事实的，作为继续犯罪，一律按本决定处理。"

从环境资源法的总体情况看，环境资源法一般没有溯及力。

## 理论思考与实务应用

### 一、理论思考

#### （一）名词解释
1. 环境
2. 环境资源问题
3. 生态破坏

#### （二）简述题
1. 简述环境资源问题的种类
2. 简述环境资源法的特征
3. 简述环境资源法的目的

#### （三）论述题
1. 论述环境资源问题的实质
2. 论述环境资源法的性质

### 二、实务应用

#### （一）案例分析示范
**案例一：室内污染纠纷**
A 某从 B 开发商处购得住房一套。入住后经常感觉室内有刺鼻异味，A 某及其家人在室内不通风时也常有流泪、咳嗽等症状发生。后经检测表明，室内氨气浓度严重超标是造成 A 某及其家人发生不良症状的直接原因。据调查，该商品房建于冬季，C 施工方为了防止混凝土冻结影响建筑进度而在混凝土中添加了一种溶剂，而 A 某住房中的氨气则是这种溶剂不断挥发所致。[①]

问：A 某所受侵害是否属于环境污染侵害？

评析：

A 某所受侵害不属于环境污染侵害。A 某居住的室内环境不属于我国《环境保护法》上的"环境"的范畴，其所受侵害为室内空气污染所致，属于居室环境卫生问题而非大气污染。所以，A 某所受侵害不为环境污染侵害，因此也不能适用大气污染防治法的规定。该纠纷应当由 A、B、C 三方根据合同的约定，按照《合同法》、《产品质量法》以及《侵权责任法》的有关规定解决。

### 案例二：地震带上的房屋买卖之争

A 有一幢建筑物正好修建在一地震带上。过去 100 年来这里从来没有发生过大的地震。但是当 A 得知建筑物建在地震带上的信息后，便将该建筑物廉价卖给了 B，但未告之建筑物修建在地震带之上。几年以后，建筑物所在地发生了一场地震，使得建筑物受到损坏。于是 B 以 A 没有事前告之建筑物所在地存在环境问题的瑕疵为由，要求 A 承担建筑物损害的责任。[②]

问：A 与 B 之间的纠纷是否可以适用《环境保护法》的规定？

评析：

A 与 B 之间的纠纷不能适用《环境保护法》的规定。我们知道，从产生的原因看，环境问题有两类，一类原生性环境问题（即第一类环境问题），它是由自然现象引起的环境质量下降或者生态破坏，如地震、火山爆发、海啸、干旱、雷电等自然现象导致的有害环境影响。这一类环境问题是人类无法控制的，人类只能根据自然灾害发生的规律和特点，尽可能地降低这类环境问题带来的人身、财产损害和经济社会损失。另一类环境问题是次生性环境问题（即第二类环境问题），它是由人类活动引起的环境质量下降或者生态破坏，是人类违背自然规律、不恰当地开发利用环境带来的环境损害。这一类环境问题是可以避免的。次生性环境问题是环境科学和环境法学研究的主要对象。

在本案中，A 和 B 之间的房屋问题之争是和地震因素有关，由地震引起的房屋损害属于原生性环境问题，解决因原生性环境问题产生的纠纷，不能适用《环境保护法》，《环境保护法》针对的对象是次生性环境问题，即由人为因素

---

① 案例来源：汪劲著：《环境法学》，北京大学出版社 2006 年版，第 1 页。
② 案例来源：汪劲著：《环境法学》，北京大学出版社 2006 年版，第 42 页。

引起的环境污染和生态破坏。

### 案例三：环保公益组织诉环保局案

B是一家高尔夫球场投资公司，拟在一个国有山林中投资兴建一个大型高尔夫球场。经过对该公司提交的环境影响报告书的审查，环保部门决定批准该公司兴建高尔夫球场。A是一个以保护鸟类为宗旨设立的民间团体，A认为高尔夫球场的兴建将会改变该森林地域的原生环境并影响各类鸟类的生存。于是A便以环保部门的决定侵害了A对鸟类的利用利益为由向法院提起行政诉讼，要求法院撤销环保部门的决定。①

**问：** A是适格的原告吗？

**评析：**

A是否为适格的原告，至少取决于如下几个方面的因素：

第一，A与鸟类之间是否存在合法的利用（保护）关系？这一点，通常需要A提供证明（如A为政府批准的全国性或者地域性的保护鸟类团体）证明其与鸟类之间存在着合法的利用关系。

第二，A是否从鸟类保护行为中获得了某种利益？而这种利益是否会因高尔夫球场的兴建而丧失？这一点，通常需要A提供证据证明A及其会员从保护鸟类行动中所获得的实际利益（如观赏、投食以及其他享受鸟类活动带来的利益等）以及高尔夫球场的兴建会造成这些利益的丧失。

第三，A是否具备法律规定的诉讼资格？这一点，在世界各国的做法并不一致。在美国，判例表明环保团体可以与鸟类作为共同原告参加诉讼；在日本环保团体可以依照法律规定作为利害关系人参加诉讼；在我国，虽然理论上环保团体可以以利害关系人的身份提起行政诉讼，但目前法院尚未对环保团体参加此类公益性环境诉讼就有关《行政诉讼法》的适用作出明确的规定。

### （二）案例分析实训

### 案例一：生活饮用水一级保护区内的高压铁塔之争

我国《水污染防治法》第58条规定："禁止在饮用水水源一级保护区内新建、改建、扩建与供水设施和保护水源无关的建设项目"，某市人大常委会据此制定的有关引水渠环境保护条例也规定：引水渠一级保护区为非建设区和非旅游区，禁止在引水渠两侧各水平外延100米以内地区新建、改建、扩建除水利或者供水工程以外的工程项目。

然而，某市为了实施修建输电线工程的计划，需要在引水渠一级保护区100米内新建数十座高压线铁塔。对此，许多公众依法提出了反对意见。争议的焦

---

① 案例来源：汪劲著：《环境法学》，北京大学出版社2006年版，第64页。

点在于"高压线铁塔"是否属于法律和地方性法规禁止在引水渠两侧各水平外延100米以内地区的新建项目。

对此，某市人民政府依照条例的授权作出了这样的解释：该条例规定的禁止建设项目是指用于生产、经营、生活、工作、居住等对引水渠的水质产生污染的建设项目，不包括对水质不产生污染或污染威胁的市政基础建设项目。①

问：某市人民政府的上述解释正确吗？

### 案例二：山地建设项目之争

某投资商计划在靠近居民小区附近的山地旁兴建一个企业项目。为此，投资商依法进行了环境影响评价，并提供了A、B、C三个项目方案供评价选择。环境影响报告书的结论推荐采取B建设方案，但依旧认为存在着对周边居民小区造成污染损害的风险。为此环保部门依法组织建设方和利害关系方举行了环境影响报告书审批听证会。

利害关系方认为，居民小区附近的山地空气清新、水质优良，建设企业会污染周边环境并给小区居民带来实际侵害的风险并降低小区房屋的舒适性和实用价值。因此，要求一旦政府批准建设，建设方就应当对可能直接受到污染的小区居民予以适当补偿。而建设方认为，既然政府批准建设，就说明建设项目合法。至于今后可能存在的水污染和大气污染造成的健康损害风险，不应当承担任何责任。②

问：如果政府批准项目建设，建设方是否应当给予利害关系方补偿？

### 案例三：水污染纠纷的法律适用问题

A企业因向河流排放水污染物造成B通过网箱在河中饲养的鱼类和贝类受到了污染损害。A、B双方向C环保部门请求处理这起污染损害所引发的赔偿问题。③

问：C环保部门在处理A、B双方的水污染纠纷时，有哪些规范性法律文件可供适用？

---

① 案例来源：汪劲著：《环境法学》，北京大学出版社2006年版，第62页。
② 案例来源：汪劲著：《环境法学》，北京大学出版社2006年版，第71页。
③ 案例来源：汪劲著：《环境法学》，北京大学出版社2006年版，第59页。

# 第二章　环境资源法的基本原则

【本章概要】　环境资源法的基本原则包括：协调发展原则；预防为主原则；环境责任原则；公众参与原则。这些原则是我国环境保护工作的基本方针和政策在法律上的体现，贯穿于整个环境资源法中，是贯彻和实施环境资源法的重要指导规范。本章对这些基本原则的概念、历史沿革、意义、贯彻实施予以系统的介绍。

【学习重点】　通过本章学习，需重点掌握环境资源法基本原则的概念、特征、作用；协调发展原则、预防为主原则、环境责任原则和公众参与原则的概念、历史沿革、意义以及这些原则的贯彻实施。

## 第一节　环境资源法基本原则概述

### 一、环境资源法基本原则的概念

法律原则是法律的基本要素之一，法律原则的作用是法律规制所不能替代的，它的功能主要表现在三方面：第一，为法律规则和概念提供基础或出发点，对法律的制定具有指导意义，对理解法律规则也有指导意义；第二，直接作为审判的依据；第三，可以作为疑难案件的断案依据。[①] 作为法律部门之一，环境资源法亦包含基本原则这一法律要素。环境资源法的基本原则是指通过环境资源法规明确规定或者体现的，贯穿于环境资源法整个法律部门，反映环境资源法的价值取向、基本特征及本质，对环境立法、环境执法和环境司法等具有直接的、普遍的指导意义的基础性和根本性准则。环境资源法基本原则既是环境资源法基本理念在环境资源法上的具体体现，又是环境资源法的本质、技术原理和国家环境政策在环境资源法上的具体反映。环境资源法基本原则是环境资源法制度的指导，具有明显的制度协调功能；同时还是环境资源法有效实施的

---

① 张文显主编：《法理学》（第二版），高等教育出版社2003年版，第96页。

基础，具有直接的执行指导功能；并可以作为环境司法中法律规范适用的援引，具有重要的法律漏洞弥补和利益衡量功能。①

## 二、环境资源法基本原则的特征

首先，环境资源法的基本原则，是环境资源法所特有的原则，仅适用于环境资源法领域，并非法律部门所共有的原则，更不是从环境科学、环境工程或环境管理等学科角度提出的原则。

其次，环境资源法的基本原则，在环境资源法中得到普遍适用，构成环境资源法的基础和核心并适用于环境资源法的各个环节和所有领域，而不是仅仅适用于某个环节、某个领域的具体原则。

再次，环境资源法的基本原则，是由环境资源法规明确规定或者体现的原则，在环境资源法中客观存在。当然，基本原则并不一定要直接表现为某一具体的法律条文，可以是对环境立法、执法、司法精神的高度概括和总结。

## 三、环境资源法基本原则的作用

首先，环境资源法的基本原则是环境资源法的核心和灵魂。环境资源法成为一个独立的法律部门的基本依据是其具有独特的调整对象与调整方法。其中，基本原则属于调整方法的范畴，是调整方法的重要组成部分。确立完备的环境资源法基本原则对于环境资源法独立性的实现具有重要作用，使其具备法理基础。

其次，环境资源法的基本原则是环境立法的重要准绳。立法，一般又称法律制定，简而言之，就是国家机关按照一定程序制定或修改法律。国家机关在制定或修改环境资源法律规范的过程中，除了要遵守立法学意义上的宪法原则、法治原则、民主原则、科学原则外，还应当以环境资源法领域所特有的基本原则为重要准绳，这决定着所立之法的价值追求及质量。

最后，环境资源法的基本原则可以为法律实施提供指导。由于法律规范内容比较庞杂，可能存在漏洞、冲突等瑕疵，抑或遇到新问题、新情况，就容易使法律实施的效果打折。但是，环境资源法的基本原则具有环境资源法规范所不能替代的功能，把握环境资源法的基本原则有助于更好地理解环境资源法规范的实质精神，为环境执法、司法提供保障，为处理疑难案件提供指导，从而实现保护环境资源的目的和任务。

一般而言，我国环境资源法的基本原则主要包括：协调发展原则；预防为主原则；环境责任原则；公众参与原则。

---

① 汪劲著：《环境法学》，北京大学出版社 2006 年版，第 151 页；吕忠梅著：《环境法学》（第二版），法律出版社 2008 年版，第 49 页。

## 第二节　协调发展原则

### 一、协调发展原则概述

#### (一) 协调发展原则的概念

协调发展原则的全称是"经济建设和环境保护协调发展原则"，也被称为"环境、经济、社会持续发展原则"，是指在发展经济的同时，加强保护和改善环境，使环境保护和经济建设同步发展，坚持在发展中保护，在保护中发展，实现经济效益、社会效益、环境效益的统一。这一原则，正确地反映了经济建设和环境保护的关系，同时也明确了如何正确对待和处理二者之间的关系，环境和自然资源是经济建设的物质基础，离开了环境和自然资源，任何形式的生产都无法进行；因而保护环境、合理利用自然资源、提高资源的再生增殖能力、维护生态平衡、促进生态系统良性循环，有利于促进国民经济持续稳定协调发展。如果环境和自然资源遭到了污染和破坏，人体健康就会受到危害，人们就无法进行经济建设，必然会阻碍经济的发展；经济的发展一方面带来了环境问题，另一方面又为保护和改善环境提供先进的科技和更多的资金创造条件。可见经济建设和环境保护之间是相互影响、相互制约、又相互促进的辩证统一的关系。

#### (二) 协调发展原则的历史沿革

对于经济发展和环境保护的关系，有两种对立的看法，一是主张强调环境保护，抑制经济发展，提出所谓"零增长论"，认为环境污染和破坏既然是由于经济、社会发展造成的，那么，要解决环境问题的出路就只有停止发展；二是先发展经济，然后再治理环境，即"先污染，后治理"。很多工业发达国家经历过这条道路，我国也曾经历过一段"先污染后治理"的道路。两种看法都是把环境保护与经济发展对立起来，片面强调二者之间矛盾的一面，而忽视了它们之间相互依存、相互促进的统一的一面。

前者违背了人类社会进步的根本利益而在现实中不能实现，因为，贫穷本身就是一个最大的环境问题，生产不发展，没有物力和财力，环境保护是难以开展得好；后者已被当前环境问题的现状证明超越环境承受能力的发展只会危及人类社会的生存和发展，最终将导致人类社会的灭亡。因此，二者都不可取。

国际社会没有采取上述两种观点，而是在历史选择中逐步走向可持续发展的道路。1972年，在瑞典斯德哥尔摩召开了联合国人类环境会议，当时已认识到环境同经济、社会发展相协调的重要性。1987年，世界环境与发展委员会发表了《我们共同的未来》的报告，正式提出了可持续发展的战略和理论，这是人类寻求发展的最佳选择，它为环境保护同经济、社会持续发展相协调提供了一个基本框架，向人类社会展示了美好生活的前景，从而被人类普遍接受。1992 年，在巴西里约热内卢召开的联合国环境与发展大会上，为了实现永恒和持续不断的发展，人类空前一致地达成了协议，发表了《里约宣言》，该宣言的原则 4 指出"为了实现可持续发展，环境保护工作应是发展进程的一个整体组成部分，不能脱离这一进程来考虑"，可持续发展已成为国际社会的共识。

我国同样坚持协调发展的原则。1973 年，在国务院颁布的《关于保护和改善环境的若干规定（试行草案）》中第 1 条规定："各地区各部门制定发展国民经济计划，既要从发展生产出发，又要充分注意到环境的保护和改善，把这两方面的要求统一起来，统筹兼顾，全面安排"。1979 年的《环境保护法（试行）》，第一次以法律形式确定了该原则。1983 年，我国召开了第二次全国环境保护会议，制定了"经济建设、城乡建设和环境建设同步规划、同步实施、同步发展，实现经济效益、社会效益和环境效益的统一"的战略方针。1989 年颁布的《环境保护法》第 4 条规定："国家制定的环境保护规划必须纳入国民经济和社会发展计划，国家采取有利于环境保护的经济、技术政策和措施，使环境保护工作同经济建设和社会发展相协调"，这是协调发展原则在我国现行环境基本法中的具体体现。1994 年，国务院通过了《中国 21 世纪议程》，强调"突出经济、社会与环境之间的联系与协调。通过法规约束、政策引导和调控，推进经济与社会和环境的协调发展"。此后，我国环境资源法律法规、环境政策方针等均坚持协调发展的原则。

（三）协调发展与可持续发展的关系

1987 年，世界环境与发展委员会在《我们共同的未来》中首次提出"可持续发展"的概念，并予以定义，即"既满足当代人的需要，又不对后代人满足其需要的能力构成危害的发展"。它包括两个重要的概念：一为需要，人的需求的满足，包括满足全体人民的基本需要和改善生活的需要，这是发展主要目标。对于发展中国家，在基本需要还没有满足的背景下，经济的增长更需要优先考虑。二为限制，是通过法律手段、科技手段和经济手段，对向环境资源的索取和投入加以限制，以保持对环境和资源的永续利用，实现可持续发展。

可见，我国提出的协调发展与国际社会的可持续发展在概念上不同，而且协调发展着重从横向关系上，即制约发展基本因素的相互关系上对发展提出要求。可持续发展侧重从纵向历史发展过程即当前需要与未来需要的关系上提出要求，既满足当代人的需要又不对后代人构成威胁。但是，从某种意义上说，两者的目的都是为了保证社会的可持续发展，协调发展原则是我国为实施国际社会的可持续发展原则而在我国环境资源法中的体现和具体化。也就是说，我国提出的协调发展同可持续发展的基本精神是一致的，而且更具体化了。可持续发展原则的实质是要求在环境的承载力范围内满足人类的需要，这与协调发展原则要求不超出环境承载力的上限来追求经济的发展的要求是一致的。两者的根本目的都是在于实现保证社会的良性发展，一方面，不能以牺牲环境为代价；另一方面，环境保护也不能脱离经济过程来考虑。[①]

## 二、协调发展原则的意义

### （一）协调发展原则是客观规律的必然要求

按照马克思主义观点，一切社会形态的发展均应当遵守自然生态规律和其固有的经济规律。自然生态规律主要是指物质循环和能量流动规律，生态系统中不断地进行着新陈代谢作用，当人类的社会活动超过了生态系统自动调节能力的限度时，就会出现局部性的、全国性的乃至世界性的生态失衡。生态平衡遭到破坏会严重威胁人类的生存发展；为了人类健康和经济社会的持续发展，经济建设必须符合自然生态规律，否则，人类社会将遭到大自然的报复。

在社会主义阶段，社会主义经济规律决定着社会主义生产的目的是为了保证最大限度地满足全社会的物质和文化的需要，这理所当然地包括对清洁、优美的环境的需要。自然生态规律和社会主义经济规律是密切相关的，社会主义经济规律的特点是高度发展生产，不断满足全社会的物质和文化的需要。保护好环境，保持生态平衡才能提供源源不断的自然资源，促进工农业生产的发展。可见，协调发展是遵守自然生态规律和经济规律的必然要求。

### （二）协调发展原则是人类健康、社会进步的有力保证

经济建设和环境保护的协调发展可以保护自然资源、改善环境质量，又可以保障人类健康，进而促进社会进步。如果环境资源受到污染、破坏，将影响经济建设，还会危害当代人乃至子孙后代的健康。我们知道，生产力的发展离不开人，因为人在生产力发展中起着主动、积极和决定性的作用。没有优良的环境资源，没有健康的人类，就无法为经济发展提供原动力，社会就不可能取得进步。

### （三）协调发展原则是我国的现实需要

坚持协调发展的原则是由我国国情决定的，我国是人口多、底子薄、人均资源有限的发展中国家。一方面，我们不能采取那种牺牲环境资源、牺牲人民健康和生命的方法去发展经济，这种无限制发展其实是竭泽而渔。另一方面，作为发展中国家，如果采取"零增长"，广大人民群众的基本生活需要就无法保证，"零增长"在中国行不通。因此，我国只能采取经济建设与环境保护协调的原则。

---

① 王文革主编：《环境资源法》，北京大学出版社 2009 年版，第 53 页。

### 三、协调发展原则的贯彻实施

#### （一）加强环境与发展的综合决策

我国已经将环境保护当做一项基本国策，各级决策部门在进行经济、社会发展重大决策过程中，必须对环境保护与经济、社会发展加以全面考虑、统筹兼顾、综合平衡、科学决策，加强环境与发展的综合决策。在综合决策的过程中，要正确处理经济增长速度和综合效益的统一、生产力布局与资源优化配置、产业结构调整与解决结构性污染、资源开发利用与保护生态环境等问题。

#### （二）将环境保护切实纳入国民经济和社会发展计划

环境保护关系到我国能否持续发展，关系到当代人及后代人的健康、生存、繁衍，是社会主义现代化建设的重要组成部分。鉴于此，1989 年的《环境保护法》第 4 条规定："国家制定的环境保护规划必须纳入国民经济和社会发展计划，国家采取有利于环境保护的经济、技术政策和措施，使环境保护工作同经济建设和社会发展相协调。"依照该条规定，国家应当依法将环境保护纳入国民经济和社会发展计划，国家从宏观上、全局上计划和安排我国的环境保护工作，进行有效的宏观调控是实现协调发展原则的关键。我国 1994 年发布的《环境保护计划管理办法》（现已失效），使得编制环境保护计划的工作有章可循。

#### （三）督促各级政府在经济建设中履行环境保护职能

贯彻协调发展原则的首要主体、重要主体是中央至地方的各级政府。实践中，尽管我国颁布了大量的环境资源法律法规以推进协调发展，但是，各级政府特别是地方政府唯经济论、GDP 至上，以牺牲环境资源换取经济发展、政绩，有法不依、执法不严的现象较普遍。政府不认真履行环境保护职能的做法，使得协调发展原则在一条腿走路，重视经济建设，忽视环境保护。因此，必须提高处在政治、经济决策地位的政府部门及其官员的环境意识，建立绿色 GDP 的国民经济核算体系，建立和完善环境保护考核机制、环境责任追究机制，以制度督促各级政府在经济建设中履行环境保护职能，从而促进政府及其官员正确处理环境保护与经济建设和社会发展的关系，把眼前利益和长远利益、局部利益和整体利益结合起来，遵守自然生态规律和经济规律，贯彻实施协调发展原则。

#### （四）推进企业环境保护责任的落实

在市场经济背景下，企业已成为环境污染、资源破坏的最主要制造者，如制革、化工、印染、电镀、冶金等企业。据估计，我国工业企业污染约占总污染的 70%，而其中工业企业排放的污染 50% 是因为企业本身的管理不善造成的。[①] 因此，贯彻实施协调发展原则，不能忽视企业的环境保护责任，这是社会

---

① 邹东涛主编：《中国企业公民报告（2009）》，社会科学文献出版社 2009 年版，第 165 页。

经济发展、企业社会责任的必然要求。企业要加强自身管理，提高社会责任感，改变生产经营理念，自觉接受政府、公众的监督。

## 第三节　预防为主原则

### 一、预防为主原则概述

（一）预防为主原则的概念

预防为主原则是"预防为主、防治结合、综合治理原则"的简称[①]，是指环境保护的重点应在事前预防上，在环境污染和资源破坏发生之前，就采取各种预防措施把环境污染和资源破坏控制在保障人体健康、维持生态平衡、社会持续发展的限度之内，对已发生的污染和破坏要积极治理。这一原则表明环境保护的重点是以预防为主，防患于未然；防与治要有机地结合起来，在预防中源头治理，在治理中加强预防；从整体利益出发，综合各种方式和途径整治环境污染和破坏。

（二）预防为主原则的历史沿革

西方发达国家在经历了一条"先污染后治理"的道路后，逐渐认识到经济建设以环境资源为代价将付出更大的社会、经济代价。从这一历史教训中，国际社会开始由"末端治理"转向"源头治理"，提出预防原则。1972年的《人类环境宣言》提出要对不能再生的资源、生态环境、海洋等加强防范性保护。1980年联合国环境规划署等起草的《世界自然资源保护大纲》在环境资源保护方面提出了预期性的环境政策，该大纲认为，"这些政策要求在环境受损害之前便要付诸行动"，"我们的行动策略应是把治理与预防明智地结合起来"。在同一时期，经济合作与发展组织环境委员会也提出建议，即各国环境政策的核心应当是预防为主。1982年，为纪念联合国人类环境会议十周年而通过的《内罗毕宣言》指出："与其花很多钱、费很多力气在环境破坏之后亡羊补牢，不如预防其破坏"。1992年，《里约宣言》规定："为了保护环境，各国应按照本国的能力，广泛适用预防措施。遇有严重或不可逆转损害的威胁时，不得以缺乏科学充分确实证据为理由，延迟采取符合成本效益的措施防止环境恶化。"此外，诸如《联合国海洋法公约》、《气候变化框架公约》等国际环境条约也有许多预防为主、防治结合、综合治理的内容。这些主张和规定，促使各国在环境资源法律法规的调整和转变过程中，愈加重视预防为主的原则，并成为国家环境资源

---

① 吕忠梅著：《环境法学》，法律出版社2004年版，第48页。

法中的基本原则。

就我国而言，在 20 世纪 70 年代开展环境保护工作时，便将预防为主、防治结合作为防治工业污染的方针政策。1978 年《宪法》第 11 条规定"国家保护环境和自然资源，防治污染和其他公害"。在 1979 年制定《环境保护法（试行）》（现已失效）时，将防治污染和其他公害作为立法指导思想之一，并且为之规定了环境影响评价和"三同时"制度以及防止自然资源破坏的措施。此后，预防为主原则在我国环境资源法律法规中得到了很好的体现。例如，在自然资源保护法中，1991 年的《水土保持法》（2010 年修订）第 4 条明确规定，"国家对水土保持工作实行预防为主，全面规划，综合防治，因地制宜，加强管理，注重效益的方针"。在污染防治法中，2008 年修订后的《水污染防治法》第 3 条规定，"水污染防治应当坚持预防为主、防治结合、综合治理的原则，优先保护饮用水水源，严格控制工业污染，城镇生活污染、防治农业面源污染，积极推进生态治理工程建设，预防、控制和减少水环境污染和生态破坏。"更有整部法律就是在全面贯彻预防为主原则，如 2001 年的《防沙治沙法》、2002 年的《环境影响评价法》。

## 二、预防为主原则的意义

（一）预防为主原则是切合环境问题特点的基本准则

坚持预防为主原则是由环境问题的本身特点决定的。首先，环境污染、资源破坏具有影响范围广、作用时间长、有一定的潜伏期、治理费用高等特点，其治理、恢复需要的时间周期长，有些甚至是无法补救的。其次，"末端治理"模式有不足之处，如：治理成本高，导致企业缺乏治理污染的积极性和主动性；治理难度大，同时存在污染转移的风险；不利于在生产过程中减少资源的浪费；造成环境监督管理和执法的成本过高。

（二）预防为主原则有利于最大限度地实现环境保护的目的

环境污染、资源破坏本身会造成严重的经济损失，再加上环境治理、恢复费用，就要付出高昂的代价。当前，我国是一个发展中国家，还比较贫穷，不可能拿出大量资金用于环境保护，而我国的环境污染和破坏又相当严重，急需治理，并且这些环境问题产生的原因又是多方面的。坚持"预防为主原则"，就可以"防患于未然"，是对环境的损害降到最低程度，实现环境保护的最大可能。

（三）预防为主原则有利于经济建设、社会发展和环境保护的统一

从环境保护工作的实践中了解到，我国环境污染、资源破坏主要是由不合理地开发利用自然资源和工业污染造成的。这种污染和破坏，实质上是资源和能源的浪费。所以，在资源开发利用、工业生产的过程中，注意环境保护，提

高资源、能源的利用率，减少环境污染、资源破坏，就可以在经济建设、社会发展的同时，保持良好的自然环境，实现经济建设、社会发展和环境保护的统一。

（四）预防为主原则有利于环境保护工作由消极应付转为积极防治

在传统的末端治理模式下，污染、破坏是治不胜治，使环境污染和破坏的治理工作始终处于被动的状态。这种消极应付的模式已经被历史证明是不可取的，而应当采取积极防治的模式，即坚持预防为主原则。这样可以严格控制新的环境污染、资源破坏，对于已经产生的污染和破坏，可采取综合治理措施，积极进行治理。这样就可以使我国的环境保护工作由消极应付转为积极防治，防止环境污染的蔓延和资源破坏的恶化。

### 三、预防为主原则的贯彻实施

（一）设计预防性的环境保护制度

预防为主原则是环境资源法的基本原则中运用最广、落实的最为有效的基本原则。在我国环境资源法中，已经制定了众多与之相配套的具有操作性的具体制度，如"三同时"制度、土地利用规划制度、环境影响评价制度、城乡规划制度、环境标准等。在此基础上，还需不断创设或完善预防性的环境保护制度，如当前的环境应急管理制度因其内在不足而出现功能欠缺，未能保证在环境事故中实现利益受损最小化，有待完善，一个完善的应急管理制度是预防为主原则所需要的。

（二）科学规划、合理布局

各级政府在制定经济建设和社会发展规划时，应当认真履行环境保护职能，既要考虑经济效益、社会效益，又要考虑环境效益，以便获得最佳的综合效益，做到科学规划，统筹兼顾。

各级政府还应当对管辖区域内的农业、工业、商业、生态、交通、居住等方面进行合理布局与组合，使功能区域的布局趋于合理，降低污染转移的风险，提高环境应急的协同能力，在规划布局阶段就落实预防为主原则，做到经济效益、社会效益和环境效益的统一。

（三）加强综合治理力度

对已造成的环境污染、资源破坏，应当认真对待，积极治理。企业在生产时，必须遵守国家和地方规定的环境标准，对于严重污染企业，限期治理达标，无法达标的企业，进行关、停、并、转。对于已经被破坏的资源积极恢复、抢救。总之，要做到防与治有机结合，在预防中源头治理，在治理中加强预防。

## 第四节 环境责任原则

### 一、环境责任原则概述

(一) 环境责任原则的概念

环境责任原则,也被称为"污染者付费、利用者补偿、开发者保护、破坏者恢复原则"[1],指的是人们对环境和资源的利用,或对环境造成污染、对资源造成破坏时,应当按照环境正义的价值追求,公平地分配相关利益及其负担,即应承担相应的法律义务和法律责任,以实现平衡各种利益关系、保护环境资源的目的。

展开来讲,"污染者付费",就是污染者负担,是指污染制造者所造成的环境、财产损失以及治理污染的费用等应当由自己承担,而不能由国家、社会、公众来买单。

"利用者补偿",就是谁利用谁补偿,是指环境资源的利用者必须承担经济补偿责任,包括使用消耗自然资源或对环境有污染作用的产品的消费者,他们也必须承担经济补偿责任,具体包括排污收费或环境税制度、废弃物品再生和回收制度、自然资源补偿费和税收制度等。

"开发者保护",就是谁开发谁保护,是指开发利用环境资源者,不仅有依法开发环境资源的权利,同时还负有保护环境资源的义务。这一制度体现了"开发利用与保护增殖并重"方针,即对于可更新资源,应当在不断增殖其再生能力的前提下持续利用;对于不可更新资源,应当节约利用、综合利用。

"破坏者恢复",就是谁破坏谁恢复,是指造成环境资源破坏的主体,须承担对遭受其破坏的环境资源进行恢复和整治的法律责任。在此,强调破坏者对环境资源的恢复和整治的义务。

(二) 环境责任原则的历史沿革

20世纪60年代开始,世界陆续出现重大公害事件,环境危机愈来愈严重,治理污染的成本越来越高。对此,传统的做法是由国家出资治理污染、由公民承担环境污染的危害,即由纳税人和社会来承担治理污染的费用,形成了"企业赚钱污染环境,社会花钱治理环境"的极不公平的现象。人们开始思考环境污染、资源破坏的费用到底应该由谁来承担呢?个别人造成的环境污染和资源破坏凭什么要让全体纳税人或社会公众来承担呢?

---

[1] 韩德培主编:《环境保护法教程》(第四版),法律出版社2003年版,第72页。

　　针对这一问题，在理论上，西方经济学家从经济学上的"外部性理论"出发，认为要转变这种不公平的现象，就必须采取措施使这种治理环境的费用（外部费用）由生产者或消费者来承担，即外部费用的内部化。在实践中，经济合作与发展组织环境委员会于 1972 年提出了"污染者负担原则"，即"污染者付费原则"，明确了环境责任。实行该原则有利于实现社会公平、防治环境污染和破坏，因而迅速得到国际社会的广泛认可和接受，并被确定为国际环境保护的一项基本原则，比如，1992 年的《里约宣言》规定："各国应当制定关于污染和其他环境损害的责任和赔偿受害者的国家法律"，"考虑到污染者原则上应当承担污染费用的观点，国家当局应该努力促使内部负担环境费用。"这是对污染者负担原则的国际认可。随着环境保护的概念从污染防治扩大到自然保护和物质消费领域，污染者的概念范围也由企业扩大到所有的受益者，比如，日本在 1993 年制定的《环境基本法》中，提出了"受益者负担原则"，即只要从环境或资源的开发、利用过程中获得实际利益者，都应当就环境与资源价值的减少付出应有的补偿费用。现在，"污染者负担原则"已经扩大到"污染者付费、利用者补偿、开发者保护、破坏者恢复原则"，即统称的"环境责任原则"。

　　在我国，1979 年的《环境保护法（试行）》（现已失效）第 6 条规定，"已经对环境造成污染和其他公害的单位，应当按照谁污染谁治理的原则，制定规划，积极治理，或者报请主管部门批准转产、搬迁"。为保证法律文本的严谨性、专业性，1989 年的《环境保护法》删去了"谁污染谁治理"的字样，但是，该法的其他条款依然遵循着这一基本原则。如，《环境保护法》第 19 条规定："开发利用自然资源，必须采取措施保护生态环境。"第 28 条规定："排放污染物超过国家或者地方规定的污染物排放标准的企业事业单位，依照国家规定缴纳超标准排污费，并负责治理。"第 41 条规定："造成环境污染危害的，有责任排除危害，并对直接受到损害的单位或者个人赔偿损失。"1996 年，国务院发布的《关于环境保护若干问题的决定》规定将这一原则完整的表述为"污染者付费、利用者补偿、开发者保护、破坏者恢复"。此外，《水土保持法》、《草原法》、《矿产资源法》、《水污染防治法》和《大气污染防治法》等环境资源单行法中都明确规定了对环境资源造成污染和破坏的主体负有相应的责任。环境责任原则在我国经历了一个从发展到完善的过程，并逐步形成了具有环境资源法特色的责任内容。

## 二、环境责任原则的意义

　　（一）环境责任原则能够加强环境资源的保护，防止环境污染、资源破坏

　　污染者、利用者、开发者和破坏者所针对的客体是全社会的环境资源，一般对其本身的利益无多大影响，如果没有制约和激励机制，就很难使其自觉地

去保护环境。环境责任原则明确了各类主体治理环境污染和资源破坏的责任，并承担相关费用，危害越大付费越多，这样就可以激励各类主体加强环境管理和技术改造，也可以对污染、破坏行为起到制约作用，从而加强环境资源的保护，防止环境污染、资源破坏。

（二）环境责任原则可以促进环境资源的永续利用

环境责任原则，通过明确的责任主体、责任方式及具体措施，使责任主体在利用环境资源的过程中珍惜和节约各种环境资源，并合理利用环境资源，提高利用率和经济效益，使环境资源的再生、恢复、增殖都得到了有效保证，推进环境资源的永续利用和社会的持续发展。

（三）环境责任原则可以为环境保护筹集资金

环境保护需要大量的资金投入，而且投入的资金在短期内一般难以有直接经济效益的回报，甚至有时对投资者根本不会带来直接的经济效益。因此，企业一般不会主动为环保投资。环境责任原则，一方面，明确了责任主体须承担相关费用的责任；另一方面，通过征收排污费、环境税、生态补偿费等形式，就可以筹集到大笔环境保护资金，使环境保护的费用有一个比较稳定的来源，为治理环境污染和恢复生态环境积累资金。

（四）环境责任原则可以实现社会公平

环境责任原则源于对"企业赚钱污染环境，社会花钱治理环境"这一极不公平的现象的反思，少数责任主体从其开发利用活动中获得经济利益，而将环境资源的损害后果转嫁给广大纳税人和整个社会，这违反了社会公平的精神。坚持环境责任原则，可督促各类责任主体承担其相应的环境责任，从而实现社会公平。

## 三、环境责任原则的贯彻实施

（一）建立环境责任制度体系

为贯彻实施环境责任原则，我国环境资源法律法规对影响环境资源的单位，规定了各种强制性的防治、养护与整治责任。如，《环境保护法》第24条规定，企业事业单位必须建立环境保护责任制度。以责任书的形式，具体落实企业事业单位法人代表应承担的防治环境污染和保护生态环境的任务和责任。在《渔业法》中设立了"渔业资源的增殖和保护"专章，规定了捕捞者的养护责任。此外，《森林法》、《草原法》、《大气污染防治法》、《水污染防治法》、《环境噪声污染防治法》等单行法规中都有环境责任的相关条款。

（二）推行环境保护目标责任制，采取污染限期治理的措施

把环境保护责任指标化、定量化、措施化，加以层层落实，使环境保护工作层层分解、具体到位，把环境责任与政府执政业绩直接挂钩，实现对环境资源的有效保护。政府部门在推行环境保护目标责任制时，应当对污染严重的企

业实行限期治理，这是贯彻实施环境责任原则的一种强制性和十分有效的措施，可以促使超标排放的单位加快治理污染的步伐。

（三）发挥经济手段在环境污染和资源破坏治理中的作用

在环境资源法律、政策中，经济手段的运用越来越广泛，可以激发责任主体治理环境污染、资源破坏的积极性，正面作用愈来愈显著。目前，我国已把排污费、资源费、资源税、生态补偿费等经济诱因手段运用到环境责任的落实中，以此约束污染环境、破坏资源的行为，促进责任主体加强对环境资源的保护，维护生态平衡。

（四）强化各级政府认真履行监督管理职能

目前，许多环境污染和资源破坏问题，是由于政府的监督管理不严造成的。基于这种情况，有必要强化各级政府认真履行监督管理职能。对于开发利用环境资源的单位和个人，各级政府应当加强检查监督，通过法律手段，严格控制对环境资源造成的破坏，对已经造成破坏的要严格执法，追查到底，追究责任，以加强对环境资源的保护。

# 第五节　公众参与原则

## 一、公众参与原则的概述

（一）公众参与原则的概念

环境资源法上的公众参与原则，也称为"环境保护民主原则"、"依靠群众保护环境原则"，是指公众负有保护环境的责任与义务，同时亦享有参与环境保护的权利，每一个人都可以依照法定程序参与到环境保护工作中来。政府、企事业单位等在进行环境资源管理时，需要公众的广泛参与。从法律上说，环境保护既是公民应尽的义务，也是公民的一项基本权利。理当把环境保护工作建立在更加广泛的民主基础上，把政府、企事业单位等的环境管理工作和环境资源法律的执行建立在公众参与的基础之上。此处的公众通常包括：一般公众、专家学者、社会团体、新闻媒体等。

（二）公众参与原则的历史沿革

在国际上，早在1972年的《人类环境宣言》就强调了公众参与环境保护的重要性，此后许多国际环境法律文件中都开始重视公众参与环境保护。1982年的《内罗毕宣言》第9条提出"应当通过宣传、教育和训练，提高公众和政府对环境重要性的认识，在促进环境保护工作中，必须每个人负起责任并且参与工作。"1992年，《里约宣言》规定"环境问题最好在所有有关公民的参加下加以处理。在国家一级，每个人应有适当的途径获得有关公共机构掌握的环境问题的信息，其中包括关于他们的社区内有害物质和活动的信息，而且每个人应有机会参加决策过程。各国应广泛地提供信息，从而促进和鼓励公众的了解和参与。应提供采用司法和行政程序的有效途径，其中包括赔偿和补救措施。"这是最早提出公众在环境事务中参与权问题的国际环境法文件。随着全球化迅速发展，环保浪潮日益高涨，可持续发展战略的实施，以及非政府组织的兴起和对环境事务的积极参与，公众在环境事务中的参与权在某些国家和地区也有一定进展。1991 年在芬兰通过的《跨国界环境影响评价公约》第 2 条第 6 项对公众参与环境影响评价作了规定："起源国应当向可能受到影响的区域的公众提供对相关议案进行环境影响评价程序的参与机会，并且要保证提供给受影响国公众和本国公众的参与机会相等。"1998 年，联合国欧洲经济委员会在丹麦的奥胡斯签定了《公众在环境事务中获得信息、参与决策和诉诸司法权利的奥胡斯公约》（简称《奥胡斯公约》），该公约对公众参与环境事务作了全方位规定，从环境信息的获取到环境决策，再到司法救济都作了规定。可见，国际社会的公众参与趋势愈发明显。

在我国，《宪法》第 2 条明确规定：中华人民共和国的一切权力属于人民……人民依照法律规定，通过各种途径和形式，管理国家事务，管理经济和文化事业，管理社会事务。这是我国公民参与环境资源保护的宪法依据，根据这一规定，我国公民可以广泛参与国家的环境管理。1989 年颁布的《环境保护法》第 6 条明确规定："一切单位和个人都有保护环境的义务，并有权对污染和破坏环境的单位和个人进行检举和控告。"这为公众参与环境资源保护提供了原则性的法律依据。1994 年编制的《中国 21 世纪议程》明确提出"公众、团体和组织的参与方式和参与程度，将决定可持续发展目标实现的进程。"1996 年国务院发布的《关于环境保护若干问题的决定》强调："建立公众参与机制，发挥社会团体的作用，鼓励公众参与环境保护工作，检举和揭发各种违反环境保护法律法规的行为。"我国的一些环境保护专门立法中，对公众参与也作了一些规定。例如，1996 年第一次修订的《水污染防治法》中增加了"环境影响报告书中，应当有该建设项目所在地单位和居民的意见"的规定。2002 年，全国人大常委会通过的《环境影响评价法》明确规定"国家鼓励有关单位、专家和公众以适当方式参与环境影响评价"。首次在环境立法中规定了较为明确的公众参与条款，标志着环境民主在我国发展到了一个新的阶段。2006 年 2 月，原国家环保总局发布了《环境影响评价公众参与暂行办法》。2005 年 11 月 16 日，沈阳市人民政府发布《沈阳市公众参与环境保护办法》，这是我国第一个公众参与环境保护的专门地方立法。2007 年 4 月，原国家环保总局颁布了《环境信息公开办法（试行）》，这是我国第一部有关环境信息公开的综合性部门规章，对公众参与环境保护具有重要作用。

整体来看，我国关于公众参与环境保护的立法从无到有，从原则到具体，正在不断发展，而且进步的越来越快，目前已经初具规模，在一定程度上为公众参与环境保护提供了法律保障。不过，公众参与环境保护的范围不够广泛，公众参与的途径不够系统全面，公众参与缺少程序性规范，公众参与在我国的路还很长。

## 二、公众参与原则的意义

### （一）公众参与原则有利于发挥公众的环保积极性

环境资源首先是一种公共资源，是人类赖以生存和发展的必要条件，环境利益关系到每一个成员的切身利益，环境保护是一项公益性的全民事业。社会公众对环境保护有着巨大潜力。明确公众在环境保护中的法律地位，赋予其行使环境保护的权利，提供全方位的法律激励机制，可以充分挖掘公众的潜力，最大限度地发挥公众的保护环境的积极性。

### （二）公众参与原则可以弥补政府在环境保护中的不足

政府有监管、引导企业环境行为的义务，倘若政府在履行此职责过程中懈怠，就容易导致环境事故的发生，这就是环境保护领域的政府失灵。克服政府失灵、强化政府的环保职能的一个重要手段就是引进公众参与，一方面弥补政府监管中的疏漏，实现环境的全方位保护；另一方面通过社会公众参与，监督政府的环境保护行为，激励政府积极履行环境监管职能，以实现保护环境资源的目的。

### （三）公众参与原则符合国际环境保护的发展趋势

环境保护从单轨制向双轨制转变已经成为国际性的普遍趋势，许多国家环境资源法律和国际环境条约中都对公众参与做了具体而明确的规定。世界上很多国家或地区不乏成功的经验可以借鉴，如1998年的《奥胡斯公约》对公众获取环境信息、参与决策和环境司法救济等作了规定，2006年还通过了《有关欧盟机构适用奥胡斯公约的条例》。坚持公众参与原则是与国际环境保护工作接轨的选择。

## 三、公众参与原则的贯彻实施

### （一）加强全民环境教育

我国公众的环境参与意识仍很薄弱，参与程度比较低。虽然近年来，公众的环保意识有所加强，但是主动参与环境保护的意识仍然比较薄弱，尤其是年龄较大和受教育程度较低的人群。对于这种情况，我们应进一步加强环境宣传教育的改革，针对各类人群采用不同的宣传教育方式，采取更加贴近公众生活、更加生动的教育形式，提高公众参与环境保护的意识。

（二）推进环境信息公开

环境信息公开是环境知情权的重要内容，而知情权是公众参与环境保护的重要前提。公众只有在了解环境信息的基础上，才能实际有效地参与环境保护工作。环境信息公开应当以公开为原则，不公开为例外；应当以信息的性质为标准区分为主动的信息公开和被动的信息公开；应当既有政府环境信息公开，又有企业环境信息公开。政府和企业都进行环境信息公开有利于政府、企业和公众三个主体之间有相对完全和对称的信息，从而避免因环境信息不完全造成的决策失误，避免因信息不对称而出现政府、企业侵犯公众环境利益的现象。

（三）建立司法保障制度

《环境保护法》、《大气污染防治法》、《水污染防治法》、《海洋环境保护法》等都对公民享有监督、检举和控告的权利作了规定，充分体现了环境管理的公众参与原则。公众参与也具有一定的司法保障，比如，依照《行政复议法》、《行政处罚法》、《行政许可法》的规定，若行政许可申请人或利害关系人认为行政机关的行为侵害了自己的合法权益或存在违法行为时，可以申请行政复议或者提起行政诉讼。但是，公众通过公益诉讼这一有效途径参与环境资源保护的空间尚待拓展，因为2012年8月修订的《民事诉讼法》第55条规定，对污染环境、侵害众多消费者合法权益等损害社会公共利益的行为，法律规定的机关和有关组织可以向人民法院提起诉讼。据此，只有法律规定的机关和有关组织才可以提起环境公益诉讼，公众个体提起公益诉讼则被排除在外。

## 理论思考与实务应用

### 一、理论思考

（一）名词解释

1. 可持续发展
2. 预防为主原则
3. 污染者负担

（二）简述题

1. 简述环境资源法基本原则的种类
2. 简述环境资源法基本原则的作用
3. 简述经济建设与环境保护的关系
4. 简述环境责任原则的概念
5. 简述公众参与原则的意义

（三）论述题

1. 论述协调发展原则的贯彻实施
2. 论述预防为主原则的意义
3. 论述环境责任原则的意义
4. 论述如何在环境保护中贯彻实施公众参与原则

## 二、实务应用

（一）案例分析示范

**案例一：某市创建全国生态市，"既要金山银山，更要绿水青山"**

2004 年 5 月，某市顺利通过国家验收成为全国生态示范区，创建全国生态市示范区，创建全国生态市计划随即启动。经过 4 年的努力，该市于 2008 年年底通过省级验收，且基本通过国家技术核查。2009 年，该市将迎来国家环保部的考核验收，有望成为首批省内唯一地级生态市。在启动生态市创建工作后，该市即着手编写生态市建设规划。次年，市人大审议通过《某市生态市建设规划》，并由市政府颁布实施，创建工作进入实质性阶段。为创建生态市，该市全面实施河道综合整治、生活污水处理设施建设、生态保护区建设等 12 项重点工程建设；投入 6000 万元建设重点污染源以及机动车尾气、河流水质、空气质量在线监控系统；投入 20 多亿元加快建设 20 家污水处理厂，确保全市生活污水处理率达 85% 以上，既要金山银山，更要绿水青山。①

**问**：该市创建生态市的过程体现了环境资源法中的哪项基本原则？

**评析**：

该市在创建生态市的过程中"既要金山银山，更要绿水青山"，体现了环境资源法中的协调发展原则，这是正确处理经济建设、社会发展与环境保护关系的一项总原则。协调发展原则要求在社会经济的发展过程中，兼顾环境与资源的保护，促进社会、经济、环境协调发展，实现可持续发展的目标。它避免了以牺牲环境为代价走"先污染后治理"以换取经济的畸形发展，以及试图以"零增长"来避免人口和经济增长所带来的环境危机两种极端观点的消极面。

**案例二：某矿业有毒废水泄漏事件**

2010 年 7 月 3 日下午，福建省某矿业集团有限公司铜矿湿法厂发生铜酸水渗漏事故。9100 立方米的污水顺着排洪涵洞流入汀江，导致汀江部分河段污染及大量网箱养鱼死亡。这起环境污染事故的发生及扩大，主要是政府在以下两方面没有起到应有的作用，出现政府失灵。第一，土地规划中的政府失灵。政

---

① 案例来源：张璐主编：《环境与资源保护法案例与图表》，法律出版社 2010 年版，第 38 页。

府部门在规划土地时，没有对化学品或危险品工业进行科学、合理规划，如污染源离河流、居民区太近，未保持适当距离；未全面考虑污染池可能带来的风险。第二，风险检查中的政府失灵。在这起事故中，政府的相关部门在平时工作中未对污水池进行过检查，这就不能确保污水池是符合安全标准的。企业通常是不会自行进行风险检查的，若政府也不加强监管就难以达到"突出预防，强化全程管理"。政府有责任对企业所存在的危险源进行风险检查，以控制安全隐患。①

问：本案中矿业污染事件违背了环境资源法中的哪项基本原则？今后如何落实该原则？

评析：

某矿业污染事件违背了环境资源法中的预防为主原则这一基本原则。政府在此次污染事件中出现了失灵，一是土地规划中的政府失灵，二是风险检查中的政府失灵。土地规划、风险检查是预防原则贯彻实施的重要手段，当这两种手段失灵时，也就难以实现污染控制中所强调的预防为主原则。

今后落实预防原则时，应当吸取某矿业污染事件的教训。第一，做好土地规划。政府应当认真执行《规划环境影响评价条例》，进行规划时，尤其在对化学工业区进行规划时，切实考虑到对重大环境事故的预防，以最低限度减少环境问题对城市、郊区和农村居民的影响，确保土地使用规划与《环境影响评价法》、《城乡规划法》和《规划环境影响评价条例》等相关法律法规一致。第二，启动风险检查。解决问题的最彻底方式是从根源上杜绝。而消除污染最有效的解决方案，也是不让污染产生。政府部门应当在管辖范围内启动环境风险检查，对存在环境风险的企业进行整顿，杜绝此类环境事故再次发生。

**案例三：江苏省淮安市 QG 镇衡河污染事件**

江苏省淮安市 QG 镇的衡河受到了严重污染，被污染的河流被居民住宅和学校包围。学校为衡河污染中的最主要污染者，学校将公共厕所中的大量粪便不加任何处理直接排入水体，露天垃圾池将垃圾中转到水体，对衡河造成极大的污染。

学校原本应该是教育学生保护环境的积极推动者，却成了污染河流的主要黑手，这是个不可忽视的事件。②

问：结合这一污染事件，谈谈公众参与原则的贯彻实施？

---

① 案例来源：朱达俊："中外两起环境事故再显环保政府失灵"，载《世界环境》2011 年第 1 期，第 74 页。

② 案例来源：朱达俊："难以忽视的真相——农村环境污染中的政府与学校"，载《环境保护与循环经济》2011 年第 5 期，第 19 - 22 页。

**评析：**

这一污染事件中，负有环境教育职责的学校在实践中成为污染主体，学校的环境教育还仅仅是停留在课本上，而没有与实践切实的结合，存在"两张皮"现象。这样不能以身作则的环境教育难以获得实效。由此可见，我国的公众参与原则未得到良好的贯彻实施，因为该原则的贯彻实施需要加强全民环境教育。

要想贯彻实施公众参与原则，还得从环境教育入手。环境教育的直接目的是提高公众的环境意识，树立正确的环境价值观与态度，其最终目的是使公众投身于环境保护的行动之中，发挥当事者和督促者的作用，确保环境管理体制中有公众参与。各类学校应认真贯彻和落实环境教育，从课堂走入实践，促进学生养成自觉保护环境的良好习惯。环境教育是现代素质教育的主要组成部分，只有学校发挥素质教育的整体功能，才能有效地实施环境教育。

**（二）案例分析实训**

**案例一：某药厂污染事件**

2011 年 6 月 5 日，世界环境日，某制药总厂被中央电视台《朝闻天下》栏目曝光该厂产生的"废渣直排河流，硫化氢废气超标千倍"，存在重大污染。经调查发现，某制药总厂的广告投入是环保投入 27 倍，药厂烧钱式营销却称无力治污：相对于 2010 年 1960 万元的环保投入，药厂当年的广告费用可谓惊人，到达 5.4 亿元。去年的主营业务收入则是达到 124 亿元。2008、2009 年哈药股份的广告费用均在 4 亿元以上。[①]

**问：** 某制药总厂违背了环境资源法中的哪项基本原则？

**案例二：某医药集团有限公司环保事迹**

多年来，某医药集团有限公司，坚持发展和环保两手抓的经营方针，取得了持续稳定的发展。2001 年，公司顺利通过了 ISO14001 环保体系认证。某医药集团的每一位员工在进入生产岗位前，都要接受环保法规和防治污染知识的教育。公司按照清洁生产的要求，对生产过程进行全面监控，尽可能地把污染消灭在生产过程之中。公司建立了"五不准"原则，即：不准清浓污水混流；不准菌渣冲入下水道；不准废炭、废油、废溶煤冲入下水道；不准包装物、杂物冲入水池；不准擅自停用环保设备和装置。在工程建设中，公司提出了"预防为主、防治结合"，实施了环保"三同时"制度。[②]

---

① "广告投入是环保投入 27 倍，哈药烧钱式营销却称无力治污"，载凤凰财经网，http://finance.ifeng.com/news/corporate/20110608/4119507.shtml，2011 年 7 月 2 日访问。

② 案例来源：刘振文："走绿色健康路——山东鲁药投资逾亿元建设三废工程"，载《中国环境报》2002 年 7 月 3 日第 4 版。

问：某医药集团有限公司坚持了环境资源法的哪些基本原则？是如何贯彻实施的？

## 案例三：黄浦江污染事件

在黄浦江的上下游两岸有三家企业。下游的 A（水上游乐场）建立于 1992 年。上游的 B（造纸厂）和 C（纺织厂）建立于 21 世纪初。由于 B 和 C 均利用河流排放污水，因而给黄浦江带来严重污染。

问：结合环境责任原则，分析 A、B、C 在此污染事件中的环境责任？

## 案例四：厦门 PX 项目事件

PX 指对二甲苯，是一种重要的有机化工原料，属危险化学品和高致癌物，对人体健康有重大危害。厦门 PX 项目是个化工项目，投资逾百亿，原计划的厂址距离人口密集的厦门市区仅 7 公里，有环境污染之险。从 2004 年 2 月国务院批准立项，到 2007 年 3 月 105 名政协委员建议项目迁址，厦门 PX 项目事件进入公众视野，6 月 1 日厦门部分市民上街"散步"，厦门市政府宣布暂停工程，PX 事件的进展牵动着公众眼球；从二次环评、公众投票，到最后迁址，地方政府与公民百姓，从博弈到妥协，再到充分合作，留下了政府和民众互动的经典范例。

问：厦门 PX 项目事件体现了环境资源法的什么原则？这一原则具有什么意义？

# 第三章 环境资源法的基本制度

【**本章概要**】 本章介绍了环境资源法基本制度的含义，并重点介绍了环境标准制度、环境影响评价制度、"三同时"制度、排污申报许可制度、环境税费制度、限期治理制度等六大环境法基本制度，详细介绍了这些制度的发展历程和主要内容。

【**学习重点**】 通过本章学习，需重点掌握环境法基本制度的含义、环境标准的分级与种类、环境影响评价制度的主要内容、"三同时"制度的主要内容，了解排污申报许可制度、环境税费制度、限期治理制度的发展与内容。

## 导 言

环境资源法基本制度是指为实现环境立法的目的，遵循国家环境基本政策和环境法基本原则而制定的具有重大、普遍意义和起主要管理作用的法律规则、程序，是调整某一类环境社会关系的法律规范的总称。环境资源法基本制度也可称为环境保护基本法律制度，具有可操作性、特定性、系统性和规范性等特征。

我国环境资源法基本制度随着环境立法的发展而不断发展、不断完善。从我国已有的环境立法来看，我国环境资源法基本制度包括以下四类：第一类是事先预防类法律制度，主要有环境标准制度、环境规划制度、环境影响评价制度、"三同时"制度；第二类是行为管制类法律制度，主要有排污申报许可制度、环境监察与环境监测制度；第三类是经济刺激与市场类法律制度，主要有环境税费制度、排污权交易制度；第四类是事后补救类法律制度，主要有限期治理制度。下面重点介绍环境标准制度、环境影响评价制度、"三同时"制度、排污申报许可制度、环境税费制度、限期治理制度等六大环境资源法基本制度。

# 第一节　环境标准制度

## 一、环境标准的含义

环境标准是根据国家的环境政策和法规，在综合考虑本国自然环境特征、社会经济条件和科学技术水平的基础上规定环境中污染物的允许含量和污染源排放污染物的数量、浓度、时间和速率以及其他有关技术规范。环境标准是国家制定或认可的，并由国家强制力保证实施，因此，具备法的规范性，是我国环境资源法体系的组成部分，体现了环境资源法具有技术性的重要特点。

1973 年 8 月第一次全国环境保护工作会议审查通过了我国第一个环境标准——《工业"三废"排放试行标准》，奠定了我国环境标准的基础。1979 年《环境保护法（试行）》明确规定了环境标准的制（修）订、审批和实施权限，使环境标准工作有了法律依据和保证。同时我国开始制定大气、水质和噪声等环境质量标准及钢铁、化工、轻工等 40 多个国家工业污染物排放标准。1980 年代中期，配合环境质量标准和污染物排放标准制定了相应的方法标准、标准样品标准。20 世纪 80 年代末，原国家环保局重新修订、颁布了《地面水环境质量标准》（GB3838 – 88），制定了《污水综合排放标准》，替代了《工业"三废"排放试行标准》中的废水部分。这两项标准的突出特点是：环境质量按功能分类保护，排放标准则根据水域功能确定了分级排放限值，即排入不同的功能区的废水执行不同级别的标准；并强调了区域综合治理，提出了排入城市下水道的排放限值，对行业排放标准进行了调整，统一制定水质浓度指标和水量指标，体现了水质和排污总量双重控制。

1991 年 12 月在广州召开的环境标准工作座谈会上提出了新的环境标准体系，针对排放标准的时限问题和重点污染源控制问题，进一步明确了排放标准的时间段的确定依据，综合排放标准及行业排放标准的关系，着手修订综合排放标准和重点行业的排放标准，进一步理顺和解决了实施中的一些问题。

环境标准作为技术规范在法律上的体现，是制定环境保护规划和计划的重要措施，是一定时期内环境保护目标的具体体现，是实施环境法的基本保证和强化环境管理的核心，也是提高环境质量的重要手段。

## 二、环境标准的分级和种类

### （一）环境标准的分级

按照环境标准的管理权限和适用范围，环境标准分为国家环境标准和地方环境标准两级。

国家环境标准是指由国家制定的在全国范围内统一适用的环境保护技术要求。地方环境标准是由省、自治区和直辖市人民政府根据当地的环境功能、污染状况和地理、气候、生态等特点，并结合经济、技术条件，在省、自治区、直辖市范围（或特定地区）内适用的环境保护技术要求。

（二）环境标准的分类

环境标准按照其功能的不同，可分为五类：环境质量标准、污染物排放标准、环境监测方法标准、环境基础标准、环境标准样品标准。

1. 环境质量标准

环境质量标准是为保障人体健康，维护生态良性循环和保障社会物质财富，并考虑技术、经济条件，对环境中的有害物质和因素所作的限制性规定。环境质量标准以环境质量基准以及环境的使用功能为依据制定，即首先确定不同环境的使用功能，如水体是作为饮用水还是作为灌溉用水，这种用途包括当前的和未来的用途，然后按照用途建立环境标准。环境质量标准是国家环境政策目标的具体体现，是制定污染物排放标准的依据，是判断某地域环境质量状况和是否受到污染的直接依据，还是环境保护行政主管部门和有关部门对环境进行科学管理的重要手段。

环境质量标准有国家环境质量标准与地方环境质量标准之分。地方环境质量标准是国家环境质量标准的一种补充标准。地方环境质量标准是对国家环境质量标准中未作规定的项目，按照规定的程序，结合地方环境特点制定的地方环境质量标准，报国务院环境保护部门备案。根据《环境噪声污染防治法》第10条规定，噪声环境质量标准只有国家标准，省、自治区和直辖市人民政府未被授权制定噪声环境质量标准。

2. 污染物排放标准

污染物排放标准是为实现环境质量标准目标，结合技术经济条件和环境特点，对排入环境的污染物或有害因素所作的控制规定。污染物排放标准是实现环境质量标准的主要保证。

污染物排放标准可分为浓度标准和总量控制标准。污染物浓度标准规定了企业或设备的排放口排放污染物的浓度。如废水中污染物以 mg/l 表示，废气中污染物以 $mg/m^3$ 表示。此类标准的主要优点是简单易行，只要检测排放口的污染物浓度即可，但其存在无法排除以稀释手段降低污染物排放浓度的情况等严重缺陷，因而不利于对不同企业的污染作出确切的评价和比较。总量控制标准是以环境质量标准为基础，考虑自然特性，计算出环境容量，然后综合分析所有在区域内的污染源，建立一定的数学模式，计算出每个污染源的污染分担率和相应的污染物允许排放量，求得最优方案。每个污染源都控制小于最优方案的规定，即可保证环境质量标准的实现。

污染物排放标准制定，一般有以下四种方法：

（1）以环境质量为基础制定。如《水污染防治法》、《环境噪声污染防治法》都规定，国务院环境保护行政主管部门根据国家环境质量标准和国家经济、技术条件制定国家……污染物排放标准。

（2）按污染物扩散规律制定。按污染物在环境中输送扩散规律及数学模型，推算出能满足环境质量标准要求的污染物排放标准，这是一种合乎逻辑的常用方法。

（3）按"最佳实用方法（技术）"制定。通过要求工业企业遵循基于经济和技术上最佳可得技术的排放限值，提供更多的污染控制手段，以达到环境的质量要求。

（4）按环境容量制定排放标准，根据环境吸收污染物的能力制定。

我国污染物排放标准普遍采用第一种方法制定。随着总量控制制度的推行，我国应更多采用环境容量制定污染物排放标准。

污染物排放标准有国家污染物排放标准与地方污染物排放标准。制定地方污染物排放标准限于两种情形：对国家污染物排放标准中未作规定的项目可制定地方污染物排放标准；对国家污染物排放标准中已作规定的项目，可制定严于国家污染物排放标准的地方污染物排放标准。根据《环境噪声污染防治法》第11条，省、自治区、直辖市人民政府没有制定地方噪声污染物排放标准的权力。地方污染物排放标准须报国务院环境保护部门备案。根据《大气污染防治法》第7条规定，省、自治区、直辖市人民政府制定严于国家排放标准的地方机动车大气污染物排放标准，须报国务院批准。

当地方污染物排放标准与国家污染物排放标准并存时，由于地方标准严于国家标准，地方污染物排放标准优于国家污染物排放标准实施。

3. 环境基础标准、环境监测方法标准和环境标准样品标准

环境基础标准是指对环境保护工作需要统一的技术术语、符号、代码、图形、指南、导则及信息编码等，制定的国家基础标准。环境监测方法标准是指为监测环境质量和污染物排放、规范采样、分析测试、数据处理等技术所制定的国家环境监测方法标准。环境标准样品标准是指为保证环境监测数据的准确、可靠，对用于量值传递或质量控制的材料、实物样品所制定的国家环境标准样品标准。这三种环境标准只有国家标准，且属于推荐性环境标准。

国家环境标准可以有各类环境标准，包括环境质量标准、污染物排放标准、环境基础标准、环境监测方法标准和环境标准样品标准。而地方环境标准只有环境质量标准和污染物排放标准两种标准。

### 三、环境标准的效力

**（一）强制性环境标准和推荐性环境标准**

根据《标准化法》，环境标准按照其效力不同，分为强制性环境标准和推荐性环境标准。环境质量标准、污染物排放标准属于强制性环境标准，必须执行。强制性环境标准以外的环境标准属于推荐性环境标准。国家鼓励采用推荐性环境标准。

1999 年修订的《海洋环境保护法》和 2000 年修订的《大气污染防治法》，阐明了"超标即违法"的思想，肯定了污染物排放标准的强制性，使污染物排放标准在环境管理中的地位进一步明确。污染物排放标准作为强制性标准，在其他污染防治法中并没有得到贯彻，主要为征收排污费提供依据。这显然违背了《标准化法》关于强制性标准的规定，需要加以修正。

**（二）无相关污染物排放标准的处理方法**

环境中存在的污染物种类很多，但由于科学、经济、技术等因素，国家或地方并没有制定相应的污染物排放标准。根据 1999 年《环境标准管理办法》，建设从国外引进的项目，其排放的污染物在国家和地方污染物排放标准中无相应污染物排放指标时，该建设项目引进单位应提交项目输出国或发达国家现行的该污染物排放标准及有关技术资料，由市（地）人民政府环境保护行政主管部门结合当地环境条件和经济技术状况，提出该项目应执行的排污指标，经省、自治区、直辖市人民政府环境保护行政主管部门批准后实行，并报国家环保部备案。

## 第二节　环境影响评价制度

环境影响评价是指对规划和建设项目实施后可能造成的环境影响进行分析、预测和评估，提出预防或者减轻不良环境影响的对策和措施，进行跟踪监测的方法与制度。[①]

环境影响评价制度是预防性的法律制度，对环境法而言具有重大的意义，它能为确定某一地区的发展方向、发展规模提供科学依据，是加强建设项目环境管理的重要内容，因而也是贯彻"预防为主、保护优先"原则，实现经济效益和环境效益相协调的重要手段。

按照评价对象划分，环境影响评价可分为规划的环境影响评价和建设项目的环境影响评价两类。

---

① 《环境影响评价法》第 2 条。

## 一、环境影响评价制度的含义与发展

环境影响评价制度是规范环境影响评价的法律规范的总称，是有关环境影响评价的范围、内容、编制、审批规划或环境影响报告书（表）、登记表的程序和有关法律责任等一系列法律规定。环境影响评价制度与环境影响评价是两个不同的概念，不过，有时人们也将环境影响评价作为一个大的概念使用，包括环境影响评价方法，也包括环境影响评价制度。

环境影响评价制度20世纪60年代首创于美国，被规定在1969年的《国家环境政策法》中。我国1979年颁布的《环境保护法（试行）》（现已失效），最早对环境影响评价制度作了原则性的规定。1986年《基本建设项目环境保护管理办法》对环境影响评价做了较全面的规范。1989年《环境保护法》第13条则进一步肯定了这项制度。1998年通过的《建设项目环境保护管理条例》专门对建设项目的环境影响评价予以了规范，2002年全国人民代表大会常务委员会第三十次会议通过的《环境影响评价法》则对规划和建设项目的环境影响评价做了全面和系统的规定。在建设项目的环境影响评价方面，《环境影响评价法》只是将《建设项目环境保护管理条例》中需要上升为法律规范的部分纳入其中，作为独立的一章，其余部分仍由行政法规调整。2009年8月17日国务院发布了《规划环境影响评价条例》，对规划环评的评价、审查、跟踪评价以及法律责任等内容作了较为全面的规定。

## 二、环境影响评价制度的适用范围与评价时机

### （一）环境影响评价制度的适用范围

我国环境影响评价制度的适用范围为对环境有影响的建设项目和规划。不过，对规划要进行环境影响评价只是在1996年才得以肯定。1996年国务院《关于环境保护若干问题的决定》提出："在制定区域和资源开发，城市发展和行业发展规划，调整产业结构和生产力布局等经济建设和社会发展重大决策时，必须综合考虑经济、社会和环境效益，进行环境影响论证。"2002年《环境影响评价法》肯定了对规划的环境影响评价。

对环境有影响的建设项目，包括新建、改建、扩建项目和技术改造项目以及引进的建设项目。其中建设项目是指按固定资产投资方式进行的一切开发建设活动，包括国有经济、城乡集体经济、联营、股份制、外资、港澳台投资、个体经济和其他各种不同经济类型的开发活动。根据1999年原国家环保总局《关于执行建设项目环境影响评价制度有关问题的通知》，对环境可能造成影响的饮食娱乐服务性行业，也属于建设项目，适用《建设项目环境保护管理条例》。

对环境有影响、应进行环境影响评价的规划，其具体范围由国务院环境保

护行政主管部门会同国务院有关部门规定，报国务院批准。根据规定，应进行环境影响评价的规划包括两大类：一是宏观的、长远的综合性规划和预测性、参考性的指导性规划，如土地利用规划，区域、流域、海域的建设、开发利用规划；二是指标、要求比较具体的专项规划，如工业、农业、畜牧业、林业、能源、水利、交通、城市建设、旅游、自然资源开发的规划。

建设项目的环境影响评价与规划的环境影响评价应当避免重复。作为一项整体建设项目的规划，按照建设项目进行环境影响评价，不进行规划的环境影响评价。已经进行了环境影响评价的规划所包含的具体建设项目，其环境影响评价内容建设单位可以简化。

（二）环境影响评价的时机

1. 建设项目环境影响评价的时机

环境影响评价的时机非常重要，直接关系到环境影响评价目的的实现。如果在建设项目或规划实施后进行，环境影响评价就演变为环境现状评价甚至环境回顾评价。环境影响评价的时机必须是科学的。

建设项目进行环境影响评价的时机，我国最初要求在项目的可行性研究的基础上进行，即在建设项目可行性研究完成，项目的主要内容已经确定之后才进行。如此规定不够科学。因此，《建设项目环境保护管理条例》和《环境影响评价法》规定，建设项目进行环境影响评价的时机分两种：第一，需要进行可行性研究的建设项目，在可行性研究阶段进行环境影响评价。铁路、交通等建设项目，经有审批权的环境保护行政主管部门同意，可以在初步设计完成前进行环境影响评价。第二，不需要进行可行性研究的建设项目，应当在建设项目开工前进行环境影响评价和予以报批；需要办理营业执照的，应在办理营业执照前进行环境影响评价和予以报批。

2. 规划的环境影响评价时机

规划的环境影响评价时机，根据规划的不同类型，评价时机有所差异。其中，土地利用规划，区域、流域、海域的建设、开发利用规划等综合性和指导性规划，在规划编制过程中进行环境影响评价，即编写该规划有关环境影响的篇章或说明。对于专项规划，其在专项规划草案上报审批前进行环境影响评价，并向审批该专项规划的机关提交环境影响报告书。

## 三、建设项目环境影响评价的分类管理

对环境有影响的建设项目都应当进行环境影响评价。建设项目对环境的影响程度包括影响的大小和影响的范围。一般说，建设项目对环境的影响程度与建设项目的性质、规模、所在的地点、所采用的生产工艺以及所属的行业密切相关。我国根据建设项目对环境的影响程度对建设项目环境影响评价进行分类管理，建

设项目的环境影响分别包括重大的环境影响、轻度的环境影响和环境影响较小。

（一）对环境可能造成重大影响的，编制环境影响报告书

对环境可能造成重大影响的建设项目，编制环境影响报告书，并对建设项目的环境影响进行全面、详细的评价；根据 2002 年《环境影响评价法》第 17 条的规定，建设项目的环境影响报告书应当包括的内容有：建设项目概况，建设项目周围环境现状；建项目对环境可能造成影响的分析、预测和评估，建设项目环境保护措施及其技术、经济特征；建设项目对环境影响的经济效益分析，建设项目实施环境监测的建议，环境影响的结论。

（二）对环境可能造成轻度影响的，编制环境影响报告表

对环境可能造成轻度影响的建设项目，编制环境影响报告表，并对建设项目的环境影响进行专项评价或环境影响分析。

（三）对环境影响较小，不需评价的，填报登记表

根据 2002 年《环境影响评价法》第 16 条的规定：对环境影响很小，不需要进行环境影响评价的，应当填报环境影响登记表。

2008 年环境保护部颁布了《建设项目环境影响评价分类管理名录》，明确了编制环境影响报告书、环境影响报告表或填报环境影响登记表的项目范围。

## 四、环境影响评价文件的编写与审批

环境影响评价是一种科学方法和技术手段，一个调查、分析、研究并最终得出结论的过程，环境影响评价必须真实、完整和客观地记录下来，这就形成了环境影响评价文件。环境影响评价文件包括环境影响报告书、环境影响报告表和环境影响登记表。环境影响评价文件是对环境影响评价全过程的真实记录，是环境影响评价全部工作的书面反映。作为环境影响评价的形式，环境影响评价文件必须经过编写才能形成，并经过审批才能生效。

（一）规划环境影响评价文件的编写与审批

土地利用规划，区域、流域、海域的建设、开发利用规划等综合性、指导性规划，在规划编制过程中由规划编制单位进行环境影响评价，不需要编写单独的环境影响文件，只要在规划中编写有关环境影响的篇章或说明即可。专项规划的环境影响评价，由专项规划的编制机关编写环境影响报告书，专项规划的环评报告书内容包括：对环境影响的分析、预测和评估；预防减轻环境影响的对策和措施；环境影响评价结论。

规划编制机关在报送审批综合性规划草案和专项规划中的指导性规划草案时，应当将环境影响篇章或者说明作为规划草案的组成部分，并报送规划审批机关。规划编制机关在报送审批专项规划草案时，应当将环境影响报告书一并附送规划审批机关审查。规划审批机关在审批专项规划草案时，应当将环境影

响报告书结论以及审查意见作为决策的重要依据。已经进行环境影响评价的规划包含具体建设项目的，规划的环境影响评价结论应当作为建设项目环境影响评价的重要依据，建设项目环境影响评价的内容可以根据规划环境影响评价的分析论证情况予以简化。

（二）建设项目环境影响评价文件的编写与审批

1. 建设项目环境影响评价文件的编写

建设项目根据对环境的影响，分别编写环境影响报告书和报告表。环境影响报告书和报告表由具有环境影响评价资质的单位编写。环境影响报告书、报告表的内容包括：（1）项目概况；（2）建设项目周围环境现状；（3）建设项目对环境可能造成影响的分析、预测；（4）建设项目环保措施、经济技术论证；（5）建设项目对环境影响的经济损益分析；（6）建设项目实施环境监测的建议；（7）环境影响评价结论。对环境影响很小的建设项目，不需要进行环境影响评价，但必须履行环境影响登记表审批手续。其环境影响登记表无需由取得资质的单位填写，可以自行填写。

2. 建设项目环境影响评价文件的审批

建设项目环境影响评价文件实行分级审批。对于需要在可行性研究阶段进行环境影响评价的建设项目，由建设单位在其可行性研究阶段前向环境保护行政主管部门报批环境影响评价文件；对于铁路等可在初步设计阶段前进行环境影响评价的建设项目，可在初步设计完成前由建设单位向环境保护行政主管部门报批环境影响评价文件；对于不需要可行性研究的项目，在开工前由建设单位向环境保护行政主管部门报批环境影响评价文件，需办执照的，应在办执照前报批。

建设项目发生重大变化的，其环境影响报告文件应重新报批；报告书（表）、登记表自批准之日起满 5 年方开工建设的，其环境影响评价文件要重新审核。

建设项目环境影响评价文件由有权限的环境保护行政主管部门审批，但海洋工程建设项目的海洋环境影响报告书的审批，依照《海洋环境保护法》的规定办理。核设施、绝密工程等特殊性质的建设项目，跨省、自治区、直辖市行政区域的项目，由国务院审批或由国务院有关部门审批的建设项目，由国家环保部审批。除此以外的审批权限，由省、自治区、直辖市人民政府规定。其中，可能造成跨行政区域的不良环境影响，有关环境保护行政主管部门对该项目的环境影响评价结论有争议的，其环境影响评价文件由共同的上一级环境保护行政主管部门审批。

环境保护行政主管部门在收到环境影响评价文件（报告书、报告表和登记表），分别在 60 日、30 日、15 日内作出审批决定并书面通知；需重新审核的项目的报告书（表）、登记表，应在 10 日内将审核意见书面通知建设单位。

### 五、环境影响后评价和环境影响评价结论失实的法律责任

（一）环境影响后评价

环境影响后评价是针对建设项目而言，是指在建设项目开工建设后，对正在进行建设、运行的项目对环境的影响进行的评价。因其实施于项目开工建设后，因此称为建设项目的环境影响后评价。

环境影响评价因在可行性研究阶段进行，其预测可能不准确，或因客观情况发生变化，产生项目具体运行后与经审批的环境影响评价文件可能不相符合。对此，建设单位应主动对发生变化的环境影响进行评价，采取新的预防或减轻不良环境影响的对策，并报原环境影响评价文件审批部门和建设项目审批部门备案。原环境影响评价文件审批部门也可以责成建设单位进行。

（二）环境影响评价结论失实的法律责任

法律责任能保障环境影响评价的科学性。我国法律规定，由进行环境影响评价的单位对环境影响评价的结论负责。如《环境影响评价法》第19条规定，接受委托为建设项目环境影响评价提供技术服务的机构……对评价结论负责；《建设项目环境保护管理条例》第13条规定，从事环境影响评价的机构对评价结论负责。

环境影响评价结论是环境影响评价文件中最重要、最关键的内容。环境影响评价结论必须清楚说明几个主要问题：（1）建设项目对环境质量的影响；（2）建设项目的建设规模、性质、选址是否合理，是否符合环境保护要求；（3）建设项目所采取的防治措施在技术上是否可行，经济上是否合理；（4）是否需要再作进一步的评价等。

环境影响评价结论不明确，或者环境影响评价结论错误，都将使环境影响评价的目的落空。如果环境影响评价结论不明确，或者环境影响评价结论错误，对此必须有相应的责任规定。从事环境影响评价的单位，会被降低其评价资质等级，或者被吊销其资质证书，并处所收费用1倍以上3倍以下的罚款，主持该环境影响评价文件的环境影响评价工程师被注销登记，构成犯罪的，依法追究刑事责任。

## 第三节　"三同时"制度

### 一、"三同时"制度的含义

"三同时"制度是指建设项目中的环境保护设施必须与主体工程同时设计、

同时施工、同时投产使用的环保法律制度，简称"三同时"。如果说我国的环境影响评价制度是借鉴美国的经验，那么"三同时"制度则是我国独创的一项环境保护法律制度。

"三同时"制度经过多年实践与发展已逐步成熟和完善，其主要内容大致有：建设项目的初步设计，必须有环境保护篇章；建设项目的施工，环境保护设施必须与主体工程同时施工；建设项目的主体工程完工后，需要进行试生产的，其配套建设的环境保护设施必须与主体工程同时投入试运行。建设项目在正式投产或使用前，建设单位必须向负责审批的环境保护部门提交"环境保护设施竣工验收报告"，说明环境保护设施运行的情况、治理的效果和达到的标准；经验收合格并发给"环境保护设施验收合格证"后，方可正式投入生产和使用。分期建设、分期投入生产或使用的建设项目，其相应的环境保护设施应当分期验收。

"三同时"制度的实质，是以严格的程序作保证，对不同的建设阶段都提出了环境保护的具体要求，是一项具有独创性的环境保护法律制度，是加强建设项目环境管理的手段，能防止产生新的环境污染和生态破坏，有利于控制新污染源的产生，有效地贯彻了"预防为主、保护优先"的原则。

## 二、"三同时"制度的发展

1972 年国务院批转的《国家计委、国家建委关于官厅水库污染情况和解决意见的报告》中，首次提出"工厂建设和三废利用工程要同时设计、同时施工、同时投产使用。"1979 年《环境保护法（试行）》肯定了这项制度。1989 年《环境保护法》不仅规定了"三同时"制度，还对违反"三同时"规定了相应的法律责任。根据 1996 年国务院《关于环境保护若干问题的决定》，在建设项目审批和竣工验收过程中，对不符合环境保护标准和要求的建设项目，环境保护行政主管部门不得批准环境保护设施竣工验收报告，其他各有关审批机关一律不得批准建设或投产使用，有关银行不得贷款，违反规定的，必须追究有关审批机关和审批人员的责任。我国其他单行环境资源保护法律都规定了"三同时"制度。

"三同时"制度经过 30 多年的适用，在实践中得到了发展，如针对环境保护设施虽然同时设计、同时施工，但很多投入运行的环保设施并不合格的现象，2004 年修订后的《固体废物污染环境防治法》增加了"同时竣工验收"的要求。

但是，随着我国环境保护的推进和一些新的法律制度的发展，"三同时"制度需要加以发展，例如我国很多污染防治法律中有集中治理的规定，那么，在可以实行集中治理的情况下，可能不需要单独建设污染防治设施。这种情况下，不应当要求执行"三同时"制度。《固体废物污染环境防治法》第14条突破了这一步。该条规定:"建设项目的环境影响评价文件确定需要配套建设的固体废物污染环境防治设施,必须与主体工程同时设计、同时施工、同时投入使用。固体废物污染环境防治设施必须经原审批环境影响评价文件的环境保护行政主管部门验收合格后,该建设项目方可投入生产或者使用。对固体废物污染环境防治设施的验收应当与对主体工程的验收同时进行。"这些新的发展,要求对《环境保护法》等其他法律中规定的"三同时"制度加以修正。

## 第四节 排污申报许可制度

排污申报许可制度包括了排污申报登记制度和排污许可制度两个方面,其中排污申报登记是排污许可的前提和基础。

### 一、排污申报登记制度

排污申报登记,是指直接或间接向环境排放污染物、噪声或产生固体废物者,按照法定程序就排放污染物的具体状况,向所在地环境保护行政主管部门进行申报、登记和注册的过程。

(一) 实行排污申报登记制度的意义

排污申报登记的目的在于使环保部门了解和掌握企业的排污状况,同时将污染物的排放管理纳入环境行政管理的规范,以利于环境监测以及国家或地方对污染物排放状况的统计分析。

中国施行排污申报登记的规定最早见于1982年由国务院颁布的《征收排污费暂行办法》(已被《排污费征收使用管理条例》废止失效)之中,其主要目的在于以此作为排污收费的依据。后来在相继制定的水、大气、环境噪声、固体废物等法律法规中又明确地作出了规定。在1989年制定的《环境保护法》中,第27条就明确规定,"排放污染物的企业事业单位,必须依照国务院环境保护行政主管部门的规定申报登记"。

(二) 排污申报登记的内容

当建设项目竣工验收合格后,在投入正式使用之前,排污单位应当履行排污申报登记的手续。

凡是直接或者间接向环境排放污染物的,排污申报登记的主要内容包括排放污染物的种类、数量、浓度、排放去向、排放地点、排放方式、噪声源种类、数量和噪声强度、噪声污染防治设施或者固体废物的储存、利用或处置场所等。

## 二、排污许可制度

### （一）排污许可制度的概念

排污许可，是指凡需要向环境排放各种污染物的单位或个人，都必须在事先向环境保护主管部门办理排污申报登记手续的基础上，经过环境保护主管部门批准，获得"排放许可证"后方能从事排污行为的一系列环境行政过程的总称。

排污许可的实施，是排污申报登记的延伸或结果，获准污染物的排放许可也是排污单位履行排污申报登记制度之后所拟达到的最终目的。在西方国家，各国的环境污染防治立法都普遍规定，非经环境保护当局许可而向环境排放污染物的行为即为违法行为，因此排污许可制度是西方国家环境污染控制行政的一项重要法律制度。

2008 年我国修订的《水污染防治法》第 20 条规定了水污染控制中的排污许可制度，即直接或者间接向水体排放工业废水和医疗污水以及其他按照规定应当取得排污许可证方可排放的废水、污水的企业事业单位，应当取得排污许可证；城镇污水集中处理设施的运营单位，也应当取得排污许可证……禁止企业事业单位无排污许可证或者违反排污许可证的规定向水体排放前款规定的废水、污水。

### （二）排污许可制度与污染物控制方式

关于对污染物实行控制，目前其主要方法有两大类：第一类是从环境行政管理的角度出发，针对污染源以及污染物排放而实行的直接控制或间接控制方式。第二类是从针对污染物的排放点和区域的环境面的不同，从污染物排放的浓度与总量的不同的角度出发，而实行的浓度控制和总量控制方式。无论哪种方式，它们之中都包含环境行政管理的因素在内。目前这些方式在世界各国的实行都比较普遍，并且常常是针对环境质量的不同要求而交互使用的。

#### 1. 直接控制与间接控制方式

大体上，环境行政控制污染物排放的方法主要有直接控制和间接控制两大类。直接控制就是针对污染物的排放管口对排放污染物的种类、数量和浓度实施管制，通过环保部门实施监督，以污染物排放标准来判断污染物的排放是否超标，然后决定排污者的行为是否合法。它的优点在于简单易行，通过强制排污者遵守排放标准的义务来达到减少污染物排放的目的，这种方法常常是让企业被动地以直接遵守规定的方法来完成。但是由于生产工艺和设备的改造是一个需要资金和技术投入的过程，如果没有更大的利益驱动，企业可能并不会注重采用更为先进的生产方式。所以仅仅依靠直接控制的方式来控制污染源，就不利于促进企业进行技术改造以积极地消除或减少污染物的排放。

　　间接控制的方法，则不是针对污染物排放管口的种类、数量和浓度，而是针对工厂企业生产工艺和设备的全过程，通过以市场的手段实行技术改造或设备更新、逐步淘汰旧设备的方法，促使排污者积极主动地努力从工业生产的开始就注重通过提高生产效率和资源能源的利用率，以减少排放口末端污染物排放的控制方法。由于间接控制的管理方法较之于直接控制在手段上呈多样化的态势，更多地融合了市场的因素，更为实用且具有积极的意味，它的实施可以促使排污者根据自身的经营状况来决定对生产工艺的改造或更新，这样既可以提高对自然资源或能源的利用效率，又可以减少污染物的排放，所以各国在环境行政管理方面都普遍实行了这种措施。

　　2. 浓度控制和总量控制方式

　　无论是直接控制还是间接控制，在具体方法上也都存在着浓度控制和总量控制的区别。污染物的浓度是指单位容积物体内所包含的污染物质以及有毒有害物质的数值（数量）。所谓浓度控制，是指在对污染物排放实施控制的手段上，主要以污染物的浓度作为控制对象的一种污染物排放的控制方法。这种方法也是以污染物的排放标准为依据，要求排污者将其排放的各项污染物质的浓度控制在一定的数值以内，从而使排放进入环境的污染物质的浓度不超过环境的自净能力达到保护环境的目的。目前中国就主要采用这样的方式。但是，浓度控制有一个最大的弊端，就是它可能促使企业为了使自己所排放的污染物的浓度达到排放标准所规定的要求，而采取稀释污染物的浓度增加排放数量的方法排放污染物。这样既使得高浓度含量的污染物可以排出企业，又不违反排放标准的规定。其结果，是造成一定环境面积内污染物的总量增大而超过环境的容量。因此而达不到环境保护的要求。

　　为此，总量控制方式也就应运而生。

　　所谓总量，是指在一定区域环境内，环境可以容纳污染物质以及有毒有害物质的全部数量。它可以通过对环境进行自然科学的基础调查和分析而得出。通常总量是以定量化的数值来表示的。总量控制，就是在对环境可以容纳污染物质以及有毒有害物质的全部数量予以定量化的基础上，对排污者的污染物排放进行定量控制的环境行政方法。

　　我国目前正在试行和推广运用总量控制方式。例如《水污染防治法》第18条规定："国家对重点水污染物排放实施总量控制制度。省、自治区、直辖市人民政府应当按照国务院的规定削减和控制本行政区域的重点水污染物排放总量，并将重点水污染物排放总量控制指标分解落实到市、县人民政府。市、县人民政府根据本行政区域重点水污染物排放总量控制指标的要求，将重点水污染物排放总量控制指标分解落实到排污单位。"

## 第五节　环境税费制度

### 一、环境税费制度的含义

环境税费是指为了防治环境污染和生态破坏，根据国家有关环境保护法律、法规的规定，按照"环境有偿使用"原则，向利用环境或从事对环境产生或可能产生不良影响活动的单位或个人征收一定数额的费用，包括环境税和环境费。环境税费制度则是规范有关环境税费征收目的、征收范围、征收方式、环境税费的使用和管理等规范的总称。环境税费制度是利用经济杠杆，保护环境的有效手段。

### 二、环境税

环境税是指为实现特定的环境目的，对利用环境或给环境增加负担的行为征收的一定税种，包括资源税和环境污染税。环境税的目的在于保护环境，应按照环境保护的要求来设计，如税种、税率、征收中的优惠措施等。我国并不存在真正意义上的环境税。目前的矿产资源税和盐税被认为是环境税，但这两种税收并未从资源保护角度出发，如计税依据为矿产资源的销售量或自用量，并不是真正意义上的资源税。《国民经济和社会发展十二个五年规划纲要》提出要"积极推进环境税费改革，选择防治任务繁重、技术标准成熟的税目开征环境保护税，逐步扩大征收范围。"

### 三、排污费

#### （一）排污费的含义

排污收费是指国家环境保护机关根据环境保护法律、法规的规定，对直接向环境排放污染物的单位和个体工商户征收一定数额的费用。排污费的征收具有强制性，对于拒缴排污费者，环保部门可以依法征收滞纳金、处以罚款，可申请人民法院强制执行。

1979 年《环境保护法（试行）》（现已失效）确立了排污收费，并在苏州、杭州、济南开展了征收排污费的试点工作。1982 年国务院通过了《征收排污费暂行办法》（被 2003 年公布的《排污费征收使用管理条例》替代废止），我国排污收费制度正式确立。1989 年《环境保护法》再次肯定了排污收费制度。排污收费制度在其他污染防治单行法中也得以确立。不过，由于污染物排放标准的强制力没有得到贯彻，这些法律都规定，排放污染物超过国家或者地方规定的污染物排放标准的企业事业单位，依照国家规定缴纳超标排污费。《水污染防治法》规定，向水体排放污染物就收费，超过污染物排放标准排放污染物的，加倍征收排污费。因此，我国排污收费又被称为"超标排污收费"。不过，1999年修订的《海洋环境保护法》和2000年修订的《大气污染防治法》则规定，向海洋和大气环境排放污染物就收费，超标排污则被视为违法行为，予以行政处罚。为规范排污费的征收、使用、管理等，2002年国务院通过了《排污费征收使用管理条例》、《排污费征收标准管理办法》。

我国目前的排污费种类包括：（1）向大气排放污染物的，按照排放污染物的种类、数量缴纳排污费，但对机动车、飞机、船舶等流动污染源暂不征收废气排污费。（2）向海洋排放污染物的，按照排放污染物的种类、数量缴纳排污费。（3）向水体排放污染物的，按照排放污染物的种类、数量缴纳排污费，向水体排放污染物超过国家或者地方规定的排放标准的，按照排放污染物的种类、数量加倍缴纳排污费。向城市污水集中处理设施排放污水、缴纳污水处理费用的，根据《水污染防治法》，不再缴纳污水排污费。（4）没有建设工业固体废物贮存或者处置的设施、场所，或者工业固体废物贮存或者处置的设施、场所不符合环境保护标准的，按照排放污染物的种类、数量缴纳排污费；以填埋方式处置危险废物不符合国家有关规定的，按照排放污染物的种类、数量缴纳危险废物排污费。（5）产生环境噪声污染超过国家环境噪声标准的，按照排放噪声的超标声级缴纳排污费，但对机动车、飞机、船舶等流动污染源暂不征收噪声超标排污费。

排污者缴纳排污费，并不免除其防治污染、赔偿污染损害的责任和法律、行政法规规定的其他责任。可见，排污费不是赔偿性质的法律责任形式。

（二）排污收费的内容

1. 排污费的征收

排污费的征收依据是《环境保护法》、各污染防治单行法和《排污费征收使用管理条例》等。排污费的征收标准为略高于正常处理费用，否则排污单位宁肯缴纳排污费也不积极治理。排污费的征收对象为向环境排放污染物的企事业单位和个体工商户。

排污费是行政事业性收费，必须按照规定收缴，不能随意减、免、缓。根据《排污费征收使用管理条例》，排污费减、免、缓的情形为排污者因不可抗力遭受重大经济损失的，可以申请减半缴纳排污费或者免缴排污费。排污者因未及时采取有效措施，造成环境污染的，不得申请减半缴纳排污费或者免缴排污费。排污者因有特殊困难不能按期缴纳排污费的，自接到排污费缴纳通知单之日起7日内，可以向发出缴费通知单的环境保护行政主管部门申请缓缴排污费；环境保护行政主管部门应当自接到申请之日起7日内，作出书面决定；期满未做出决定的，视为同意。排污费的缓缴期限最长不超过 3 个月。

2. 排污费的使用和管理

根据 1982 年《征收排污费暂行办法》规定，排污费中有 20% 可以用于补助环境保护部门检测仪器的购置，环境保护的宣传教育、技术培训，但不得用于环境保护部门自身的行政经费以及盖办公楼、宿舍等非业务性开支。这种规定容易产生挪用排污费的现象。《排污费征收使用管理条例》规定，征收的排污费一律上缴财政，环境保护执法所需经费列入本部门预算，由本级财政予以保障。

排污费必须纳入财政预算，列入环境保护专项资金进行管理，全部专项用于环境污染防治，主要用于重点污染源防治、区域性污染防治、污染防治新技术、新工艺的开发、示范和应用、国务院规定的其他污染防治项目的拨款补助或者贷款贴息。任何单位和个人不得截留、挤占或者挪作他用。

# 第六节　限期治理制度

限期治理制度是对造成环境严重污染的企业事业单位，限定一段时间进行污染治理的环境保护法律制度。环境保护法规定，对造成环境严重污染的企业事业单位，限期治理。中央或者省、自治区、直辖市人民政府直接管辖的企业事业单位的限期治理由省、自治区、直辖市人民政府决定。市、县或者市、县以下人民政府管辖的企业事业单位的限期治理，由市、县人民政府决定。被限期治理的企业事业单位必须如期完成治理任务。对经限期治理逾期未完成治理任务的企业事业单位，除依照国家规定加收超标准排污费外，可以根据所造成的危害后果处以罚款，或者责令停业、关闭。其中罚款由环境保护行政主管部门决定；责令停业、关闭，由作出限期治理决定的人民政府决定；责令中央直接管辖的企业事业单位停业、关闭，须报国务院批准。《海洋环境保护法》、《水污染防治法》、《大气污染防治法》、《固体废物污染环境防治法》、《环境噪声污染防治法》中都有类似的规定。

根据上述法律的规定，限期治理具有以下特征：

1. 限期治理的决定权由县级以上人民政府做出，其中，《环境噪声污染防治法》第 17 条对于小型企事业单位的限期治理决定权做出了变通规定，可以由县级以上人民政府授权其环境保护行政主管部门决定。

2. 限期治理的范围可分为：（1）区域性治理。是指对污染严重的某一区域、某个水域的限期治理。如：国家重点治理的三河（淮河、海河、辽河）、三湖（太湖、巢湖、滇池）、两区（酸雨控制区、二氧化硫控制区）、一市（北京市）、一海（渤海）是限期治理的重点区域。（2）行业性限期治理。是针对某个行业某项污染物的行业性限期治理。（3）企业限期治理。是针对某个企业的排污超标情况进行限期治理。

3. 限期治理的期限法律中没有作出明确规定，一般由决定限期治理的机构根据污染源的具体情况，治理的难度等因素来确定。其最长期限不得超过3年。

# 本章小结

环境资源法的基本制度包括环境标准制度、环境影响评价制度、"三同时"制度、排污申报许可制度、环境税费制度和限期治理制度。环境标准制度是我国环境法体系中主要的技术基础，是国家制定或认可的由国家强制力保证实施的规范。按照环境标准的管理权限和适用范围，环境标准分为国家环境标准和地方环境标准。按照其功能的不同，可分为环境质量标准、污染物排放标准、环境监测方法标准、环境基础标准、环境标准样品标准。环境质量标准、污染物排放标准属于强制性环境标准，必须执行。环境影响评价制度是指对规划和建设项目实施后可能造成的环境影响进行分析、预测和评估，并提出防治对策和措施，为项目决策提供科学依据的规范。"三同时"制度是指建设项目中的环境保护设施必须与主体工程同时设计，同时施工，同时投产使用的法律制度，是我国独创的。环境税费制度是按照"环境有偿使用"原则，向利用环境或从事对环境产生或可能产生不良影响活动的单位或个人征收一定数额的费用的规定。环境税费包括环境税和环境费。

## 理论思考与实务应用

## 一、理论思考

（一）名词解释

1. 环境法基本制度

2. "三同时"制度

3. 总量控制

（二）简述题

1. 简述环境影响评价制度的适用范围

2. 简述环境标准的分级和种类

3. 简述限期治理制度的主要内容

（三）论述题

1. 论述我国的建设项目环境影响评价的分类管理
2. 论述我国排污费的征收、使用和管理

## 二、实务应用

### （一）案例分析示范

**案例一：**

某酒店是一家中美合资三星级酒店，该酒店开业半年每天噪声不断，周围居民苦不堪言，纷纷向环保局投诉，经环保部门检测，该店的噪声超过国家标准，且未办理"三同时"手续。于是环保部门作出该酒店停业的决定，并要求在停业期间限期治理。与此同时，周围居民和酒店部分职工以酒店噪声超过排放标准为由向法院提出了民事赔偿诉讼。①

**问：** 环保部门作出的决定是否符合法律规定？

**评析：**

环保部门作出的决定不符合法律规定。因责令停业和限期治理都是政府的职权范围，环保部门无权作出该两项决定。

**案例二：**

某县新建的一个餐馆没有办理环评手续就开业经营。县环保局责令其限期补办手续，该餐馆未予理睬，于是县环保局决定对其处以罚款。该餐馆不服，向县人民政府提起行政复议。

**问：** 县人民政府该如何处理？

**评析：**

原国家环境保护局、国家工商行政管理局1995年2月发布的《关于加强饮食娱乐服务企业环境管理的通知》（环监〔1995〕100号）规定"新建、改建（含翻建）、扩建、转产的饮食、娱乐、服务行业，有涉及污染项目的，应按环境保护法及有关行政法规，向当地环境保护行政主管部门办理环境影响申报登记或审批手续。"《建设项目环境保护管理条例》第25条规定，建设项目环境影响报告书、环境影响报告表或者环境影响登记表未经批准或者未经原审批机关重新审核同意，擅自开工建设的，由负责审批该建设项目环境影响报告书、环境影响报告表或者环境影响登记表的环境保护行政主管部门责令停止建设，限期恢复原状，可以处10万元以下的罚款。（1）做环境影响登记表的，处以2万

① 参见湖北机关党建网，http://www.hbjgdj.gov.cn/webedit/UploadFile/20091224101224774.doc，2012年5月15日访问。

元以下罚款；（2）做环境影响报告表的，处以 2－5 万元罚款；（3）做环境影响报告书的，处以 5－8 万元罚款；（4）对社会造成较大影响的处以 8－10 万元罚款。《环境影响评价法》第 31 条也规定，建设单位未依法报批建设项目环境影响评价文件，或者未依照本法第 24 条的规定重新报批或者报请重新审核环境影响评价文件，擅自开工建设的，由有权审批该项目环境影响评价文件的环境保护行政主管部门责令停止建设，限期补办手续；逾期不补办手续的，可以处 5 万元以上 20 万元以下的罚款，对建设单位直接负责的主管人员和其他直接责任人员，依法给予行政处分。因此凡新建、改建（含翻建）、扩建的饮食、娱乐服务设施，以及承租他人已建成的房屋或厂房改建或扩建装修成饮食娱乐服务设施都应向当地环境保护行政主管部门办理环境影响等级或审批手续。违反上述规定的，环保部门可根据《建设项目环境保护管理条例》第 25 条的规定给予相应的行政处罚。对此，国家环境保护总局 1999 年 1 月 20 日给江苏省环保局的复函有明确的答复。因此，县人民政府的行政复议决定应当维持县环保局的处罚决定。

**案例三：**

某市南海酒店是中外合资企业，该酒店在经营活动中，每月排放污水 9945 吨，所排污水 COD 平均为 538.5 毫克/升，均超过排放标准。2005 年 9 月以来，在市环境监理所多次派人、去函催缴的情况下，仍拒不按规定缴纳超标准排污费。南海酒店陈述其拒缴的理由是：第一，该酒店的污水是先通过市政管道排入污水处理厂，然后才排放入海的，因此该酒店的污水并非直接排入自然环境，不应收费。第二，该酒店的污水排入污水处理厂经其集中处理，并已向其交纳了一定的费用，在此基础上又收取超标排污费已造成了重复收费，加重了企业负担。第三，环境监理所在酒店排污管口采样测定污水污染值作为超标收费的依据，但实际上污水又排入污水处理厂经过了集中处理，无论怎样，污水所含污染物含量都会因集中处理后而有所下降，因此，在排污口测定的污染物含量忽略了所经过的污水处理过程，这是不合理的。第四，南海酒店属中外合资企业，对是否应缴费有不同意见，协商达成一致意见需要一段时间，这段时间不应算在拒缴时间内。市环境保护局根据《环境保护法》和《防治陆源污染物污染损害海洋环境管理条例》的有关规定，对南海酒店作出了罚款处罚决定，并限期缴纳超标准排污费和滞纳金。[①]

**问：市环境保护局的处罚决定正确吗？**

---

① 改编自"某市南海酒店拒交排污费受处罚案"，载武汉大学环境法研究所网，http://www.riel.whu.edu.cn/article.asp? id＝26048。2012 年 5 月 15 日访问。

**评析：**

我国《环境保护法》第 28 条规定，排放污染物超过国家或者地方规定的污染物排放标准的企业事业单位，依照国家规定缴纳超标准排污费，并负责治理。水污染防治法另有规定的，依照水污染防治法的规定执行。《排污费征收使用管理条例》第 21 条规定，排污者未按照规定缴纳排污费的，由县级以上地方人民政府环境保护行政主管部门依据职权责令限期缴纳；逾期拒不缴纳的，处应缴纳排污费数额 1 倍以上 3 倍以下的罚款，并报经有批准权的人民政府批准，责令停产停业整顿。《防治陆源污染物污染损害海洋环境管理条例》第 7 条规定，任何单位和个人向海域排放陆源污染物，超过国家和地方污染物排放标准的，必须缴纳超标准排污费，并负责治理。因此，市环境保护局的处罚决定是正确的。值得注意的是，这是发生在 2005 年的案例，2008 年修订的《水污染防治法》第 24 条规定，直接向水体排放污染物的企业事业单位和个体工商户，应当按照排放水污染物的种类、数量和排污费征收标准缴纳排污费。第 44 条规定，向城镇污水集中处理设施排放污水、缴纳污水处理费用的，不再缴纳排污费。因此，2008 年 6 月 1 日新修订的《水污染防治法》施行以后，对南海酒店这类排污行为只能收取污水处理费，而不再缴纳排污费了。

**（二）案例分析实训**

**案例一：**

被上诉人东莞市环保局于 1994 年同意上诉人清溪三阳实业公司（以下简称"三阳公司"）在东莞市清溪镇投资兴建生猪养殖场。上诉人根据被上诉人的批复及市有关部门的批准，于 1995 年下半年开始兴建养猪场，第一期投资一千多万元。1998 年 8 月 13 日，上诉人在防治污染设施未建成投入使用、防污设施未经东莞市环保局验收合格的情况下开始购入种猪进行繁殖，并逐渐扩大养猪规模。而在此期间，上诉人一直未完成防污工程，未申请验收防污设施。2000 年 8 月 28 日，被上诉人单位的执法人员到上诉人的养猪场进行现场检查，发现上诉人的上述行为。被上诉人在对上诉人依法履行了处罚告知程序后，按上诉人的申请，举行了听证会。被上诉人于同年 9 月 28 日以上诉人违反《环境保护法》第 26 条的规定，并根据该法第 36 条的规定，对上诉人作出了处以 5 万元罚款和责令上诉人停止养猪、停止引进新猪苗、两个月内将现在存栏猪处理完毕的处罚决定。三阳公司不服该处罚决定，遂起诉至东莞市中级人民法院。①

**问：** 三阳公司是否违反了"三同时"制度？东莞市环保局的处罚是否合法？

---

① "东莞市清溪三阳实业公司诉东莞市环保局行政处罚纠纷上诉案"，载 100 法律咨询网，http://www.110.com/ziliao/article‒37066.html，2012 年 5 月 15 日访问。

**案例二：**

2002 年 6 月 29 日，肇庆市环境保护监测站（下称监测站）对肇庆化工厂厂界噪声进行监测，经测定，原告的厂界噪声，昼间为 75 分贝，夜间为 72 分贝。肇庆市环境保护局根据监测站的监测结果，依照《环境保护法》第 28 条等有关规定，以肇庆环字〔2003〕3 号文向肇庆化工厂发出了《关于限期办理噪声超标准排污费手续的通知》。此后，原告于 2003 年 2 月 25 日以对原监测结果有异议，书面向被告提出要求对其厂界的噪声进行重测。监测站经被告同意，于 4 月 15 日再次对原告的厂界噪声进行监测。监测站依据测定的数据，确认肇庆化工厂厂界噪音昼间超工业区标准 10 分贝，夜间超工业区标准 17 分贝，于 5 月 11 日发出检验报告。被告根据监测站的监测结果，以肇环字〔2003〕17 号文向原告发出《关于限期缴纳超标准排污费的通知》，要求原告在 5 月 30 日前缴交 10 个月（即 2002 年 7 月至 2003 年 4 月）的超标准噪声排污费人民币 24000 元。原告接到通知后，于 5 月 28 日缴交了人民币 12000 元，余下的 12000 元没有缴交。被告多次向原告催交未果，遂于 2003 年 6 月 30 日对原告作出肇环罚书字〔2003〕第 1 号《环境保护行政处罚决定书》：一、必须在 2003 年 7 月 8 日前如数交清所欠噪声超标准排污费人民币 12000 元，滞纳金人民币 360 元，并处以罚款人民币 3000 元；二、如在期限内尚未缴清上述款项，除继续累计滞纳金外，依法给予警告，并将其违法行为通报。①

问：被告的处罚决定是否合法？

**案例三：**

温州市区新城垃圾亭属新城 14 号地块拆迁安置房工程的公建配套项目，于 20 世纪 90 年代建成并投入使用，日处理垃圾能力 30 吨左右。2003 年年初，温州市环境卫生管理处（下称"环卫处"）为提高垃圾处理能力欲改建该垃圾亭，向××规划局提出工程规划许可申请。2004 年 6 月 14 日，××规划局向环卫处颁发了 2004-002261 号《建设工程规划许可证》，规划改建后的新城垃圾亭日处理垃圾能力为 100 吨。事后，叶先生等 16 位与该垃圾亭相邻的新源居小区住户，认为改建后的垃圾亭与小区住宅最小间距仅为 6 米，而且垃圾亭在运行过程中产生的异味、噪声、废水、漂尘等污染物对小区环境产生严重影响，并且××规划局是在未审查该项目是否取得环境影响报告书情况下，就颁发了工程规划许可证，××规划局的颁证行为违反国家标准（GB-50337-2003）及我国《城市规划法》、《环境保护法》、《环境影响评价法》的相关规定，审批上存

① 改编自"广东省肇庆化工厂不服肇庆市环保局行政处罚决定案"，载 100 法律咨询网，http：//www.110.com/ziliao/article-35754.html，2012 年 5 月 15 日访问。

在纰漏。2004 年 10 月 25 日，叶先生等 16 位住户以 ×× 规划局为被告向鹿城区人民法院提起行政诉讼，请求法院判决撤销规划局颁发给环卫处的 2004 - 002261 号《建设工程规划许可证》①。

　　**问：** 规划局颁发给环卫处的 2004 - 002261 号《建设工程规划许可证》是否应予撤销？

_____

　　① 改编自"工程未环评，规划怎合法？"，载 100 法律咨询网，http://www.110.com/ziliao/article - 26965.html，2012 年 5 月 15 日访问。

# 第四章　污染防治法

【本章概要】　本章在整体上介绍污染防治立法体系和污染防治法的基本制度的基础上，分水污染防治、大气污染防治、海洋污染防治、固体废物污染防治、噪声污染防治和放射性污染防治等六个方面对污染防治及其法律规定进行了全面阐述和介绍。

【学习重点】　通过本章学习，需重点掌握污染的概念和特征，污染防治法的基本制度，水污染防治、大气污染防治、海洋污染防治、固体废物污染防治、噪声污染防治和放射性污染防治等六大污染防治立法的主要制度和措施。

## 第一节　污染防治法概述

### 一、"污染"的概念

"污染"的概念最早是由经济与合作组织（OECD）提出来的。1974 年，OECD 在一项有关跨界污染的原则建议中明确提出："所谓污染，是指被人们利用的物质或能量直接或间接进入环境，导致对自然的有害影响，以致危及人类健康、危害生命资源和生态系统，以及损害或者妨害舒适性和环境的其他合法用途的现象。"① 这个概念得到了国际社会的广泛认同。

我国立法中没有对"污染"概念的正式界定。1982 年《宪法》和 1989 年的《环境保护法》的相关表述为"防治污染和其他公害"，《环境保护法》在第 24 条中进一步对污染的表现形式进行了列举，包括"在生产建设或者其他活动中产生的废气、废水、废渣、粉尘、恶臭气体、放射性物质以及噪声、振动、电磁波辐射等对环境的污染和危害"，但没有具体的概念界定。1982 年的《海

---

① See Economic Co‐operation and Development, Council Recommendation on Principles Concerning Transfrontier Pollution, Nov. 14, 1974, 14 I. L. M. 242 (1975).

洋环境保护法》（1999 年已被修订）在附则中对"海洋环境污染损害"进行了界定："海洋环境污染损害，是指直接或者间接地把物质或者能量引入海洋环境，产生损害海洋生物资源、危害人体健康、妨害渔业和海上其他合法活动、损害海水使用素质和减损环境质量等有害影响。"1996 年的《水污染防治法》（2008 年已被修订）在附则中对"水污染"进行了界定，"水污染，是指水体因某种物质的介入，而导致其化学、物理、生物或者放射性等方面特性的改变，从而影响水的有效利用，危害人体健康或者破坏生态环境，造成水质恶化的现象。"从这两个下位性的定义可以看出，我国在污染概念的界定上与国际社会一致。

参照 OECD 对污染概念的界定，结合《海洋环境保护法》和《水污染防治法》的相关含义解释，我们认为，所谓污染，是指人们在生产、生活中产生的废弃物或有害因素进入环境，导致环境的质量下降或恶化，从而影响环境的有效利用或危害人体健康的现象。

从这个定义可以看出，污染具有如下几个特征：

一是人为性。污染是伴随人类的生产、生活活动所产生，是次生的环境问题。非人为的自然过程本身导致的环境质量下降不是污染，而是自然灾害，是原生的环境问题。

二是排入性。污染是通过向环境过量排入某些物质造成的，损害的是环境的自净能力；相对应的，环境破坏是从环境中过量索取，损害的是环境的再生能力。

三是危害性。要达到一定的危害程度，才构成法律需要应当的污染，这主要表现为影响对环境的有效利用和危害人类的生命健康。

四是潜伏性。环境污染的发生往往是多种因素复合累积的结果，有比较长的潜伏期。因此，各国都将环境侵权诉讼作为特殊的侵权类型，规定较长的诉讼时效。

四是定量性。鉴于环境污染状况可以通过定量的方法予以明确呈现，在实践中一般是以环境质量标准所确立的具体数值来衡量某环境区域是否受到污染。①

污染可以根据不同的标准划分为不同的类别。按照受影响的环境要素不同，污染可分为大气污染、水污染、土壤污染、海洋污染等；按照污染物质和能量的不同，污染可以分为环境噪声污染、固体废弃物污染、放射性污染、化学物质污染等。对污染的按照不同的标准进行划分，有利于从不同的角度认识和分析各类污染的特征，从而为相应的污染防治工作奠定基础。

在我国《宪法》与《环境保护法》中，还有一个与"污染"有重要联系的

---

① 金瑞林主编：《环境与资源保护法学》（第二版），高等教育出版社 2006 年版，第 119 页。

相关概念——"公害"。《宪法》和《环境保护法》相关表述都是"防治污染和其他公害",将污染和公害相提并论。公害的概念源自日本,并于1967年出台《公害防治基本法》。日本学者将"公害"界定为"以由于日常的人为活动带来的环境污染以致破坏为媒介而发生的人和物的损害"。① 由此可见,日本所谓"公害",即为我国所称"污染"。但"公害"一词在我国日常用语中内涵与外延皆有含混之处,不是严格的法律术语,故我国立法中,除了《宪法》与《环境保护法》中宣示性的提及"公害"一词外,其余法律条文中再无涉及。

## 二、污染防治立法

基于污染的危害性,必须予以治理,并防止其产生。国家为了预防和治理环境污染,对产生或可能产生环境污染的活动实施管理而出台的法律,就叫污染防治法。从环境法的发展规律来说,世界各国的环境法都是发端于从污染防治立法,然后一步步扩展到自然资源和生态保护领域。

我国的环境保护起步于20世纪70年代初。1973年召开第一次全国环境保护会议,确立了环境保护工作的方针。此后颁布了一系列"三废"以及其他污染物的排放标准。1979年出台的《环境保护法(试行)》,对污染防治的基本监督管理制度进行了规定。从20世纪80年代开始,随着我国经济的高速发展,环境污染状况日趋严峻,我国开始污染防治的立法高潮,几部重要的污染防治法律相继出台。目前,在人大及其常委会制定的法律层面,我国有六部相关污染防治法律:《水污染防治法》(1984年出台,1996年第一次修订,2008年第二次修订)、《大气污染防治法》(1987年出台,1995年第一次修订,2000年第二次修订)、《海洋环境保护法》(1982年出台,1999年修订)、《固体废物污染环境防治法》(1995年出台,2004年修订)、《环境噪声污染防治法》(1996年出台)和《放射性污染防治法》(2003年出台)。另外,国务院也出台了一系列综合性或单行污染防治行政法规,国务院各主管部门分别出台了一些专项污染防治部门规章,以及各地方根据本地方特点制定了诸多地方性污染防治法规、规章。这些一起构成了我国污染防治的立法体系。在我国,污染防治法是所有污染防治相关立法的总称,是环境资源法体系架构中最重要的组成部分。

## 三、污染防治法的基本制度

污染防治法的基本制度是指贯穿和统摄各污染防治相关立法,在污染防治方面起重要作用的行为准则。我国的污染防治法是污染防治相关立法的统称,各污染防治立法都有其专门的具体领域,因此在法律规范设计上互有不同,但

---

① 原田尚彦著:《环境法》,于敏译,法律出版社1994年版,第4页。

由于污染和污染防治具有一些共同的特点，从而在各污染防治立法中表现出一些共通性、规律性的制度规定。这些共通性的制度规定就构成污染防治法的基本制度，它们是环境资源保护法基本制度在污染防治方面的具体体现。

我国污染防治法的基本制度，主要是从企业生产经营活动的不同环节出发，对其可能向环境排放污染物质或能量的具体行为方面进行设计安排的。在企业建设项目新建、改建或扩建之前，必须进行环境影响评价；环境影响评价文件经批准后才能开工建设，建设过程中必须执行"三同时"制度；建成后，正式投产前，对于需要向环境排放污染物的企业，必须先行履行申报登记和排污许可手续；生产过程中，必须接受环境行政管理机关进行现场检查及环境监测；对于经许可向环境排放污染物者，应当依照许可的标准排放污染物并缴纳相应的排污费；对于超标排污者，应当限制治理，并进行相应处罚；发生突发性环境污染事件时，还必须立即采取措施、及时通报并接受调查处理①。具体流程见下表：

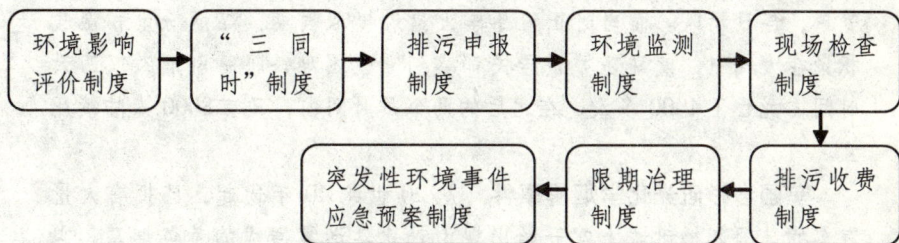

```
环境影响      "三 同      排污申报      环境监测      现场检查
评价制度  →   时"制度  →  制度      →  制度      →  制度
                                                      ↓
突发性环境事件      限期治理      排污收费
应急预案制度  ←   制度      ←  制度
```

## 第二节  大气污染防治法

### 一、大气污染状况

大气污染，是指由于人类活动引起某些物质进入大气中，导致大气特性改变，从而使人类的生命、健康、财产或生态系统遭受危害的现象。大气是人类以及其他生物赖以生存和发展的基本环境要素，大气一旦污染，就会对人体健康、生产生活、自然生态等造成严重影响和损害。20世纪震惊世界的八大公害事件中，有五个是大气污染事件（参见下面资料专栏）。

---

① 汪劲著：《环境法学》，北京大学出版社2006年版，第331 - 332页。

**资料专栏**

### 震惊世界的八大公害事件

**比利时马斯河谷烟雾事件** 1930 年 12 月 1~5 日, 比利时马斯河谷工业区内 13 个工厂排放的大量烟雾弥漫在河谷上空无法扩散, 使河谷工业区有上千人发生胸疼、咳嗽、流泪、咽痛、呼吸困难等, 一周内有 60 多人死亡, 许多家畜也纷纷死去, 这是 20 世纪最早记录下的大气污染事件。

**美国多诺拉烟雾事件** 1948 年 10 月 26~31 日, 美国宾夕法尼亚州多诺拉镇持续雾天, 而这里却是硫酸厂、钢铁厂、炼锌厂的集中地, 工厂排放的烟雾被封锁在山谷中, 使 6000 人突然发生眼痛、咽喉痛、流鼻涕、头痛、胸闷等不适, 其中 20 人很快死亡。

**伦敦烟雾事件** 1952 年 12 月 5~8 日, 伦敦城市上空高压, 大雾笼罩, 连日无风。而当时正值冬季大量燃煤取暖期, 煤烟粉尘和湿气积聚在大气中, 使许多城市居民都感到呼吸困难、眼睛刺痛, 仅四天时间内死亡了 4000 多人, 在之后的两个月时间内, 又有 8000 人陆续死亡。

**美国洛杉矶光化学烟雾事件** 从 20 世纪 40 年代起, 已拥有大量汽车的美国洛杉矶城上空开始出现由光化学烟雾造成的黄色烟幕。它刺激人的眼睛、灼伤喉咙和肺部、引起胸闷等, 还使植物大面积受害, 松林枯死, 柑橘减产。1955 年, 洛杉矶因光化学烟雾引起的呼吸系统衰竭死亡的人数达到 400 多人。

**日本水俣病** 1954 年, 日本熊本县水俣湾开始出现一种病因不明的怪病, 叫"水俣病", 患病的是猫和人, 症状是步态不稳、抽搐、手足变形、精神失常、身体弯弓高叫, 直至死亡。经过近十年的分析, 科学家才确认: 工厂排放的废水中的汞是"水俣病"的起因。在日本, 食用了水俣湾中被甲基汞污染的鱼虾人数达数十万。

**日本痛痛病** 19 世纪 80 年代, 日本富山县的神冈矿山在采矿过程中, 将含有镉等重金属的废水直接长期排入周围的环境中, 镉通过稻米进入人体, 使人得上一种浑身剧烈疼痛的病, 叫痛痛病, 也叫骨痛病, 重者全身多处骨折, 在痛苦中死亡。从 1931 年到 1968 年, 神通川平原地区被确诊患此病的人数为 258 人, 其中死亡 128 人, 至 1977 年 12 月又死亡 79 人。

**日本四日市哮喘病** 1959 年由昭石石油公司投资 186 亿日元的四日市炼油厂开始投产, 石油冶炼产生的废气使当地天空终年烟雾弥漫,烟雾厚达 500 米，其中漂浮着多种有毒有害气体和金属粉尘，很多人出现头疼、咽喉疼、眼睛疼、呕吐等不适。从 1960 年起，当地患哮喘病的人数激增，一些哮喘病患者病甚至因不堪忍受疾病的折磨而自杀。到 1979 年 10 月底，当地确认患有大气污染性疾病的患者人数达 775491 人。

**日本米糠油事件** 1968 年日本九州爱知县一个食用油厂在生产米糠油时，因管理不善，操作失误，致使米糠油中混入了在脱臭工艺中使用的热载体多氯联苯，造成食物油污染。由于当时把被污染了的米糠油中的黑油用去做鸡饲料，造成了九州、四国等地区的几十万只鸡中毒死亡的事件。随后九州大学附属医院陆续发现了因食用被多氯联苯污染的食物而得病的人。病人初期症状是皮疹、指甲发黑、皮肤色素沉着、眼结膜充血，后期症状转为肝功能下降、全身肌肉疼痛等，重者会发生急性肝坏死、肝昏迷，以至死亡。1978 年，确诊患者人数累计达 1684 人。

我国的大气污染十分严重。据环保部 2010 年发布的《中国环境状况公报》显示，2010 年，全国 471 个县级及以上城市开展环境空气质量监测，监测项目为二氧化硫、二氧化氮和可吸入颗粒物。其中 3.6% 的城市达到一级标准，79.2% 的城市达到二级标准，15.5% 的城市达到三级标准，1.7% 的城市劣于三级标准。监测的 494 个市（县）中，出现酸雨的市（县）249 个，占 50.4%；酸雨发生频率在 25% 以上的 160 个，占 32.4%；酸雨发生频率在 75% 以上的 54 个，占 11.0%。[①]

长期以来，以煤为主的能源结构是影响我国大气环境质量的主要因素，煤炭在我国能源消费中的比例在 70% 左右，是大气环境中二氧化硫、氮氧化物、烟尘的主要来源，煤烟型污染是我国大气污染的重要特征。与此同时，随着近些年机动车数量的激增，机动车排气污染在城市大气污染中所占比例也不断上升。

## 二、大气污染防治立法

我国重视大气污染的防治。早在 1979 年《环境保护法（试行）》中，就对大气污染防治的原则、制度和措施作了基本规定。为了加强对大气污染的监督管理，1987 年我国制定颁布了《大气污染防治法》（1995 年、2000 年二次修

[①]《2010 中国环境状况公报》，载中华人民共和国环境保护部网，http://www.mep.gov.cn/gzfw/xzzx/wdxz/201106/P020110603390794821945.pdf，2012 年 5 月 15 日访问。

订），对大气污染防治的一般原则、监督管理、防治烟尘污染、防治废气、粉尘和恶臭污染以及法律责任等方面进行了规定。与之配套的《大气污染防治法实施细则》（现已失效）也于 1991 年由原国家环保总局公布实施。

在我国经济持续高速增长和经济体制改革不断深化的新形势下，1987 年的《大气污染防治法》逐渐暴露出自身存在的问题和不足，为此我国于 1995 年对《大气污染防治法》进行了第一次修订。修订后的《大气污染防治法》扩大了大气污染物的治理范围，规定了酸雨控制区和二氧化硫污染控制区制度，新设了严重污染大气环境的落后生产工艺和落后生产设备淘汰制度，加强了对机动车排气污染的监督管理。修订后的《大气污染防治法》在防治大气污染方面发挥了一定作用："推动了煤炭的清洁利用；加快了淘汰严重污染大气的落后生产工艺和设备的步伐；一些重点地区开始了对酸雨和二氧化硫污染的控制。"[1] 但是，由于该法对大气污染物的控制方式（浓度控制）落后，对控制二氧化硫的措施不够有效，对机动车排气的监督管理也存在不足，这使得该法不能遏制我国日趋严重的大气污染。[2]

2000 年，我国对《大气污染防治法》进行了第二次修订。新修订的《大气污染防治法》新增了"防治机动车船排放污染"一章，新设了排污收费、污染物总量控制、排污许可证、划定大气污染防治重点城市和超标处罚等法律制度和措施。

除了《大气污染防治法》之外，国家有关部门还先后颁布了一系列专门性的行政规章，如《关于发展民用型煤的暂行办法》（1987 年）、《城市烟尘控制区管理办法》（1987 年）、《汽车排气污染监督管理办法》（1990 年公布，2010 年被修订）等。国家有关部门还先后制定了一系列防治大气污染的国家标准，如《大气环境质量标准》、《锅炉大气污染物排放标准》、《汽油车怠速污染物排放标准》、《钢铁工业污染物排放标准》等。我国还加入了一些保护全球大气环境的国际公约，如《保护臭氧层维也纳公约》、《联合国气候变化框架公约》等，并为履行这些国际环境条约制定了有关国家方案和行动计划。

## 三、《大气污染防治法》的主要内容

为了实现其立法目的，《大气污染防治法》构建了一个比较体系化的规范系统，主要表现为三方面的内容，一是科学配置各级政府的管理职能和监管体制，

---

[1] 曲格平："全国人大环境与资源保护委员会关于《大气污染防治法（修改草案）》的说明"，载《大气污染防治法学习材料》，中国环境科学出版社 2000 版，第 19 页。
[2] 国家环保总局污控司大气和噪声处编：《中华人民共和国大气污染防治法修订背景材料》，中国环境科学出版社 2000 年版，第 55 页。

二是注重建立系统性的管理制度，三是出台重点对象的管理措施。

（一）大气污染防治的政府职责和监管体制

《大气污染防治法》在第一章（总则）中对国务院和地方各级人民政府在大气污染防治中的职责做了原则性规定，这些职责的具体履行体现在大气污染防治法的各项制度和措施中。这些职责包括：（1）将大气环境保护工作纳入国民经济和社会发展计划；（2）合理规划工业布局；（3）加强防治大气污染的科学研究；（4）采取防治大气污染的措施，保护和改善大气环境；（5）制定大气环境质量标准和大气污染物排放标准；（6）采取有利于大气污染防治以及相关的综合利用活动的经济、技术政策和措施等。

按照《环境保护法》第7条的规定，我国环境保护采取统一监管与分级、分部门监管相结合的综合性监管体制。大气污染防治是我国环境保护的重要领域，大气污染防治的监管体制是环境保护监管体制在大气污染防治领域的具体化。《大气污染防治法》第4条规定，县级以上人民政府环境保护行政主管部门对大气污染防治实施统一监督管理。各级公安、交通、铁道、渔业管理部门根据各自的职责，对机动车船污染大气实施监督管理。县级以上人民政府其他有关主管部门在各自职责范围内对大气污染防治实施监督管理。

（二）大气污染防治的主要法律制度

大气污染防治的法律制度包括一般性的环境保护法律制度和大气污染防治特有的法律制度。一般性的环境保护法律制度在前面章节中已经进行详细介绍，此处不再赘述。下面我们对大气污染防治领域特有的法律制度进行介绍。

1. 主要污染物排放总量控制制度

总量控制是与浓度控制相对应的一种污染控制手段。在我国，大气污染物总量控制分为两个层次和类型：一种是国家、省及区域层次上的大气污染物总量控制，主要是根据国家制定的大气环境总体目标，编制大气污染总量控制计划，将污染物排放指标分解下达，逐级实施总量控制计划，编制年度计划，实行年度检查、考核，即"目标总量控制"；另一种是污染控制区域或城市的大气污染物总量控制，主要是通过环境功能区划、污染源调查和评价，计算允许排放总量，进行总量指标分配，制定总量控制优化方案和分期实施方案，建立实施方案的监督管理体系，即"容量总量控制"。我国实行的总量控制主要是第一种目标总量控制。①

长期以来，我国大气污染防治立法以浓度控制为主导。为适应我国大气污染防治工作的需要，我国环境保护部门于"六五"期间即开始了总量控制的研

---

① "实施排污总量控制制度和许可证制度保护和改善大气环境"，载《中国环境报》2000年8月19日第3版。

究和试点工作。自 1989 年 5 月第三次全国环境保护会议后，按照国务院《关于进一步加强环境保护工作的决定》中关于"逐步推行污染物排放总量控制和排污许可证制度"的要求，原国家环保局选择了上海、天津、沈阳、广州、太原、包头等 16 个城市，开展了大气污染物排污总量控制和排污许可证试点工作。通过试点，积累了管理经验，初步建立了推行大气污染物排放总量控制和许可证管理制度的运行机制和实施的技术路线。1996 年，国务院在《关于环境保护若干问题的决定》中进一步提出："要实施污染物排放总量控制，抓紧建立全国主要污染物的排放控制指标体系和定期公布制度。"

2000 年《大气污染防治法》的修订，综合考虑我国大气污染防治工作的需要、企业的承受能力及实施成本等各种因素，认为在全国全面推行总量控制尚不具备条件，作出了按区域实施总量控制的规定。《大气污染防治法》第 15 条规定：国务院和省、自治区、直辖市人民政府对尚未达到规定的大气环境质量标准的区域和国务院批准划定的酸雨控制区、二氧化硫污染控制区，可以划定为主要大气污染物排放总量控制区。主要大气污染物排放总量控制的具体办法由国务院规定。

2. 划定大气污染防治重点城市制度

《大气污染防治法》第 17 条规定："国务院按照城市总体规划、环境保护规划目标和城市大气环境质量状况，划定大气污染防治重点城市。直辖市、省会城市、沿海开放城市和重点旅游城市应当列入大气污染防治重点城市。未达到大气环境质量标准的大气污染防治重点城市，应当按照国务院或者国务院环境保护行政主管部门规定的期限，达到大气环境质量标准。该城市人民政府应当制定限期达标规划，并可以根据国务院的授权或者规定，采取更加严格的措施，按期实现达标规划。"

按国务院批准的 2002 年《大气污染防治重点城市划定方案》，我国已划定113 个大气污染防治重点城市。

表 1　我国 113 个大气污染防治重点城市名单

| | 43 个直辖市、省会城市、沿海开放城市和重点旅游城市 | 4 个经济特区城市 | 其他 66 个重点城市 |
|---|---|---|---|
| 直辖市 | 北京市、上海市、天津市、重庆市 | | |
| 河北 | 石家庄市、秦皇岛市 | | 唐山市、保定市、邯郸市 |
| 山西 | 太原市 | | 长治市、临汾市、阳泉市、大同市 |
| 内蒙古 | 呼和浩特市 | | 包头市、赤峰市 |

| | 43个直辖市、省会城市、沿海开放城市和重点旅游城市 | 4个经济特区城市 | 其他66个重点城市 |
|---|---|---|---|
| 辽宁 | 沈阳市、大连市 | | 鞍山市、抚顺市、本溪市、锦州市 |
| 吉林 | 长春市 | | 吉林市 |
| 黑龙江 | 哈尔滨市 | | 牡丹江市、齐齐哈尔市 |
| 江苏 | 南京市、苏州市、南通市、连云港市 | | 无锡市、常州市、扬州市、徐州市、镇江市 |
| 安徽 | 合肥市 | | 马鞍山市、芜湖市 |
| 福建 | 福州市 | 厦门市 | 泉州市 |
| 江西 | 南昌市 | | 九江市 |
| 山东 | 济南市、青岛市、烟台市 | | 淄博市、泰安市、枣庄市、济宁市、潍坊市、日照市 |
| 河南 | 郑州市 | | 洛阳市、安阳市、焦作市、开封市、平顶山、三门峡市 |
| 湖北 | 武汉市 | | 荆州市、宜昌市 |
| 湖南 | 长沙市 | | 岳阳市、湘潭市、张家界市、株洲市、常德市 |
| 广东 | 广州市、湛江市 | 深圳市、珠海市、汕头市 | 韶关市 |
| 广西 | 南宁市、桂林市、北海市 | | 柳州市 |
| 海南 | 海口市 | | |
| 四川 | 成都市 | | 绵阳市、攀枝花市、泸州市、宜宾市、自贡市、德阳市、南充市 |
| 贵州 | 贵阳市 | | 遵义市 |
| 云南 | 昆明市 | | 曲靖市、玉溪市 |
| 西藏 | 拉萨市 | | |
| 陕西 | 西安市 | | 咸阳市、延安市、宝鸡市、铜川市、渭南市 |
| 甘肃 | 兰州市 | | 金昌市 |
| 青海 | 西宁市 | | |

| | 43 个直辖市、省会城市、沿海开放城市和重点旅游城市 | 4 个经济特区城市 | 其他 66 个重点城市 |
|---|---|---|---|
| 宁夏 | 银川市 | | 石嘴山市 |
| 新疆 | 乌鲁木齐市 | | 克拉玛依市 |

资料来源：2002 年《大气污染防治重点城市划定方案》

### 3. 划定酸雨控制区和二氧化硫控制区制度

《大气污染防治法》第 18 条规定："国务院环境保护行政主管部门会同国务院有关部门，根据气象、地形、土壤等自然条件，可以对已经产生、可能产生酸雨的地区或者其他二氧化硫污染严重的地区，经国务院批准后，划定为酸雨控制区或者二氧化硫污染控制区。"根据本条规定，原国家环保总局会同有关部门制定了"两控区"划定方案及控制目标和措施，并于 1998 年由国务院批复下发。按国务院 1998 年《关于酸雨控制区和二氧化硫污染控制区有关问题的批复》，"两控区"包括 27 个省、自治区、直辖市的 175 个城市地区，总面积为109 万平方公里，占国土面积的 11.4%，其二氧化硫排放量约占全国排放总量的 60%。（见下表 2、表 3）

表 2　酸雨控制区范围

| 省、自治区、直辖市 | 控制区范围（国家重点扶持的贫困县除外） |
|---|---|
| 上海市 | 上海市 |
| 江苏省 | 南京市、扬州市、南通市、镇江市、无锡市、苏州市、泰州市 |
| 浙江省 | 杭州市、宁波市、温州市（市区及瑞安市、永嘉县、苍南县）、嘉兴市、湖州市、绍兴市、金华市、衢州市（市区及江山市、衢县、龙游县）、台州市 |
| 安徽省 | 芜湖市、铜陵市、马鞍山市、黄山市、巢湖地区、宣城地区 |
| 福建省 | 福州市、厦门市、三明市、泉州市、漳州市、龙岩市 |
| 江西省 | 南昌市、萍乡市、九江市、鹰潭市、抚州地区、吉安市、赣州市 |
| 湖北省 | 武汉市、黄石市、荆州市、宜昌市、荆门市、鄂州市、潜江市、咸宁地区 |
| 湖南省 | 长沙市、株洲市、湘潭市、衡阳市、岳阳市、常德市、张家界市、郴州市、益阳市、娄底地区、怀化市、吉首市 |

| 省、自治区、直辖市 | 控制区范围（国家重点扶持的贫困县除外） |
|---|---|
| 广东省 | 广州市、深圳市、珠海市、汕头市、韶关市、惠州市、汕尾市、东莞市、中山市、江门市、佛山市、湛江市、肇庆市、云浮市、清远市、潮州市、揭阳市 |
| 广西壮族自治区 | 南宁市、柳州市、桂林市、梧州市、玉林市、贵港市、南宁地区（上林县、崇左县、宾阳县、横县）、柳州地区（合山市、来宾县、鹿寨县）、桂林地区（灵川县、全州县、兴安县、荔浦县、永福县）、贺州地区（贺州市、钟山县）、河池地区（河池市、宜州市） |
| 重庆市 | 渝中区、江北区、沙坪坝区、南岸区、九龙坡、大渡口、渝北区、北碚区、巴南区及万盛区、双桥区、涪陵区、永川市、合川市、江津市、长寿县、荣昌县、大足县、綦江县、璧山县、铜梁县、潼南县 |
| 四川省 | 成都市、自贡市、攀枝花市、泸州市、德阳市、绵阳市、遂宁市、内江市、乐山市、南充市、宜宾市、广安地区、眉山地区 |
| 贵州省 | 贵阳市、遵义市、安顺地区、兴义市、凯里市、都匀市 |
| 云南省 | 昆明市、曲靖市、玉溪市、昭通市、个旧市、开远市、楚雄市 |

**表3 二氧化硫污染控制区范围**

| 省、自治区、直辖市 | 控制区范围（国家重点扶持的贫困县除外） |
|---|---|
| 北京市 | 东城区、西城区、宣武区、崇文区、朝阳区、海淀区、丰台区、石景山区及门头沟区、通州区、房山区、昌平县、大兴县 |
| 天津市 | 市区 |
| 河北省 | 石家庄市市区及辛集市、藁城市、晋州市、新乐市、鹿泉市、邯郸市市区及武安市、邢台市市区及南宫市、沙河市、保定市市区及涿州市、定州市、安国市、高碑店市、张家口市市区、承德市市区、唐山市市区及新华市、丰南市、衡水市市区 |
| 山西省 | 太原市市区及古交市、大同市市区、阳泉市市区、朔州市市区、忻州市、榆次市、临汾市、运城市 |
| 内蒙古自治区 | 呼和浩特市市区、包头市市区及石拐矿区、土默特右旗、乌海市市区、赤峰市市区 |

续表

| 省、自治区、直辖市 | 控制区范围（国家重点扶持的贫困县除外） |
|---|---|
| 辽宁省 | 沈阳市市区及新民市、大连市市区、鞍山市市区及海城市、抚顺市市区、本溪市市区、锦州市市区及凌海市、葫芦岛市市区及兴城市、阜新市市区、辽阳市市区 |
| 吉林省 | 吉林市市区及桦甸市、蛟河市、舒兰市、四平市市区及公主岭市、通化市市区及梅河口市、集安市、延吉市 |
| 江苏省 | 徐州市市区及邳州市、新沂市 |
| 山东省 | 济南市市区及章丘市、青岛市市区及胶南市、胶州市、莱西市、淄博市市区、枣庄市市区及滕州市、潍坊市市区及青州市、高密市、昌邑市、烟台市市区及龙口市、莱阳市、莱州市、招远市、海阳市、济宁市市区及曲阜市、兖州市、邹城市、泰安市市区及新泰市、肥城市、莱芜市市区、德州市市区及乐陵市、禹城市 |
| 河南省 | 郑州市市区及巩义市、洛阳市市区及偃师市、孟津县、焦作市市区及沁阳市、孟州市、修武县、温县、武陟县、博爱县、安阳市市区及林州市、三门峡市市区及义马市、灵宝市、济源市市区 |
| 陕西省 | 西安市市区、铜川市市区、渭南市市区及韩城市、华阴市、商州市 |
| 甘肃省 | 兰州市市区、金昌市市区、白银市市区、张掖市 |
| 宁夏回族自治区 | 银川市市区、石嘴山市市区 |
| 新疆维吾尔自治区 | 乌鲁木齐市市区 |

资料来源：1998 年《国务院关于酸雨控制区和二氧化硫污染控制区有关问题的批复》

**（三）大气污染防治的主要措施**

**1. 防治燃煤产生的大气污染**

目前，相当长的时间内，我国以煤炭为主的能源结构不会改变，因此，防治大气污染应以防治燃煤所产生的烟尘、二氧化硫和氮氧化物为重点。我国《大气污染防治法》设了专章（第三章）对此进行规定，出台了一系列相关措施防治燃煤产生的大气污染。

一是推行煤炭洗选加工，限制高硫份、高灰份煤炭的开采。《大气污染防治法》第 24 条规定："国家推行煤炭洗选加工，降低煤的硫份和灰份，限制高硫份、高灰份煤炭的开采。新建的所采煤炭属于高硫份、高灰份的煤矿，必须建设配套的煤炭洗选设施，使煤炭中的含硫份、含灰份达到规定的标准。对已建成的所采煤炭属于高硫份、高灰份的煤矿，应当按照国务院批准的规划，限期建成配套的煤炭洗选设施。禁止开采含放射性和砷等有毒有害物质超过规定标准的煤炭。"

二是改进城市能源结构，推广清洁能源的生产和使用。《大气污染防治法》第25条规定："国务院有关部门和地方各级人民政府应当采取措施，改进城市能源结构，推广清洁能源的生产和使用。大气污染防治重点城市人民政府可以在本辖区内划定禁止销售、使用国务院环境保护行政主管部门规定的高污染燃料的区域。该区域内的单位和个人应当在当地人民政府规定的期限内停止燃用高污染燃料，改用天然气、液化石油气、电或者其他清洁能源。"《大气污染防治法》第29条对服务企业使用清洁能源进行了规定。

三是严格锅炉产品质量标准。《大气污染防治法》第27条规定："国务院有关主管部门应当根据国家规定的锅炉大气污染物排放标准，在锅炉产品质量标准中规定相应的要求；达不到规定要求的锅炉，不得制造、销售或者进口。"

四是发展集中供热。《大气污染防治法》第28条规定："城市建设应当统筹规划，在燃煤供热地区，统一解决热源，发展集中供热。在集中供热管网覆盖的地区，不得新建燃煤供热锅炉。"

五是火电厂和其他大中型企业的二氧化硫和烟尘污染。《大气污染防治法》第30条第1款规定："新建、扩建排放二氧化硫的火电厂和其他大中型企业，超过规定的污染物排放标准或者总量控制指标的，必须建设配套脱硫、除尘装置或者采取其他控制二氧化硫排放、除尘的措施。"

2. 防治机动车船排气污染

近年来，随着人们消费水平的提高，我国汽车使用量急剧增加，机动车污染日益严重。2010年11月4日，环境保护部发布《中国机动车污染防治年报（2010年度）》，首次公布了中国机动车污染物排放情况，年报显示，中国机动车污染日益严重，机动车尾气排放已成为中国大中城市空气污染的主要来源之一。汽车是机动车污染物总量的主要贡献者，其排放的一氧化碳和碳氢化合物超过70%，氮氧化物和颗粒物超过90%[①]。2000年修订《大气污染防治法》时，已对我国机动车污染的趋势有准确地把握，《大气污染防治法》设专章（第四章）对机动车船排气污染进行规定，具体措施如下：

一是排放管理。《大气污染防治法》第32条规定："机动车船向大气排放污染物不得超过规定的排放标准。任何单位和个人不得制造、销售或者进口污染物排放超过规定排放标准的机动车船。"第33条第1款规定："在用机动车不符合制造当时的在用机动车污染物排放标准的，不得上路行驶。"

---

① 《2010中国环境状况公报》，载中华人民共和国环境保护部网，http://www.mep.gov.cn/gzfw/xzzx/wdxz/201106/P020110603390794821945.pdf，2012年5月15日访问。

二是燃料管理。《大气污染防治法》第34条规定："国家鼓励生产和消费使用清洁能源的机动车船。国家鼓励和支持生产、使用优质燃料油，采取措施减少燃料油中有害物质对大气环境的污染。单位和个人应当按照国务院规定的期限，停止生产、进口、销售含铅汽油。"

三是检测管理。《大气污染防治法》第35条规定："省、自治区、直辖市人民政府环境保护行政主管部门可以委托已取得公安机关资质认定的承担机动车年检的单位，按照规范对机动车排气污染进行年度检测。交通、渔政等有监督管理权的部门可以委托已取得有关主管部门资质认定的承担机动船舶年检的单位，按照规范对机动船舶排气污染进行年度检测。县级以上地方人民政府环境保护行政主管部门可以在机动车停放地对在用机动车的污染物排放状况进行监督抽测。"

3. 防治废气、粉尘和恶臭污染

一是严格限制废气和粉尘排放。《大气污染防治法》第36条规定："向大气排放粉尘的排污单位，必须采取除尘措施。严格限制向大气排放含有毒物质的废气和粉尘；确需排放的，必须经过净化处理，不超过规定的排放标准。"第42条对运输、装卸、贮存过程中废气和粉尘排放的防护措施作了规定。

二是控制可燃性气体污染大气。《大气污染防治法》第37条规定："工业生产中产生的可燃性气体应当回收利用，不具备回收利用条件而向大气排放的，应当进行防治污染处理。向大气排放转炉气、电石气、电炉法黄磷尾气、有机烃类尾气的，须报经当地环境保护行政主管部门批准。可燃性气体回收利用装置不能正常作业的，应当及时修复或者更新。在回收利用装置不能正常作业期间确需排放可燃性气体的，应当将排放的可燃性气体充分燃烧或者采取其他减轻大气污染的措施。"

三是配备脱硫装置。《大气污染防治法》第38条规定："炼制石油、生产合成氨、煤气和燃煤焦化、有色金属冶炼过程中排放含有硫化物气体的，应当配备脱硫装置或者采取其他脱硫措施。"

四是防止放射性物质污染大气。《大气污染防治法》第39条规定："向大气排放含放射性物质的气体和气溶胶，必须符合国家有关放射性防护的规定，不得超过规定的排放标准。"

五是防治恶臭气体和有毒有害烟尘污染大气。《大气污染防治法》第40条规定："向大气排放恶臭气体的排污单位，必须采取措施防止周围居民区受到污染。"第41条第1款规定："在人口集中地区和其他依法需要特殊保护的区域内，禁止焚烧沥青、油毡、橡胶、塑料、皮革、垃圾以及其他产生有毒有害烟尘和恶臭气体的物质。"

六是防治扬尘污染。《大气污染防治法》第43条规定："城市人民政府应当采取绿化责任制、加强建设施工管理、扩大地面铺装面积、控制渣土堆放和清洁运输等措施，提高人均占有绿地面积，减少市区裸露地面和地面尘土，防治城市扬尘污染。在城市市区进行建设施工或者从事其他产生扬尘污染活动的单位，必须按照当地环境保护的规定，采取防治扬尘污染的措施。国务院有关行政主管部门应当将城市扬尘污染的控制状况作为城市环境综合整治考核的依据之一。"

七是防治饮食服务业油烟污染。《大气污染防治法》第44条规定："城市饮食服务业的经营者，必须采取措施，防治油烟对附近居民的居住环境造成污染。"

八是防治臭氧层物质破坏大气环境。《大气污染防治法》第45条规定："国家鼓励、支持消耗臭氧层物质替代品的生产和使用，逐步减少消耗臭氧层物质的产量，直至停止消耗臭氧层物质的生产和使用。在国家规定的期限内，生产、进口消耗臭氧层物质的单位必须按照国务院有关行政主管部门核定的配额进行生产、进口。"

## 第三节　水污染防治法

### 一、水污染概述

按照《水污染防治法》第91条的解释，所谓水污染，是指水体因某种物质的介入，而导致其化学、物理、生物或者放射性等方面特性的改变，从而影响水的有效利用，危害人体健康或者破坏生态环境，造成水质恶化的现象。这里所指的水体，包括江河、湖泊、运河、渠道、水库等地表水体以及地下水体①，所以，我们所说的水污染及其防治只是指陆地水的污染，海洋污染防治另有法律规定，不适用水污染防治法。

按水体污染物的性质，水污染可以分为病原体污染、需氧物质污染、植物营养物质污染、重金属污染、放射性污染、有机化学物质污染等；按水体类型可划分为河流污染、湖泊污染、地下水污染等。

水体的污染源主要有两种形式，一种是"点源"，主要指有固定排放点的污染源，包括纳入管网排放的工业废水和城市生活污水等；另一种是"面源"，指分布在广大的面积上，没有固定污染排放点的污染源，主要包括农村污水和灌溉水等。

---

① 《水污染防治法》第2条。

　　水是生命之源，也是人类生产生活中最重要的环境要素。水污染的危害是多方面的，一是危害人体健康；二是危害生产生活，造成财产损失；三是危害动植物，破坏生态环境。

　　我国水资源总量占世界第六位，但人均占有量不足世界人均量的1/4，是一个贫水国家。与此同时，我国水污染状况十分严重。据《2010中国环境状况公报》显示，截至2010年年底，长江、黄河、珠江、松花江、淮河、海河和辽河七大水系总体为轻度污染。20条河流409个地表水国控监测断面中，Ⅰ～Ⅲ类、Ⅳ～Ⅴ类和劣Ⅴ类水质的断面比例分别为59.9%、23.7%和16.4%。主要污染指标为高锰酸盐指数、5日生化需氧量和氨氮。其中，长江、珠江水质良好，松花江、淮河为轻度污染，黄河、辽河为中度污染，海河为重度污染。26个国控重点湖泊（水库）中，满足Ⅱ类水质的1个，占3.8%；Ⅲ类的5个，占19.2%；Ⅳ类的4个，占15.4%；Ⅴ类的6个，占23.1%；劣Ⅴ类的10个，占38.5%。主要污染指标是总氮和总磷。[①] 最近几年，水污染事故频发，据原国家环保总局统计，2005年全国共发生环境污染事故1406起，其中水污染事故693起，占全部环境污染事故总量的49.2%。[②] 我国严重的水污染问题已经成为危害人体健康、影响社会安定、制约经济社会可持续发展的重大瓶颈。

**资料专栏**

### 中国水污染地图

　　2006年9月，中国第一个环保公益数据库——"中国水污染地图"（www.ipe.org.cn）网站高调开通。尽管这家网站的初衷是为专业环保研究人士和组织提供一个可资利用的数据库、交流平台，但由于它采取了新颖、直观的地图形式表现水污染现状，引起了社会公众的极大关注。

　　点击"中国水污染地图"网站，一幅完整的中国行政区划图呈现在电脑屏幕上。记者点开北京市所在区域链接，出现在面前的是一幅用不同颜色标注的北京市地表水质图。从地图上可以看到，除了远郊区有一些水库、支流为二类水质外，北京市区地表各河、湖几乎全部被劣质的超五类水所覆盖，令人惊心动魄。在地图下面，针对"谁在毒害家乡的河流"这个问题列出了污染企业的前十名，一些国有大企

---

　　① 《2010中国环境状况公报》，载中华人民共和国环境保护部网，http://www.mep.gov.cn/gzfw/xzzx/wdxz/201106/P020110603390794821945.pdf，2012年5月15日访问。

　　② 周生贤："关于《中华人民共和国水污染防治法（修订草案）》的说明"，载人民网环保频道，http://env.people.com.cn/GB/6222354.html，2011年7月15日访问。

业、市级产业基地赫然在列。而在另外一些信息更为完备的地级市地图上，污染企业的具体地理位置已经被标明，暴露在公众的视野之中。显然，对污染源的详细曝光是这个网站的一大特色。

其实，"中国水污染地图"网站所做的远不是曝光污染企业这么简单。这是一个严肃的科学数据库，其信息含量相当之大。

记者看到，在网站上每个地区的"水质信息"分类下，有地表水水质、主要河流水质、主要湖泊水库等6个子栏目；在"排污信息"分类下，有工业废水排放、重点陆源入海排污、面源污染排放等5个子栏目；公众高度关注的"污染源信息"分类里，也有不达标企业名单、不达标污水处理厂名单等4个子栏目，简直就是个水污染的"信息集装箱"。①

## 二、水污染防治立法

建国初期，我国就开始启动水污染防治工作，但其重点在饮用水卫生监督管理方面。20世纪70年代，随着我国工业"三废"排放日益严重，发生了北京官厅水库污染、天津蓟运河污染等水污染事件，为此，在国务院有关部门的领导下，我国全方位展开了水污染状况的调查工作，并相继制定了一些规范性的防治水污染的文件。1979年，我国《环境保护法（试行）》首次以法律的形式对水污染防治作出了原则性的规定。1984年，全国人大常委会通过了《水污染防治法》，这是我国第一部防治水污染的专门法律，该法就水污染防治的原则、监督管理体制和制度、地表水和地下水污染的防治、法律责任等作了全面的规定。为了《水污染防治法》的具体实施，国务院在1989年批准了原国家环保总局发布的《水污染防治法实施细则》（已被2000年《水污染防治法实施细则》废止）。以《水污染防治法》为依据，国家有关部门先后发布了《关于防治水污染技术政策的规定》（1986年）、《水污染物排放许可证管理暂行办法》（1988年，现已失效）、《污水处理设施环境保护监督管理办法》（1988年，现已失效）、《关于防治造纸行业水污染的规定》（1988年）、《饮用水水源保护区污染防治管理规定》（1989年，2010年修订）等专门性行政规章。此外，还颁布了《地面水环境质量标准》、《污水综合排放标准》、《生活饮用水卫生标准》、《农田灌溉水质标准》、《渔业水质标准》等一系列水环境保护标准。

进入20世纪90年代以后，随着我国经济的高速增长和经济体制的转型，我国水污染在总体上仍趋恶化，水污染防治领域也出现了很多新情况和新问题，

① 资料来源：王新亚："沉重点击'中国水污染地图'"，载新华网，http://news.xinhuanet.com/fortune/2006-10/30/content_5266223.htm，2012年5月15日访问。

如原法仅针对工业废水的污染控制，对城市生活污水、非点源污染防治和流域水污染控制等日益突出的水污染问题；原法主要针对国有和集体所有制排污单位，对其他所有制排污单位难以适用；另外，乡镇小型企业污染问题、饮用水等重要水体保护问题、城市污水处理厂建设问题等都亟待解决①。为此，1996年，全国人大常委会通过了《水污染防治法》的第一次修订，修订的重点主要表现为水污染防治的流域管理、城市污水的集中治理、饮用水源保护的强化、乡镇企业污染控制等方面的新规定，并实行重点区域水污染物排放的总量核定制度。2000年，国务院制定了新的相配套的《水污染防治法实施细则》。

1996年修订的《水污染防治法》对防治水污染起到了积极的推动作用。但进入新世纪后，水污染防治和水环境保护面临新的形势和要求，如地方人民政府的环境保护责任比较原则，需要进一步具体和细化；水环境监测网络不完善，水环境状况信息发布不统一，需要进一步整合和规范；饮用水安全保障措施不够具体，需要进一步补充和细化；排污许可制度、排污总量控制制度的实施仅限于重点水体，需要全面推行；船舶污染内河水域的监管手段较弱，需要进一步强化；水污染应急反应能力不足，需要进一步增强等。② 为此，2008年第十届全国人大常委会通过了《水污染防治法》的再次修订，并于2008年6月1日起实施。这次修订是环保领域全国人大常委会最晚近的一次立法活动，充分吸收了环保领域最新的发展成果，进行了诸多的制度创新，在环保立法上具有重要的示范意义。

### 三、《水污染防治法》的主要内容

《水污染防治法》共8章92条，从管理体制、管理制度、管理措施和法律责任等方面对水污染防治进行了全面系统的规定。除了污染防治领域比较类同的管理体制、基本管理制度外，《水污染防治法》吸纳了环保工作领域近几年的一些富有成效的创新做法，出台了诸多首创性的法律制度。下面，我们对这些创新制度以及水污染防治领域重要的监管制度和措施进行介绍。

（一）水环境保护目标责任制和考核评价制度

《水污染防治法》第5条规定："国家实行水环境保护目标责任制和考核评价制度，将水环境保护目标完成情况作为对地方人民政府及其负责人考核评价的内容。"

环境保护目标责任制是在1983年12月第二次全国环境保护会议以后，在

---

① 韩德培主编：《环境保护法教程》（第五版），法律出版社2007年版，第242页。
② 周生贤："关于《中华人民共和国水污染防治法（修订草案）》的说明"，载人民网环保频道，http://env.people.com.cn/GB/6222354.html，2011/7/15访问。

地方开展起来的一种把环境保护的任务定量化、指标化，并层层落实的管理措施，在1989年5月第三次全国环境保护会议上被确定为八项基本环境管理制度之一。2005年国务院《关于落实科学发展观加强环境保护的决定》也强调"要把环境保护纳入领导班子和领导干部考核的重要内容，并将考核情况作为干部选拔任用和奖惩的依据之一。坚持和完善地方各级人民政府环境目标责任制，对环境保护主要任务和指标实行年度目标管理，定期进行考核，并公布考核结果。"这是落实科学发展观，从根本上改变地方政府领导干部片面追求经济发展、忽视环境保护的重要举措。《水污染防治法》第一次将水环境保护目标完成情况作为对地方政府及其主要负责人考核评价的内容，将水污染防治纳入干部政绩考核机制，是环境立法方面的一大创举，对推动我国水污染防治工作与深化环境法制建设必将产生深远的影响。

（二）水环境生态保护补偿机制

《水污染防治法》第7条规定："国家通过财政转移支付等方式，建立健全对位于饮用水水源保护区区域和江河、湖泊、水库上游地区的水环境生态保护补偿机制。"

生态补偿机制是以保护生态环境、促进人与自然和谐为目的，根据生态系统服务价值、生态保护成本、发展机会成本，综合运用行政和市场手段，调整生态环境保护和建设相关各方之间利益关系的环境经济政策。主要针对区域性生态保护和环境污染防治领域，是一项具有经济激励作用、与"污染者付费"原则并存、基于"受益者付费和破坏者付费"原则的环境经济政策。

国务院《关于落实科学发展观加强环境保护的决定》要求："要完善生态补偿政策，尽快建立生态补偿机制。中央和地方财政转移支付应考虑生态补偿因素，国家和地方可分别开展生态补偿试点。"此后，各地开设开展生态补偿试点工作，其中比较典型的是浙江省，2005年浙江省出台《关于进一步完善生态补偿机制的若干意见》，2006年出台《钱塘江源头地区生态环境保护省级财政专项补助暂行办法》，2008年又出台了《浙江省生态环保财力转移支付试行办法》，成为全国第一个实施省内全流域生态补偿的省份。

《水污染防治法》规定的水环境生态保护补偿机制是我国第一次从法律层面对环境保护生态补偿制度进行规定，对实现环境保护管理手段的历史性转变[1]具有重要意义。

（三）重点水污染物排放总量控制与区域限批制度

《水污染防治法》第18条规定："国家对重点水污染物排放实施总量控制制

---

[1] 2006年4月第六次全国环保大会上，温家宝总理提出解决环境问题要实现三大历史性转变，其中之一就是从主要用行政办法保护环境转变为综合运用法律、经济、技术和必要的行政办法解决环境问题。

度。省、自治区、直辖市人民政府应当按照国务院的规定削减和控制本行政区域的重点水污染物排放总量，并将重点水污染物排放总量控制指标分解落实到市、县人民政府。市、县人民政府根据本行政区域重点水污染物排放总量控制指标的要求，将重点水污染物排放总量控制指标分解落实到排污单位。具体办法和实施步骤由国务院规定。省、自治区、直辖市人民政府可以根据本行政区域水环境质量状况和水污染防治工作的需要，确定本行政区域实施总量削减和控制的重点水污染物。对超过重点水污染物排放总量控制指标的地区，有关人民政府环境保护主管部门应当暂停审批新增重点水污染物排放总量的建设项目的环境影响评价文件。"

总量控制制度前面已有介绍，《水污染防治法》的创新在于排污总量削减、总量控制指标分解以及超标地区的区域限批等做法。

水污染物排污总量削减和指标分解是我国节能减排政策中的做法。由于我国对国际社会的承诺以及近些年面临的严峻污染形势，"十一五"规划中明确提出了节能减排的约束性指标，承诺在"十一五"期间主要污染物的排放量削减10%。为此，国务院印发了发展改革委员会同有关部门制定的《节能减排综合性工作方案》，规定：地方各级人民政府对本行政区域节能减排负总责，政府主要领导是第一责任人。要在科学测算的基础上，把节能减排各项工作目标和任务逐级分解到各市（地）、县和重点企业。要强化政策措施的执行力，加强对节能减排工作进展情况的考核和监督，国务院有关部门定期公布各地节能减排指标完成情况，进行统一考核。……要把节能减排指标完成情况纳入各地经济社会发展综合评价体系，作为政府领导干部综合考核评价和企业负责人业绩考核的重要内容，实行"一票否决"制。

区域限批是原国家环保总局掀起的第三次"环评风暴"中使用的最严厉的行政手段。2007 年，河北省唐山市、山西省吕梁市、贵州省六盘水市、山东省莱芜市 4 个行政区域和大唐国际、华能、华电、国电 4 大电力集团的除循环经济类项目外的所有建设项目被国家环保总局停止审批。这是环保总局及其前身成立近 30 年来首次启用"区域限批"这一行政惩罚手段。其依据是国务院《关于落实科学发展观加强环境保护的决定》第 21 条的规定：对超过污染物总量控制指标的地区，暂停审批新增污染物排放总量的建设项目。《水污染防治法》第一次从法律层面吸纳"区域限批"，将环保主管部门有史以来最严厉的行政手段予以法律确认，对治理日益严峻的水污染来说，意义深远。

（四）城镇污水集中处理制度

城镇污水具有排放量大、排放地点集中、污染物种类复杂等特点，如果分散处理，不仅经济上不合理，而且处理效果差，因此各国环境立法都重视城市污水的集中处理。《水污染防治法》第 44 条和第 45 条对城镇污水集中处理进行了详细规定，主要内容包括：（1）县级以上地方人民政府应当通过财政预算和其他渠道筹集资金，统筹安排建设城镇污水集中处理设施及配套管网，提高本行政区域城镇污水的收集率和处理率。（2）相关部门负责组织编制城镇污水处理设施建设规划。（3）城镇污水集中处理实行有偿服务，收取污水处理费用。（4）城镇污水集中处理设施的运营单位，对城镇污水集中处理设施的出水水质负责。

（五）饮用水水源保护区制度

饮用水是人类生存的基本需要，饮用水水源保护是保障人民身体健康的头等大事，也是水污染防治工作的重点任务。饮用水水源保护区制度是饮用水水源污染防治的核心制度，《水污染防治法》在设立了专章（第五章）予以规定。主要内容包括：（1）饮用水水源保护区分区管理；（2）饮用水水源保护区禁设排污口；（3）禁止在饮用水水源保护区从事可能污染饮用水的建设项目；（4）防治饮用水水源保护区内面源污染。

（六）跨行政区域水污染纠纷协商解决制度

《水污染防治法》第28条规定："跨行政区域的水污染纠纷，由有关地方人民政府协商解决，或者由其共同的上级人民政府协调解决。"

跨行政区域水污染纠纷是指发生在两个以上的行政区域之间因水污染而产生的纠纷和矛盾。长期以来，由于水资源短缺和水环境污染的恶化，跨行政区域水污染纠纷也越来越突显，并呈现以下特点：影响的区域和涉及的对象比较广泛；污染通常是不同行政区域的多家企业造成，原因比较复杂；因跨越不同的行政区域，涉及不同地方多方面的利益，处理困难。为了处理跨行政区域的水污染纠纷，我们长期以来主要采取协商和协调的方式。①《环境保护法》第15条规定："跨行政区的环境污染和环境破坏的防治工作，由有关地方人民政府协商解决，或者由上级人民政府协调解决，作出决定。"跨行政区域水污染纠纷协商解决制度是《环境保护法》这条规定在水污染防治领域的具体化。

（七）水污染事故应急处置制度

《水污染防治法》第68条规定："企业事业单位发生事故或者其他突发性事件，造成或者可能造成水污染事故的，应当立即启动本单位的应急方案，采取应急措施，并向事故发生地的县级以上地方人民政府或者环境保护主管部门报告。环境保护主管部门接到报告后，应当及时向本级人民政府报告，并抄送有关部门。造成渔业污染事故或者渔业船舶造成水污染事故的，应当向事故发生地的渔业主管部门报告，接受调查处理。其他船舶造成水污染事故的，应当向事故发生地的海事管理机构报告，接受调查处理；给渔业造成损害的，海事管

---

① 孙佑海主编：《中华人民共和国水污染防治法解读》，中国法制出版社2008年版，第79页。

理机构应当通知渔业主管部门参与调查处理。"

目前，我国已进入环境污染事故高发期，而水污染事故所占比例最大。合理有效处置突发性水污染事故，是水污染防治工作的重中之重。2007 年，《突发事件应对法》实施，对各类突发事件的应对准备、应对处置和事后恢复等进行了统一规定，因此，《水污染防治法》在做好与其衔接的基础上，结合《国家突发环境事件应急预案》，在第 66 至 68 条中对水污染事故的应急处置措施做出了明确、清晰而又扼要的规定。

# 第四节　海洋污染防治法

## 一、海洋污染及其危害

海洋是地球上广大而连续的咸水水体的总体，总面积约为 3.6 亿平方千米，约占地球表面积的 70%。海洋是生命的摇篮，也是人类社会可持续发展的战略资源基地。21 世纪是海洋的世纪。

我国是海洋大国，丰富的海洋自然资源和巨大的生态系统服务价值是国家经济社会发展的重要基础和保障。在经济迅速增长、人口快速增加及城市化程度不断加快而陆地资源日益枯竭的背景下，保护海洋环境，科学开发海洋资源，是支撑我国经济社会可持续发展的必由之路。

然而，随着经济的高速发展和海洋资源开发利用的不断深入，我国海洋环境污染和海洋生态破坏日益加剧。按《海洋环境保护法》第 95 条的定义，海洋环境污染损害是指直接或者间接地把物质或者能量引入海洋环境，产生损害海洋生物资源、危害人体健康、妨害渔业和海上其他合法活动、损害海水使用素质和减损环境质量等有害影响。

目前我国近岸海洋环境污染形势十分严峻。海洋环境污染面积居高不下，污染范围不断扩展，逐步从近岸向近海、从海水环境逐渐向沉积物和海洋生物延伸，从一般污染物向含有毒有害污染物扩展，从单一工业污染，逐步向工业污染、农业面源污染、大气污染等复合污染转变。海洋环境污染的累积效应对海洋生态系统、海产食物甚至社会经济健康发展产生不良影响。排污口及河口邻近海域生态系统受到胁迫。2009 年国家海洋局对我国入海排污口的监测与评价结果表明，457 个陆源入海排污口中 337 个排污口存在超标现象，占监测排污口的 73.7%。陆源污染累积影响造成的近海水域荒漠化已成为不容忽视的问题。如浙江余姚黄家埠等排污口邻近海域出现无生物区，无底栖生物区面积达 20 多平方公里。锦州湾五里河口有 7 平方公里的"无生物区"。此外，海洋环境污染使赤潮等海洋生态灾害发生风险增大。自 2000 年以来，我国近海未达到清洁海域水质标准的面积约占我国近岸海域面积的一半。有害藻华和水体缺氧是近海富营养化所导致的最重要生态环境问题。研究表明，与 20 世纪 90 年代相比，2001 年以来，无论是发生频次还是涉及的海域面积，中国赤潮灾害骤增 3.4 倍；从多年的趋势上看，赤潮发生有从局部海域向全部近岸海域扩展趋势。浒苔灾害自 2007 年以来连续发生，累计直接经济损失 20 个亿。①

## 二、海洋污染防治立法

我国的海洋污染防治立法始于 20 世纪 70 年代。针对入海河口、海区、港湾、内海和沿岸海域的环境污染，国务院在 1974 年批准制定了《防止沿海水域污染暂行规定》并在有关单位内部试行。1979 年出台的《环境保护法（试行）》中也对海洋污染防治作出了原则性的规定。20 世纪 70 年代后期，我国参加了《联合国海洋法公约》的起草谈判工作，鉴于国家保护海洋和确立防止、减少和控制海洋环境污染的法律措施是《联合国海洋法公约》生效后的重要内容和缔约国必须履行的国际义务，我国于 1982 年 8 月参照公约草案的规定，制定了第一部综合性的海洋环境保护的法律——《海洋环境保护法》。②

1982 年《海洋环境保护法》分总则、防止海岸工程对海洋环境的污染损害、防止海岸石油勘探开发工程对海洋环境的污染损害、防止陆源污染物对海洋环境的污染损害、防止船舶对海洋环境的污染损害、防止倾倒废弃物对海洋环境的污染损害、法律责任和附则等 8 章，共 45 条。为实施该法，国务院先后颁布了《防止船舶污染海域管理条例》（1983 年、已被 2009 年《防治船舶污染海洋环境管理条例》废止）、《海洋石油勘探开发环境保护管理条例》（1983 年）、《海洋倾废管理条例》（1985 年、2011 年修订）、《防止拆船污染环境管理条例》（1988 年）、《防治陆源污染物污染损害海洋环境管理条例》（1990 年）和《防治海岸工程建设项目污染损害海洋环境管理条例》（1990 年颁布、2007 年修订）等。

由于 1982 年《海洋环境保护法》注重防止单个工业源的点源污染损害海洋环境，而 20 世纪 90 年代中期以来，来源于内河河流和沿岸的面源污染越来越严重，造成赤潮、养殖污染等海洋环境污染事件的发生频率持续增加。此外，1982 年《海洋环境保护法》未从整体上对海洋生态保护、海洋资源开发利用等作出规定，因此开发利用海洋资源与保护海洋环境之间的矛盾日益尖锐却无法可依，加之我国相继批准加入了《联合国海洋法公约》等一系列国际公约和协

---

① 国家海洋局海洋发展战略研究所课题组：《中国海洋发展报告（2011）》，海洋出版社 2011 年版。
② 汪劲著：《环境法学》，北京大学出版社 2006 年版，第 365 页。

定，也使我国在国际海洋事务中的权利、义务发生了变化。为此，1999 年 12 月，全国人大常委会通过了《海洋环境保护法》的修订。

修订后的《海洋环境保护法》新增"海洋环境监督管理"和"海洋生态保护"两章，使该法扩充为 10 章，条文增加为 98 条。在具体内容上，与原法相比，修订后的《海洋环境保护法》突出了海洋生态保护的重要性，加快了与国际海洋环境保护公约的接轨与协调，规定了油污损害赔偿基金制度，加强了油污预防与反应措施，规定了新的海洋污染防治制度，如重点海域污染物排放总量控制制度等。①

除了《海洋环境保护法》及其相关实施条例外，《环境保护法》、《海域使用管理法》、《海上交通安全法》、《海商法》等法律中也设有关于海洋污染防治相关的规定。此外，我国从 1982 年以来，发布了《海水水质标准》、《船舶污染物排放标准》、《海洋石油开发工业含油污水排放标准》、《污水海洋处置工程污染控制标准》等海洋污染防治的国家标准。我国还积极参加了《联合国海洋法公约》、《国际油污损害民事责任公约》等国际公约和协定。

### 三、《海洋环境保护法》中有关海洋污染防治的主要内容

#### （一）适用范围的法律规定

《海洋环境保护法》第 2 条对本法的适用范围作出了规定："本法适用于中华人民共和国内水、领海、毗连区、专属经济区、大陆架以及中华人民共和国管辖的其他海域。在中华人民共和国管辖海域内从事航行、勘探、开发、生产、旅游、科学研究及其他活动，或者在沿海陆域内从事影响海洋环境活动的任何单位和个人，都必须遵守本法。在中华人民共和国管辖海域以外，造成中华人民共和国管辖海域污染的，也适用本法。"

法的效力范围包括时间效力、对人和事的效力和地域效力。

关于时间效力，经过修订后的《海洋环境保护法》自 2000 年 4 月 1 日起施行。

在对人、对事效力上，按第 2 条第 2 款的规定，所有在中华人民共和国管辖海域的任何活动，都必须遵守我国海洋环境保护法的规定，同时在我国沿海陆域内的我国公民和单位以及外国公民和外国单位从事影响海洋环境活动的，也适用本法。

《海洋环境保护法》在地域效力方面的规定最为特殊，不仅具有域内效力，也具有一定的域外效力。

第 2 条第 1 款是对域内效力的规定。值得注意的是，这里的"内水"已经

---

① 韩德培主编：《环境保护法教程》（第五版），法律出版社 2007 年版，第 255 页。

在本法第95条作出了专门的含义解释，是法定的狭义的定义。根据本法规定，内水是指我国领海基线向内陆一侧的所有海域，是构成国家领水的组成部分，即包括一国的海湾、海峡、海港、河口湾，测算领海的基线与海岸之间的海域，被陆地所包围或通过狭窄水道连接海洋的海域。我国海岸线有18000多公里，海域辽阔，有许多岛屿、海峡、岬角、河口和港口被包括在领海基线的范围内，如我国的渤海、胶州湾、吴淞口、珠江口和琼州海峡等等均属于我国的内水，适用于本法。领海是指领海基线以外、领海外部界线以内的一定宽度的海域，是受国家主权支配和管辖下的一定宽度的海域。对于领海宽度的确定权，《联合国海洋法公约》只规定领海宽度从领海基线量起不得超过12海里，并规定领海宽度的确定权应当由缔约国决定。根据1992年《领海及毗连区法》规定，我国领海宽度为12海里。领海是国家领土的组成部分，国家在领海内享有的权利，除外国船舶享有无害通过权外，与内水相同。我国《领海及毗连区法》明确规定，我国对领海的主权及于领海上空、领海的海床及底土。外国非军用船舶在我国领海享有无害通过权，但是必须遵守我国的法律、法规，外国核动力船舶和载运核物质、有毒物质或者其他危险物质的船舶通过我国领海，必须持有有关证书，并采取特别预防措施。外国潜水艇通过我国领海，必须在海面航行，并展示旗帜。外国军用船舶进入我国海域，须经我国政府批准。根据我国《领海及毗连区法》规定，我国毗连区是从领海以外并邻接领海，宽度为12海里的一带海域。我国有权在该海域内防止和惩治在我国陆地领土、内水或者领海内违反有关安全、海关、财政、卫生或者出入境管理法律、法规的行为，行使管辖权。根据《联合国海洋法公约》规定，沿海国对其专属经济区的海洋环境保护和保全享有专属管辖权。我国《专属经济区和大陆架法》规定，我国的专属经济区为我国领海以外并邻接领海的区域，从测算领海基线量起延至200海里。我国的大陆架为我国领海以外依据我国陆地领土的全部自然延伸，扩展至大陆边缘的海底区域的海床和底土；如果从测算领海宽度的基线起至大陆外缘的距离不足200海里，则扩展至200海里。因此，我国在专属经济区和大陆架享有主权性权利，有权保护和保全专属经济区和大陆架的海洋环境及其资源。

第2条第3款是对域外效力的规定。海洋是一个整体，排放和倾倒在海洋的污染物在海洋中的稀释扩散或者迁移不会受沿海国确定的管辖海域范围的限制，在我国海域管辖范围以外排放污染物质，也很有可能对我国海洋环境造成污染损害，侵犯我国的主权、主权性权利、专属管辖权等。为了维护我国的海洋权益和有关主权，对于在中华人民共和国管辖海域以外，造成中华人民共和国管辖海域污染的行为进行管辖既符合我国环境保护利益的要求，也符合国际惯例和国际公约的相关规定。

## （二）海洋污染防治的监督管理体制

《海洋环境保护法》第 5 条对我国海洋污染防治的监督管理体制作出了规定，在监管体制的架构上，依然遵循"统一监管与分级、分部门监管相结合"的原则，但具体职能安排上，与其他污染防治法相比更为具体和细致。

第 5 条第 1 款是关于国家环境保护行政主管部门在海洋环境保护方面主要职责的规定。一是明确了国务院环境保护行政主管部门在海洋环境保护工作中的基本职责和地位，即对全国海洋环境保护工作实施指导、协调和监督，根据这一规定，国务院环境保护行政主管部门，有权对其他有关部门的海洋环境保护工作予以指导，有权对各部门在海洋环境保护工作中的合作和统一行动需要协调时予以协调，并有权对其他部门的海洋环境保护工作进行监督；二是明确了国务院环境保护行政主管部门具体负责全国防治陆源污染物和海岸工程建设项目对海洋污染损害的环境保护工作，根据这一规定，环境保护行政主管部门有权力，也有义务控制陆源污染物对海洋环境的污染，并防治海岸工程建设项目对海洋环境的污染损害。此外，环境保护行政主管部门还负责履行依照本法其他条款规定的职责。所以做这样的规定，主要的考虑是：1982 年的原海洋环境保护法实施十几年的实践证明，环境保护部门未能充分发挥其海洋环境保护主管部门作用的原因，一是受到条件的限制，二是职责规定不够明确。在总结我国十几年海洋环境保护工作实践的基础上，通过调查研究和听取有关方面的意见，在新制定的国务院"三定方案"中，将环境保护部门的有关职责规定为"对全国海洋环境保护工作实施指导、协调和监督，并负责全国防治陆源污染物和海岸工程建设项目对海洋污染损害的环境保护工作"，这使得环境保护部门的职责更为明确和具体。为此，修订后的海洋环境保护法采纳了"三定方案"的上述规定。

第 5 条第 2 款是关于国家海洋行政主管部门海洋环境保护职责的规定。这一款的规定增加了国家海洋行政主管部门对海洋环境监督管理的职责，使海洋行政主管部门对海洋环境保护的职责增大。根据这一款的规定，国家海洋行政主管部门在国家总的环境保护方针、政策的指导下，负责具体的海洋环境监督管理工作，负责组织海洋环境调查、监测、评价和科学研究，负责海上巡航监视及对海洋环境污染事故的调查处理；同时负责防治海洋工程建设项目和海洋倾倒废弃物对海洋环境的污染损害等。此外，海洋行政主管部门还负责履行依照本法其他条款规定的职责。这次修改增加海洋行政主管部门职责的原因，是考虑到海洋行政主管部门是海洋的专业管理部门，具有管理海洋环境的专业技术优势和一定的海上执法力量，充分赋予其海洋环境监督管理权，有利于维护国家海洋整体利益，有利于海洋科学研究成果向海洋环境管理转化，为海洋环境管理提供科学手段和有效保证。

第 5 条第 3 款是关于国家海事行政主管部门海洋环境保护职责的规定。根据这一款的规定，国家海事行政主管部门对保护海洋环境的职责，主要有这样几个方面：一是负责其管辖的港区水域内除军事船舶以外，所有其他船舶污染海洋环境的监督管理及其对污染事故的调查处理；二是负责其管辖的港区水域外非渔业、非军事船舶污染海洋环境的监督管理及其对污染事故的调查处理；三是对在我国管辖海域航行、停泊和作业造成污染事故的外国籍船舶登轮检查，并对污染事故调查处理。但对船舶造成的渔业污染事故，应当吸收渔业行政主管部门参加调查处理。这是考虑到渔业行政主管部门是海洋渔业资源的专业管理部门，具有管理渔业船舶和渔业生态系统的有效手段，更多地发挥渔业行政主管部门的作用，有利于海洋渔业资源和渔业生态系统的保护，而渔业资源和渔业生态系统的保护是海洋环境保护的重要组成部分。此外，海事行政主管部门还负责履行依照本法其他条款规定的职责。

第 5 条第 4 款是关于国家渔业行政主管部门海洋环境保护职责的规定，主要有这样几个方面：一是负责渔港水域内非军事船舶和渔港水域外渔业船舶污染海洋环境的监督管理。渔业船舶是指从事渔业生产的船舶，以及属于水产系统专门为渔业生产、科研、管理服务的船舶，如捕捞船、养殖船、水产冷藏加工船、渔业科研调查船、渔政船和渔监船等。"渔业船舶"同军事船舶一样，从设计制造、作业、管理等方面均与一般"船舶"有所区别。二是负责保护渔业水域生态环境工作。渔业水域生态环境是海洋生态系统的重要组成部分，是海洋环境保护的重要内容。渔业水域是指鱼虾类的产卵场、索饵场、越冬场、洄游通道和鱼虾贝藻类的养殖场。这是渔民赖以生存的"土地"，是渔业生产的物质条件。渔业行政主管部门要依法合理划定并管理渔业水域，分别采取禁渔区、保护区和确定养殖使用权等方式，保护经济鱼类和野生动植物的产卵场、越冬场、繁殖场、栖息地以及养殖水域等，并逐步向社会公布。三是调查处理渔业污染事故。渔业污染事故是指由于单位和个人将某种物质和能量引入海域，损坏渔业水域使用功能，影响渔业水域内的鱼虾贝藻类等海洋生物繁殖、生长或造成该生物大量死亡，以及造成该生物有毒、有害物质积累、质量下降等，对渔业资源和渔业生产造成损害的事件。凡是造成渔业污染事故的，渔业行政主管部门要积极行使管辖权，依法调查处理。

第 5 条第 5 款是关于军队环境保护部门海洋环境保护职责的规定。根据这一款的规定，军队环境保护部门负责军事船舶污染海洋环境的监督管理，并负责对军队船舶造成的海洋环境污染事故进行调查处理。但需要与有关环保、海洋、海事、渔业部门相协调。之所以对军队环境保护部门的职责作出上述规定，加强军队环保部门负责军事船舶污染海洋环境的监督管理职责，主要有以下几个考虑；一是按照我国宪法的规定，中央军事委员会是国家机构的组成部分之一，有权行使部分国家权力；二是就我国法制建设的实际情况来说，军队具有自己的法制系统，对于军队违法行为，大多由军队法制部门和其他有关部门处理；三是从国家军事秘密的管理制度上看，我国军队负责军事机密的保护和管理工作，军事船舶大多用于军事目的，涉及军事秘密，所以，对于军事船舶的管理和其造成的污染事故的处理，由军队环境保护部门负责较为易行；四是这样规定体现了国家和人民对军队执法部门的信任，有利于军队环境保护部门承担起国家赋予的保护海洋环境的神圣责任。

第 5 条第 6 款是关于沿海县级以上地方人民政府海洋环境监督管理部门的设立及其海洋环境监督管理职责的规定。根据这一款的规定，沿海县级以上地方人民政府海洋环境监督管理部门的设立及其海洋环境监督管理的职责，由沿海省、自治区、直辖市人民政府确定，但须依据本法和国务院的有关规定确定，或者不与本法或国务院的有关规定相冲突。之所以作出这种授权规定，主要有如下一些考虑：一是原法的规定，只限于沿海地方人民政府环境保护部门的职责，而对于沿海地方人民政府其他海洋环境监督管理部门的职责未作规定；二是当时新一届政府的"三定方案"对政府部门管理海洋环境的职责作了调整，地方政府的机构改革正在进行；三是目前我国沿海各地方海洋环境管理体制和机构的设置有所差异，不宜作统一规定。①

（三）海洋污染防治的基本制度

1. 重点海域排污总量控制制度

《海洋环境保护法》第 3 条规定："国家建立并实施重点海域排污总量控制制度，确定主要污染物排海总量控制指标，并对主要污染源分配排放控制数量。具体办法由国务院制定。"

长期以来，我国只有《海水水质标准》和《污水综合排放标准》，它们都是以浓度为基础的标准。我国长期实施的这种浓度控制制度虽可控制污染物的入海浓度，但随着沿海大中城市的经济建设规模不断扩大，以及以海洋为依托的资源开发利用活动逐渐增加，工业废水、生活污水及其他有害物质通过直排口或其他途径排入海洋，同时各大江河含有的污染物最终也汇入海洋，再加上大气污染物沉降的影响，致使沿海地区近岸水质逐渐恶化，污染的范围和规模持续扩大，石油类、营养盐、有机物和重金属等污染物污染事件呈上升趋势，部分海域的环境质量严重退化。在《海洋环境保护法》的修改中，明确规定建立并实施重点海域排污总量控制制度，目的是对进入国家重点保护海域和已受到严重污染的海域的主要污染物数量进行控制。

依规定，我国的总量控制制度并非普遍适用于全部海域，也并非针对所有的入海污染物，而是重点海域的主要污染物排放的总量控制。重点海域是指国

---

① 张皓若、卞耀武主编：《中华人民共和体海洋环境保护法释义》，法律出版社 2000 年版。

家重点保护海域和已受到严重污染的海域。受控的主要污染物种类是对海域环境质量恶化起主要作用的污染物。根据《国家环境保护"十一五"规划》的规定，国家在"十一五"期间控制的重点海域为渤海海域、长江口及毗邻海域、珠江口及其海域，控制的主要污染物为化学需氧量。

2. 海洋污染事故处理制度

《海洋环境保护法》第 17 条规定："因发生事故或者其他突发性事件，造成或者可能造成海洋环境污染事故的单位和个人，必须立即采取有效措施，及时向可能受到危害者通报，并向依照本法规定行使海洋环境监督管理权的部门报告，接受调查处理。沿海县级以上地方人民政府在本行政区域近岸海域的环境受到严重污染时，必须采取有效措施，解除或者减轻危害。"

根据本条规定，导致事故或者突发性事件的责任者，必须立即采取有效措施，并根据报告制度的要求，第一，要向可能受到污染危害的人及时通报；第二，必须向依照本法规定行使海洋环境监督管理权的部门报告，即向环保、海洋、海事、渔业部门报告，如在海上，应尽量向就近的海洋、海事或渔业部门报告，如在海岸上，应及时向环保部门和就近的海洋、海事、渔业部门报告；同时，必须接受调查处理。接受调查处理的责任者，必须如实地向有关部门反映情况，以便有关部门采取有效措施，遏制污染的扩大，并使损失控制在最低水平；责任者还必须承担相应的责任。

沿海县级以上地方人民政府对于所辖区域近岸海域环境受到的严重污染，有责任采取有效措施，解除或者减轻污染危害。这里所称的有效措施，包括使用各种有效的仪器、设备，动员各方面力量，采取各种有效手段等，目的是将污染造成的损害控制在最低限度。作此规定意在加强沿海县级以上地方人民政府控制突发性严重污染事故危害的责任。

3. 重大海上污染事故应急计划制度

《海洋环境保护法》第 18 条规定："国家根据防止海洋环境污染的需要，制定国家重大海上污染事故应急计划。国家海洋行政主管部门负责制定全国海洋石油勘探开发重大海上溢油应急计划，报国务院环境保护行政主管部门备案。国家海事行政主管部门负责制定全国船舶重大海上溢油污染事故应急计划，报国务院环境保护行政主管部门备案。沿海可能发生重大海洋环境污染事故的单位，应当依照国家的规定，制定污染事故应急计划，并向当地环境保护行政主管部门、海洋行政主管部门备案。沿海县级以上地方人民政府及其有关部门在发生重大海上污染事故时，必须按照应急计划解除或者减轻危害。"

《联合国海洋法公约》第 199 条规定，各国应共同发展和促进各种应急计划，以应付海洋环境的污染事故，为履行此项国际义务，以及其他有关国际公约对各沿海国制定海上污染事故应急计划的要求，同时也为保护我国海洋环境，

《海洋环境保护法》规定了重大海上污染事故应急计划制度。重大海上污染事故是指重大海上溢油事故，包括海洋石油钻井船、钻井平台和采油平台及其海上有关设施发生的海洋石油勘探开发重大海上溢油事故，以及船舶特别是大型和超大型油轮因碰礁、触礁等海难事故所导致的重大海洋污染事故。

（四）海洋污染防治的主要措施

1. 防治陆源污染物对海洋环境的污染损害的规定

一是达标排放的规定。《海洋环境保护法》第 29 条规定："向海域排放陆源污染物，必须严格执行国家或者地方规定的标准和有关规定。"此外，第 34 条、第 36 条规定，向海域排放含病原体的医疗污水、生活污水和工业废水、含热废水等，必须采取防治措施，达标排放。

二是排污口管理的规定。《海洋环境保护法》第 30 条规定："入海排污口位置的选择，应当根据海洋功能区划、海水动力条件和有关规定，经科学论证后，报设区的市级以上人民政府环境保护行政主管部门审查批准。环境保护行政主管部门在批准设置入海排污口之前，必须征求海洋、海事、渔业行政主管部门和军队环境保护部门的意见。在海洋自然保护区、重要渔业水域、海滨风景名胜区和其他需要特别保护的区域，不得新建排污口。在有条件的地区，应当将排污口深海设置，实行离岸排放。设置陆源污染物深海离岸排放排污口，应当根据海洋功能区划、海水动力条件和海底工程设施的有关情况确定，具体办法由国务院规定。"

三是排放申报的规定。《海洋环境保护法》第 32 条规定："排放陆源污染物的单位，必须向环境保护行政主管部门申报拥有的陆源污染物排放设施、处理设施和在正常作业条件下排放陆源污染物的种类、数量和浓度，并提供防治海洋环境污染方面的有关技术和资料。排放陆源污染物的种类、数量和浓度有重大改变的，必须及时申报。拆除或者闲置陆源污染物处理设施的，必须事先征得环境保护行政主管部门的同意。"

四是禁止和限制排放的规定。《海洋环境保护法》第 33 条规定，禁止向海域排放油类、酸液、碱液、剧毒废液和高、中水平放射性废水。严格控制向海域排放含有不易降解的有机物和重金属的废水。第 35 条规定，含有机物和营养物质的工业废水、生活污水，应当严格控制向海湾、半封闭海及其他自净能力较差的海域排放。

此外，《海洋环境保护法》还对沿海农田、林场的化学农药、化肥和植物生长调节剂使用，固体废物和危险废物处置，沿海污水处理设施以及大气污染物对环境的污染损害措施作出了规定。

2. 防治海岸工程建设项目对海洋环境的污染损害的规定

一是海岸工程建设项目的环境监管规定。按《海洋环境保护法》第 42 条、

第43条、第44条的规定，新建、改建、扩建海岸工程建设项目，必须遵守国家有关建设项目环境保护管理的规定，进行环境影响评价，执行"三同时"制度，并把防治污染所需资金纳入建设项目投资计划。

二是禁止和限制规定。《海洋环境保护法》第45条、第46条规定：禁止在沿海陆域内新建不具备有效治理措施的化学制浆造纸、化工、印染、制革、电镀、酿造、炼油、岸边冲滩拆船以及其他严重污染海洋环境的工业生产项目。严格限制在海岸采挖砂石。露天开采海滨砂矿和从岸上打井开采海底矿产资源，必须采取有效措施，防止污染海洋环境。

3. 防治海洋工程建设项目对海洋环境的污染损害的规定

一是海洋工程建设项目实行环境影响评价制度和"三同时"制度（第47条、第48条）。

二是海洋工程建设项目，不得使用含超标准放射性物质或者易溶出有毒有害物质的材料。海洋工程建设项目需要爆破作业时，必须采取有效措施，保护海洋资源。海洋石油勘探开发及输油过程中，必须采取有效措施，避免溢油事故的发生（第49条、第50条）。

三是海洋石油钻井船、钻井平台和采油平台的含油污水和油性混合物，必须经过处理达标后排放；残油、废油必须予以回收，不得排放入海。经回收处理后排放的，其含油量不得超过国家规定的标准。钻井所使用的油基泥浆和其他有毒复合泥浆不得排放入海。水基泥浆和无毒复合泥浆及钻屑的排放，必须符合国家有关规定。海洋石油钻井船、钻井平台和采油平台及其有关海上设施，不得向海域处置含油的工业垃圾。处置其他工业垃圾，不得造成海洋环境污染。海上试油时，应当确保油气充分燃烧，油和油性混合物不得排放入海（第51条、第52条、第53条）。

四是勘探开发海洋石油，必须按有关规定编制溢油应急计划，报国家海洋行政主管部门审查批准（第54条）。

4. 防治倾倒废弃物对海洋环境的污染损害的规定

向海洋倾倒废弃物，是指通过船舶、航空器、平台或者其他载运工具，向海洋处置废弃物和其他有害物质的行为，包括弃置船舶、航空器、平台及其辅助设施和其他浮动工具的行为。①《海洋环境保护法》设专章（第七章）对向海洋倾倒废弃物作了防治规定，具体措施如下：

一是倾倒许可。《海洋环境保护法》第55条规定："任何单位未经国家海洋行政主管部门批准，不得向中华人民共和国管辖海域倾倒任何废弃物。需要倾倒废弃物的单位，必须向国家海洋行政主管部门提出书面申请，经国家海洋行

---

① 《海洋环境保护法》第95条第1款第11项。

政主管部门审查批准，发给许可证后，方可倾倒。禁止中华人民共和国境外的废弃物在中华人民共和国管辖海域倾倒。"第59条规定："获准倾倒废弃物的单位，必须按照许可证注明的期限及条件，到指定的区域进行倾倒。废弃物装载之后，批准部门应当予以核实。"第60条规定："获准倾倒废弃物的单位，应当详细记录倾倒的情况，并在倾倒后向批准部门作出书面报告。倾倒废弃物的船舶必须向驶出港的海事行政主管部门作出书面报告。"

二是废弃物分级管理。《海洋环境保护法》第56条规定："国家海洋行政主管部门根据废弃物的毒性、有毒物质含量和对海洋环境影响程度，制定海洋倾倒废弃物评价程序和标准。向海洋倾倒废弃物，应当按照废弃物的类别和数量实行分级管理。可以向海洋倾倒的废弃物名录，由国家海洋行政主管部门拟定，经国务院环境保护行政主管部门提出审核意见后，报国务院批准。"

三是划定海洋倾倒区制度。《海洋环境保护法》第57条规定："国家海洋行政主管部门按照科学、合理、经济、安全的原则选划海洋倾倒区，经国务院环境保护行政主管部门提出审核意见后，报国务院批准。临时性海洋倾倒区由国家海洋行政主管部门批准，并报国务院环境保护行政主管部门备案。国家海洋行政主管部门在选划海洋倾倒区和批准临时性海洋倾倒区之前，必须征求国家海事、渔业行政主管部门的意见。"第58条规定："国家海洋行政主管部门监督管理倾倒区的使用，组织倾倒区的环境监测。对经确认不宜继续使用的倾倒区，国家海洋行政主管部门应当予以封闭，终止在该倾倒区的一切倾倒活动，并报国务院备案。"

5. 防治船舶及有关作业活动对海洋环境的污染损害的规定

随着我国对外贸易的高速发展，经由我国海域的本国船舶和外国船舶越来越多。由于违章排放或海损事故，每年都对我国海域造成严重的污染。对此，《海洋环境保护法》第八章作出了专门的管制措施：

一是禁止排放污染物的规定。《海洋环境保护法》第62条规定："在中华人民共和国管辖海域，任何船舶及相关作业不得违反本法规定向海洋排放污染物、废弃物和压载水、船舶垃圾及其他有害物质。从事船舶污染物、废弃物、船舶垃圾接收、船舶清舱、洗舱作业活动的，必须具备相应的接收处理能力。"

二是船舶及其相关作业的防污能力和资格的规定。船舶必须按照有关规定持有防止海洋环境污染的证书与文书（第63条），船舶必须配置相应的防污设备和器材。载运具有污染危害性货物的船舶，其结构与设备应当能够防止或者减轻所载货物对海洋环境的污染（第64条），港口、码头、装卸站和船舶修造厂必须按照有关规定备有足够的用于处理船舶污染物、废弃物的接收设施，并使该设施处于良好状态。装卸油类的港口、码头、装卸站和船舶必须编制溢油污染应急计划，并配备相应的溢油污染应急设备和器材（第69条）。

三是油污损害民事赔偿责任制度和保险、基金制度。《海洋环境保护法》第66条规定："国家完善并实施船舶油污损害民事赔偿责任制度；按照船舶油污损害赔偿责任由船东和货主共同承担风险的原则，建立船舶油污保险、油污损害赔偿基金制度。实施船舶油污保险、油污损害赔偿基金制度的具体办法由国务院规定。"

四是申报、评估和核准制度。《海洋环境保护法》第67条规定："载运具有污染危害性货物进出港口的船舶，其承运人、货物所有人或者代理人，必须事先向海事行政主管部门申报。经批准后，方可进出港口、过境停留或者装卸作业。"第68条规定："交付船舶装运污染危害性货物的单证、包装、标志、数量限制等，必须符合对所装货物的有关规定。需要船舶装运污染危害性不明的货物，应当按照有关规定事先进行评估。装卸油类及有毒有害货物的作业，船岸双方必须遵守安全防污操作规程。"第70条规定："进行下列活动，应当事先按照有关规定报经有关部门批准或者核准：（一）船舶在港区水域内使用焚烧炉；（二）船舶在港区水域内进行洗舱、清舱、驱气、排放压载水、残油、含油污水接收、舷外拷铲及油漆等作业；（三）船舶、码头、设施使用化学消油剂；（四）船舶冲洗沾有污染物、有毒有害物质的甲板；（五）船舶进行散装液体污染危害性货物的过驳作业；（六）从事船舶水上拆解、打捞、修造和其他水上、水下船舶施工作业。"

五是污染处理制度。《海洋环境保护法》第71条规定："船舶发生海难事故，造成或者可能造成海洋环境重大污染损害的，国家海事行政主管部门有权强制采取避免或者减少污染损害的措施。对在公海上因发生海难事故，造成中华人民共和国管辖海域重大污染损害后果或者具有污染威胁的船舶、海上设施，国家海事行政主管部门有权采取与实际的或者可能发生的损害相称的必要措施。"第72条规定："所有船舶均有监视海上污染的义务，在发现海上污染事故或者违反本法规定的行为时，必须立即向就近的依照本法规定行使海洋环境监督管理权的部门报告。民用航空器发现海上排污或者污染事件，必须及时向就近的民用航空空中交通管制单位报告。接到报告的单位，应当立即向依照本法规定行使海洋环境监督管理权的部门通报。"

# 第五节　固体废物污染环境防治法

## 一、固体废物及其危害

按《固体废物污染环境防治法》第88条规定，固体废物，是指在生产、生活和其他活动中产生的丧失原有利用价值或者虽未丧失利用价值但被抛弃或者放弃的固态、半固态和置于容器中的气态的物品、物质以及法律、行政法规规定纳入固体废物管理的物品、物质。

上述定义与环境科学上的定义有一定差别。《中国大百科全书·环境科学》在"固体废物"词条中，将固体废物解释为"被丢弃的固体和泥状物质，包括从废水、废气中分离出来的固体颗粒"。不同的定义反映了不同的认识角度。环境科学的认识角度主要是根据科学、技术的发展程度和认识水平来对固体废物进行客观的形态的描述；而法律上的定义不仅要考虑人们对固体废物科学上的认识，还要考虑固体废物管理和控制的必要程度和实际可能性，所以与科学上的定义相比，法律上的定义会根据实际情况予以相应扩大和缩小。

根据《固体废物污染环境防治法》的定义，固体废物既包括一般性的工业固体废物、城市生活垃圾、危险废物，还包括半固态的泥状废物和高浓度液体废物，如工业生产建设中产生的废油、废酸、废碱、废沥青，在城市生活和他活动中产生的下水道污泥、餐厨垃圾、人畜粪便等。这些半固体废物不属于大气污染防治法的"废气"和水污染防治法的"废水"，而且其特性、来源、分布和其对进行收集、贮存、运输、处置等方面的要求，与固体废物的特点及污染防治要求相似，因此也将其纳入固体废物防治立法范围加以管制。①

固体废物来源广泛，种类繁多，组成复杂。从不同的角度出发，可进行不同的分类。按其化学组成可分为有机废物和无机废物；按其危害性可分为一般固体废物和危险性固体废物；按其形状可分为固体废物和泥状废物；按其来源可分为工业废物、矿业废物、城市垃圾、农业废物和放射性废物。

我国固体废物现状堪忧。一是产生量大，且逐年递增。按近三年中国环境状况公报显示，2008 年，全国工业固体废物产生量为 190127 万吨，比上年增加 8.3%②；2009 年，全国工业固体废物产生量为 204094.2 万吨，比上年增加 7.3%③；2010 年，全国工业固体废物产生量为 240943.5 万吨，比上年增加 18.1%。④ 统计资料显示，全世界垃圾年均增长速度为 8.42%，而中国垃圾增长率达到 10% 以上，已成为世界上垃圾包围城市最严重的国家之一。全世界每年产生 4.9 亿吨垃圾，而仅中国每年就产生近 1.5 亿吨城市垃圾。目前，全国城市

---

① 韩德培主编：《环境保护法教程》（第五版），法律出版社 2007 年版，第 276 页。

② 《2008 中国环境状况公报》，载中华人民共和国环境保护部网，http://www.zhb.gov.cn/gzfw/xzzx/wdxz/200906/P020090609397520028674.pdf，2012 年 5 月 15 日访问。

③ 《2009 中国环境状况公报》，载中华人民共和国环境保护部网，http://www.zhb.gov.cn/gzfw/xzzx/wdxz/201006/P020100603551633387739.pdf，2012 年 5 月 15 日访问。

④ 《2010 中国环境状况公报》，载中华人民共和国环境保护部网，http://www.mep.gov.cn/gzfw/xzzx/wdxz/201106/P020110603390794821945.pdf，2012 年 5 月 15 日访问。

生活垃圾累积堆存量已达 70 亿吨，占地约 80 多万亩，近年来又以平均每年 4.8% 的速度持续增长。全国 600 多座城市，除县城外，已有三分之二的大中城市陷入垃圾的包围之中，且有四分之一的城市已没有合适场所堆放垃圾。①

二是污染危害大。近些年，因为固体废物排放而造成的土壤重金属污染等问题越来越严重，污染事件发生频率越来越高。例如，在 2006 年著名的甘肃徽县血铅污染案中，原国家环保总局的调查表明，该事件肇事者徽县有色金属冶炼有限责任公司 400 米范围内的土壤已受不同程度污染。② 2007 年 5 月，浙江省地质调查院在浙江台州的废五金拆解区——峰江街道和新桥镇，展开土地质量调查结果表明："该地区土壤普遍已遭受严重的镉、铜等重金属和多氯联苯等有机污染物的复合污染，显著影响了土地质量，并带来显著的食品安全问题。"③ 固体废物对环境的污染不同于废水、废气和噪声。固体废物呆滞性大、扩散性小，它对环境的影响主要是通过水、气、土壤进行的。其中污染成分的迁移转化，如浸出液在土壤中的迁移，是一个比较缓慢的过程，其危害可能在数年以致数十年后才能发现。从某种意义上讲，固体废物，特别是危险废物，对环境造成的危害要比废水、废气造成的危害严重得多。④

## 资料专栏

### 北京垃圾围成"七环" 城市垃圾如何走出围城

长年拍摄"垃圾围城"的摄影师用黄色标签将自己拍摄过的非法垃圾填埋场标注出来：在北京中心城区外，密密麻麻的标签已形成了一个黄色的"七环"……近日，一个名为"垃圾围城，北京——一个摄影师眼中的映像"的网帖引发大量网民"围观"。北京周边非法垃圾填埋引发反思：对于垃圾，我们难道只能焚烧和填埋？这个题为"垃圾围城，北京——一个摄影师眼中的映像"的网帖仅在天涯论坛上就获得超过 13 万次的访问和 700 多条评论。

垃圾填满的几十米深的大坑、生活在"垃圾圈"中的人们、焚烧垃圾的滚滚浓烟、肆虐的蚊蝇和垃圾中觅食的奶牛……网帖中摄影师用图片语言默默讲述着这一让人触目惊心的事实。

---

① "城市垃圾之困：中国成垃圾围城最严重国家"，载《观察与思考》2009 年第 14 期。
② "甘肃徽县血铅超标事件：排污企业 400 米内土壤受污"，载新浪网，http://news. sina. com. cn/o/2006－09－13/145210009970s. shtml，2012 年 5 月 15 日访问。
③ "台州峰江新桥：重金属和多氯联苯污染严重"，载新浪网，http://news. 163. com/10/0506/07/65VVQ0BP00014AEE. html，2012 年 5 月 15 日访问。
④ 钱易等主编：《环境保护与可持续发展》，高等教育出版社 2000 年版。

在一张卫星地图上，长年拍摄"垃圾围城"的摄影师王久良用黄色标签将自己拍摄过的非法垃圾填埋场标注出来：在北京中心城区外，密密麻麻的标签已形成了一个黄色的"七环"。

"我自己在地图上标注出来的就有四五百处。"王久良对记者说，这些非法垃圾填埋场主要分布在北京中心城区外一些区县的农村地区。

令人痛心的是，这并不是北京特有的，在很多其他地方，这已经成了无法回避的问题。①

## 二、固体废物污染防治立法

我国从建国开始就注意固体废物的管理。国务院于 1956 年批转的《矿产资源保护试行条例》中就对矿业废物的堆放、回收和综合利用进行了规定。1979 年的《环境保护法（试行）》中，除了对矿产资源的综合利用作出规定外，还对工矿企业和城市生活产生的废渣、粉尘、垃圾等规定了相应的防治措施。1989 年制定的《传染病防治法》（2004 年修订）对传染病病原体的垃圾等的卫生处理作出了规定。1991 年原国家环境保护局制定了《防治尾矿污染环境管理规定》，原国家环境保护局和能源部发布了《防止含多氯联苯电力装置及其废物污染环境的规定》。1992 年国务院颁布了《城市市容和环境卫生管理条例》（2011 年修订），2007 年建设部颁布了《城市生活垃圾管理办法》。此外，在有关治安管理、运输、税收、安全、放射性等管理规定中都涉及对有关固体废物管理的规定。

上述规定虽然为固体废物的行政管理和污染防治工作提供了一些依据，但还远远不能满足防治固体废物污染环境的实际需要。为此，从 20 世纪 80 年代中期开始，国家就委托国务院环境保护部门从固体废物污染防治的角度起草固体废物处理的法案。经过近十年的征求意见和修改，1995 年全国人大常委会通过了《固体废物污染环境防治法》（2004 年修订）。该法共 77 条，包括总则、固体废物污染环境防治的监督管理、固体废物污染环境的防治、危险废物污染环境防治的特别规定、法律责任和附则等 6 章。依据该法，原国家环保总局于 1999 年制定了《危险废物转移联单管理办法》和 1996 年《废物进口环境保护管理暂行规定》，2001 年颁布了《畜禽养殖污染防治管理办法》。国务院于 2001 年颁布了《报废汽车回收管理办法》。

2003 年 5 月至 6 月，全国人大常委会对该法的实施情况进行了检查。从检

---

① 资料来源：金融界网保险频道，http：//insurance. jrj. com. cn/2011/06/27132410304224. shtml，2012 年 5 月 15 日访问。

查结果看，该法的实施对我国固体废物污染防治工作发挥了积极作用，各项管理制度不断建立和完善，工业固体废物的综合利用水平、城市垃圾和危险废物无害化处置水平得到了明显的提高。与此同时，检查中也发现，随着我国工业化、城市化的发展以及人民生活水平的提高，固体废物污染防治工作面临着许多新的情况和问题，主要表现在以下几个方面：一是固体废物产生量持续增长，工业固体废物每年增长7%，城市生活垃圾每年增长4%；二是固体废物处置能力明显不足，导致工业固体废物（很多是危险废物）长年堆积，垃圾围城的状况十分严重；三是固体废物处置标准不高，管理不严，不少工业固体废物仅仅做到简单堆放，城市生活垃圾无害化处置率仅达到20%左右；四是农村固体废物污染问题日益突出，畜禽养殖业污染严重，大多数农村生活垃圾没有得到妥善处置；五是废弃电器产品等新型废物不断增长，造成新的污染。针对上述问题，执法检查报告提出了一系列法律修订建议。同时，全国人大常委会将固体废物污染环境防治法的修订列入了第十届全国人大常委会的立法规划①。2004年，全国人大常委会通过了《固体废物污染环境防治法》的修订。

### 三、《固体废物污染环境防治法》的主要内容

（一）《固体废物污染环境防治法》适用范围

《固体废物污染环境防治法》第2条规定："本法适用于中华人民共和国境内固体废物污染环境的防治。固体废物污染海洋环境的防治和放射性固体废物污染环境的防治不适用本法。"

由于固体废物具有数量大、种类多、范围广、来源宽，同时还具有可利用的特点，决定了《固体废物污染环境防治法》调整的固体废物污染环境预防和治理行为规范的多样性和综合性。首先，受《固体废物污染环境防治法》调整的固体废物覆盖各领域、各方面，既包括工业、农业、交通等生产活动中产生的固体废物，也包括城市、农村生活垃圾和危险废物，还包括与固体废物具有相同特性和污染防治要求，可以与固体废物共同控制而又未被纳入水污染防治、大气污染防治调整范围内的高浓度液态废物和置于容器中的气态废物。其次，受《固体废物污染环境防治法》调整的固体废物污染环境防治行为规范，不只是治理已产生的污染，还特别注重污染的预防；不只是单纯地对固体废物进行处置，更着眼于不产生、少产生固体废物或对已产生的固体废物进行综合利用。最后，受《固体废物污染环境防治法》调整的固体废物污染环境防治行为规范，包括固体废物从其产生、排放、收集、贮存、运输、利用到处置的全部过程及

---

① 毛如柏："关于《中华人民共和国固体废物污染环境防治法（修订草案）》的说明"，载中国人大网，http：//www. npc. gov. cn/wxzl/gongbao/2005－02/24/content_ 5337676. htm，2012 年5月15日访问。

其各个环节。当然，《固体废物污染环境防治法》不是专门的资源利用法，对固体废物的综合利用只是从污染防治的角度提出的，并未对此作具体规定。有关废弃物的综合利用问题由相关法律、法规规定。

考虑到《海洋环境保护法》（1982 年制定，1999 年修改）、《放射性污染防治法》（2003 年制定）分别对防止倾倒废弃物污染海洋环境的损害、放射性污染防治作了规定。因此，有关固体废物污染海洋环境的防治、放射性污染的防治问题，分别适用《海洋环境保护法》、《放射性污染防治法》的规定，而不适用本法。同时《固体废物污染环境防治法》第 89 条："液态废物的污染防治，适用本法；但是，排入水体的废水的污染防治适用有关法律，不适用本法。"也就是说，排入水体的废水的污染防治，适用《水污染防治法》，不适用《固体废物污染环境防治法》；液态废物如废油、废酸等的污染防治，仍适用《固体废物污染环境防治法》。

（二）防治固体废物污染的一般原则

防治固体废物污染，除应遵循环境资源保护法的基本原则外，《固体废物污染环境防治法》根据固体废物污染防治的特点，确立了若干具体原则。

1. 减量化、资源化、无害化原则

《固体废物污染环境防治法》第 3 条第 1 款规定："国家对固体废物污染环境的防治，实行减少固体废物的产生量和危害性、充分合理利用固体废物和无害化处置固体废物的原则，促进清洁生产和循环经济发展。"

固体废物减量化，是指减少固体废物的产生。固体废物资源化，是指通过回收、加工、循环利用、交换等方式，对固体废物进行综合利用，使之转化为可利用的二次原料或再生资源。固体废物无害化，是指对固体废物进行无害化处置。

固体废物减量化、资源化、无害化原则是各国防治固体废物污染立法中普遍适用和富有成效的原则，实行这一原则，可以做到污染防治和资源利用的双赢，使固体废物化害为利，变废为宝，实现经济效益、环境效益和社会效益的统一。

2. 污染者负责原则

《固体废物污染环境防治法》第 5 条规定："国家对固体废物污染环境防治实行污染者依法负责的原则。产品的生产者、销售者、进口者、使用者对其产生的固体废物依法承担污染防治责任。"

污染者依法负责，也就是通常所说的"谁污染谁治理"，是环境保护工作的一项基本原则，是指污染环境造成的损失及治理污染的费用或者责任应当由污染者承担，而不转嫁给国家和社会。这里所讲的"污染者"既可以是单位，也可以是个人，包括产品的生产者、销售者、进口者和使用者等。这一原则明确了只要造成污染，污染者就应当承担责任，如何承担责任要依法来确定。本法在相关条款中对污染者的污染防治责任作了具体规定。贯彻这一原则有利于提高污染者防止、治理环境污染的责任感，促进资源合理利用和环境保护。

3. 全过程管理原则

《固体废物污染环境防治法》第16条规定："产生固体废物的单位和个人，应当采取措施，防止或者减少固体废物对环境的污染。"第17条第1款规定："收集、贮存、运输、利用、处置固体废物的单位和个人，必须采取防扬散、防流失、防渗漏或者其他防止污染环境的措施；不得擅自倾倒、堆放、丢弃、遗撒固体废物。"

固体废物污染防治全过程管理是指对固体废物从产生、收集、贮存、运输、利用、处置等各个环节的全过程管理，即通常所谓的"从摇篮到坟墓"的管理。《固体废物污染环境防治法》第16条和第17条是全过程管理的典型体现，其他条文，如第13条规定的环境影响评价，第14条规定的"三同时"等也都是全过程管理的体现。

（三）防治固体废物污染的主要措施

1. 工业固体废物污染环境的防治措施

工业固体废物，是指在工业生产活动中产生的固体废物。①《固体废物污染环境防治法》第三章第二节对此作了专门规定：

一是政府对工艺、设备的管理。《固体废物污染环境防治法》第28条规定："国务院经济综合宏观调控部门应当会同国务院有关部门组织研究、开发和推广减少工业固体废物产生量和危害性的生产工艺和设备，公布限期淘汰产生严重污染环境的工业固体废物的落后生产工艺、落后设备的名录。生产者、销售者、进口者、使用者必须在国务院经济综合宏观调控部门会同国务院有关部门规定的期限内分别停止生产、销售、进口或者使用列入前款规定的名录中的设备。生产工艺的采用者必须在国务院经济综合宏观调控部门会同国务院有关部门规定的期限内停止采用列入前款规定的名录中的工艺。列入限期淘汰名录被淘汰的设备，不得转让给他人使用。"第29条规定："县级以上人民政府有关部门应当制定工业固体废物污染环境防治工作规划，推广能够减少工业固体废物产生量和危害性的先进生产工艺和设备，推动工业固体废物污染环境防治工作。"

二是产生工业固体废物的单位的污染防治措施。《固体废物污染环境防治法》第30条规定："产生工业固体废物的单位应当建立、健全污染环境防治责任制度，采取防治工业固体废物污染环境的措施。"第32条规定："国家实行工业固体废物申报登记制度。产生工业固体废物的单位必须按照国务院环境保护

---

① 《固体废物污染环境防治法》第88条第1款第2项。

行政主管部门的规定，向所在地县级以上地方人民政府环境保护行政主管部门提供工业固体废物的种类、产生量、流向、贮存、处置等有关资料。"第 33 条规定："企业事业单位应当根据经济、技术条件对其产生的工业固体废物加以利用；对暂时不利用或者不能利用的，必须按照国务院环境保护行政主管部门的规定建设贮存设施、场所，安全分类存放，或者采取无害化处置措施。建设工业固体废物贮存、处置的设施、场所，必须符合国家环境保护标准。"

三是关闭、闲置或拆除防治设施的管理。《固体废物污染环境防治法》第 34 条规定："禁止擅自关闭、闲置或者拆除工业固体废物污染环境防治设施、场所；确有必要关闭、闲置或者拆除的，必须经所在地县级以上地方人民政府环境保护行政主管部门核准，并采取措施，防止污染环境。"

四是产生工业固体废物的单位终止或变更后的污染防治措施。《固体废物污染环境防治法》第 35 条规定："产生工业固体废物的单位需要终止的，应当事先对工业固体废物的贮存、处置的设施、场所采取污染防治措施，并对未处置的工业固体废物作出妥善处置，防止污染环境。产生工业固体废物的单位发生变更的，变更后的单位应当按照国家有关环境保护的规定对未处置的工业固体废物及其贮存、处置的设施、场所进行安全处置或者采取措施保证该设施、场所安全运行。变更前当事人对工业固体废物及其贮存、处置的设施、场所的污染防治责任另有约定的，从其约定；但是，不得免除当事人的污染防治义务。对本法施行前已经终止的单位未处置的工业固体废物及其贮存、处置的设施、场所进行安全处置的费用，由有关人民政府承担；但是，该单位享有的土地使用权依法转让的，应当由土地使用权受让人承担处置费用。当事人另有约定的，从其约定；但是，不得免除当事人的污染防治义务。"

五是对废弃电器产品和废弃机动车船的污染防治规定。《固体废物污染环境防治法》第 37 条规定："拆解、利用、处置废弃电器产品和废弃机动车船，应当遵守有关法律、法规的规定，采取措施，防止污染环境。"基于此，国务院2001 年发布了《报废汽车回收管理办法》，2008 年发布了《废弃电器电子产品回收处理管理条例》。

2. 生活垃圾污染环境的防治措施

生活垃圾，是指在日常生活中或者为日常生活提供服务的活动中产生的固体废物以及法律、行政法规规定视为生活垃圾的固体废物。① 《固体废物污染环境防治法》第三章第三节对此作了专门规定：

一是政府部门的防治职责。《固体废物污染环境防治法》第 38 条规定："县级以上人民政府应当统筹安排建设城乡生活垃圾收集、运输、处置设施，提高

---

① 《固体废物污染环境防治法》第 88 条第 1 款第 3 项。

生活垃圾的利用率和无害化处置率，促进生活垃圾收集、处置的产业化发展，逐步建立和完善生活垃圾污染环境防治的社会服务体系。"第39条规定："县级以上地方人民政府环境卫生行政主管部门应当组织对城市生活垃圾进行清扫、收集、运输和处置，可以通过招标等方式选择具备条件的单位从事生活垃圾的清扫、收集、运输和处置。"

二是城市生活垃圾放置、清扫、收集、运输、处置等措施。《固体废物污染环境防治法》第40条规定："对城市生活垃圾应当按照环境卫生行政主管部门的规定，在指定的地点放置，不得随意倾倒、抛撒或者堆放。"第41条规定："清扫、收集、运输、处置城市生活垃圾，应当遵守国家有关环境保护和环境卫生管理的规定，防止污染环境。"第42条规定："对城市生活垃圾应当及时清运，逐步做到分类收集和运输，并积极开展合理利用和实施无害化处置。"

三是生活垃圾处置的设施、场所的管理。《固体废物污染环境防治法》第44条规定："建设生活垃圾处置的设施、场所，必须符合国务院环境保护行政主管部门和国务院建设行政主管部门规定的环境保护和环境卫生标准。禁止擅自关闭、闲置或者拆除生活垃圾处置的设施、场所；确有必要关闭、闲置或者拆除的，必须经所在地县级以上地方人民政府环境卫生行政主管部门和环境保护行政主管部门核准，并采取措施，防止污染环境。"

此外，还对工程施工单位，公共交通运输单位，以及城市新区开发、旧区改建和住宅小区开发建设的单位，以及机场、码头、车站、公园、商店等公共设施、场所的经营管理单位的生活垃圾处理进行了规定。

### （四）危险废物污染环境防治的特别规定

1. 危险废物名录、鉴别和标识制度

《固体废物污染环境防治法》第51条规定："国务院环境保护行政主管部门应当会同国务院有关部门制定国家危险废物名录，规定统一的危险废物鉴别标准、鉴别方法和识别标志。"第52条规定："对危险废物的容器和包装物以及收集、贮存、运输、处置危险废物的设施、场所，必须设置危险废物识别标志。"

2. 危险废物管理计划和申报制度

《固体废物污染环境防治法》第53条规定："产生危险废物的单位，必须按照国家有关规定制定危险废物管理计划，并向所在地县级以上地方人民政府环境保护行政主管部门申报危险废物的种类、产生量、流向、贮存、处置等有关资料。前款所称危险废物管理计划应当包括减少危险废物产生量和危害性的措施以及危险废物贮存、利用、处置措施。危险废物管理计划应当报产生危险废物的单位所在地县级以上地方人民政府环境保护行政主管部门备案。本条规定的申报事项或者危险废物管理计划内容有重大改变的，应当及时申报。"

### 3. 危险废物处置制度

《固体废物污染环境防治法》第54条规定："国务院环境保护行政主管部门会同国务院经济综合宏观调控部门组织编制危险废物集中处置设施、场所的建设规划,报国务院批准后实施。县级以上地方人民政府应当依据危险废物集中处置设施、场所的建设规划组织建设危险废物集中处置设施、场所。"第55条规定："产生危险废物的单位,必须按照国家有关规定处置危险废物,不得擅自倾倒、堆放;不处置的,由所在地县级以上地方人民政府环境保护行政主管部门责令限期改正;逾期不处置或者处置不符合国家有关规定的,由所在地县级以上地方人民政府环境保护行政主管部门指定单位按照国家有关规定代为处置,处置费用由产生危险废物的单位承担。"第56条规定："以填埋方式处置危险废物不符合国务院环境保护行政主管部门规定的,应当缴纳危险废物排污费。危险废物排污费征收的具体办法由国务院规定。危险废物排污费用于污染环境的防治,不得挪作他用。"第58条规定："收集、贮存危险废物,必须按照危险废物特性分类进行。禁止混合收集、贮存、运输、处置性质不相容而未经安全性处置的危险废物。贮存危险废物必须采取符合国家环境保护标准的防护措施,并不得超过一年;确需延长期限的,必须报经原批准经营许可证的环境保护行政主管部门批准;法律、行政法规另有规定的除外。禁止将危险废物混入非危险废物中贮存。"

### 4. 危险废物特许经营制度

《固体废物污染环境防治法》第57条规定："从事收集、贮存、处置危险废物经营活动的单位,必须向县级以上人民政府环境保护行政主管部门申请领取经营许可证;从事利用危险废物经营活动的单位,必须向国务院环境保护行政主管部门或者省、自治区、直辖市人民政府环境保护行政主管部门申请领取经营许可证。禁止无经营许可证或者不按照经营许可证规定从事危险废物收集、贮存、利用、处置的经营活动。禁止将危险废物提供或者委托给无经营许可证的单位从事收集、贮存、利用、处置的经营活动。"

### 5. 危险废物转移制度

《固体废物污染环境防治法》第59条规定："转移危险废物的,必须按照国家有关规定填写危险废物转移联单,并向危险废物移出地设区的市级以上地方人民政府环境保护行政主管部门提出申请。移出地设区的市级以上地方人民政府环境保护行政主管部门应当商经接受地设区的市级以上地方人民政府环境保护行政主管部门同意后,方可批准转移该危险废物。未经批准的,不得转移。转移危险废物途经移出地、接受地以外行政区域的,危险废物移出地设区的市级以上地方人民政府环境保护行政主管部门应当及时通知沿途经过的设区的市级以上地方人民政府环境保护行政主管部门。"第60条规定："运输危险废物,必须采取防止污染环境的措施，并遵守国家有关危险货物运输管理的规定。禁止将危险废物与旅客在同一运输工具上载运。"第66条规定："禁止经中华人民共和国过境转移危险废物。"

6. 危险废物污染事故强制应急规定

《固体废物污染环境防治法》第62条规定："产生、收集、贮存、运输、利用、处置危险废物的单位，应当制定意外事故的防范措施和应急预案，并向所在地县级以上地方人民政府环境保护行政主管部门备案；环境保护行政主管部门应当进行检查。"第63条："因发生事故或者其他突发性事件，造成危险废物严重污染环境的单位，必须立即采取措施消除或者减轻对环境的污染危害，及时通报可能受到污染危害的单位和居民，并向所在地县级以上地方人民政府环境保护行政主管部门和有关部门报告，接受调查处理。"第64条规定："在发生或者有证据证明可能发生危险废物严重污染环境、威胁居民生命财产安全时，县级以上地方人民政府环境保护行政主管部门或者其他固体废物污染环境防治工作的监督管理部门必须立即向本级人民政府和上一级人民政府有关行政主管部门报告，由人民政府采取防止或者减轻危害的有效措施。有关人民政府可以根据需要责令停止导致或者可能导致环境污染事故的作业。"

# 第六节　环境噪声污染防治法

## 一、环境噪声污染及其危害

所谓环境噪声，是指在工业生产、建筑施工、交通运输和社会生活中所产生的干扰周围生活环境的声音[1]。

环境噪声具有以下几个特点：一是多发性，声音是物体振动产生的，环境中的自然现象以及物体、器械和动植物等的动作都会发出声音，举凡工业生产、建筑施工、交通运输和社会生活中产生的振动、摩擦或碰撞都会造成环境噪声；二是无形性，环境噪声不像固体废物、废水等污染物那样具有形体上的可感知性；三是暂时性，环境噪声的影响只限定在一定的范围内，当产生环境噪声的声源停止运作，环境噪声就会即刻消失，因此也不易评估。

由于环境噪声的上述特点，而且人类对环境噪声的感觉也因人而异，因此对各种环境噪声应当在何种程度上进行管制就需要确定一个明确的标准数值，只有超过一定标准而且造成一定危害的环境噪声，才构成法律需要控制的环境

---

[1] 《环境噪声污染防治法》第2条第1款。

噪声污染。《环境噪声污染防治法》第2条第2款规定："本法所称环境噪声污染，是指所产生的环境噪声超过国家规定的环境噪声排放标准，并干扰他人正常生活、工作和学习的现象。"

近年来，随着经济社会发展，城市化进程加快，我国环境噪声污染影响日益突出，环境噪声污染纠纷频发，扰民投诉始终居高不下。据《2010中国环境状况公报》显示，区域声环境监测的331个城市中，区域声环境质量好的城市占6.0%，较好的占67.7%，轻度污染的占25.4%，中度污染的占0.9%。目前，我国的环境噪声污染主要发生在人口密集的城市，并且城市噪声的影响范围正在逐年扩大。

## 二、环境噪声污染防治立法

在20世纪50年代我国制定的《工厂安全卫生规程》（现已失效）中，就有工厂内各种噪声源的防治措施。1957年我国制定的《治安管理处罚条例》（现已失效）中也对城市任意发射高大声响、影响周围居民的工作和休息且不听制止者规定了处罚条款。1979年的《环境保护法（试行）》第22条明确规定："加强对城市和工业噪声、震动的管理。各种噪声大、震动大的机械设备、机动车辆、航空器等，都应当装置消声、防震设施。"对此，原国家标准总局在1979年颁布了《机动车辆允许噪声标准》，原卫生部和原国家劳动总局于1979年颁布了《工业企业噪声卫生标准》（试行）。1982年，我国还发布了《城市区域环境噪声标准》（现已失效）。1986年，国务院制定了《民用机场管理暂行规定》（现已失效），对民用飞机产生的噪声规定了防治措施。1989年，国务院公布了专门性的《环境噪声污染防治条例》（现已失效），为全面开展防治环境噪声污染的行政管理提供了行政法规的依据。1996年，我国在全面总结环境噪声污染防治工作经验基础上，制定了《环境噪声污染防治法》。[①]

## 三、《环境噪声污染防治法》的主要内容

### （一）工业噪声污染的防治措施

工业噪声，是指在工业生产活动中使用固定的设备时产生的干扰周围生活环境的声音。[②]《环境噪声污染防治法》设专章（第三章）对工业噪声污染防治作了规定：

一是在城市范围内向周围生活环境排放工业噪声的，应当符合国家规定的工业企业厂界环境噪声排放标准。（第23条）

① 汪劲著：《环境法学》，北京大学出版社2006年版，第390页。
② 《环境噪声污染防治法》第22条。

二是在工业生产中因使用固定的设备造成环境噪声污染的工业企业，必须按照国务院环境保护行政主管部门的规定，向所在地的县级以上地方人民政府环境保护行政主管部门申报拥有的造成环境噪声污染的设备的种类、数量以及在正常作业条件下所发出的噪声值和防治环境噪声污染的设施情况，并提供防治噪声污染的技术资料。造成环境噪声污染的设备的种类、数量、噪声值和防治设施有重大改变的，必须及时申报，并采取应有的防治措施。（第24条）

三是国务院有关主管部门对可能产生环境噪声污染的工业设备，应当根据声环境保护的要求和国家的经济、技术条件，逐步在依法制定的产品的国家标准、行业标准中规定噪声限值。（第26条）

（二）建筑施工噪声污染的防治措施

建筑施工噪声，是指在建筑施工过程中产生的干扰周围生活环境的声音。[①]《环境噪声污染防治法》设专章（第四章）对建筑施工噪声污染防治作了规定：

一是在城市市区范围内向周围生活环境排放建筑施工噪声的，应当符合国家规定的建筑施工场界环境噪声排放标准。（第28条）

二是在城市市区范围内，建筑施工过程中使用机械设备，可能产生环境噪声污染的，施工单位必须在工程开工15日以前向工程所在地县级以上地方人民政府环境保护行政主管部门申报该工程的项目名称、施工场所和期限、可能产生的环境噪声值以及所采取的环境噪声污染防治措施的情况。（第29条）

三是在城市市区噪声敏感建筑物集中区域内，禁止夜间进行产生环境噪声污染的建筑施工作业，但抢修、抢险作业和因生产工艺上要求或者特殊需要必须连续作业的除外。因特殊需要必须连续作业的，必须有县级以上人民政府或者其有关主管部门的证明，且必须公告附近居民。（第30条）

（三）交通运输噪声污染的防治措施

交通运输噪声，是指机动车辆、铁路机车、机动船舶、航空器等交通运输工具在运行时所产生的干扰周围生活环境的声音。[②]《环境噪声污染防治法》设专章（第五章）对交通运输噪声污染防治作了规定：

一是禁止制造、销售或者进口超过规定的噪声限值的汽车。（第32条）

二是机动车辆在城市市区范围内行驶，机动船舶在城市市区的内河航道航行，铁路机车驶经或者进入城市市区、疗养区时，必须按照规定使用声响装置。警车、消防车、工程抢险车、救护车等机动车辆安装、使用警报器，必须符合国务院公安部门的规定；在执行非紧急任务时，禁止使用警报器。（第34条）

三是城市人民政府公安机关可以根据本地城市市区区域声环境保护的需要，

---

① 《环境噪声污染防治法》第27条。
② 《环境噪声污染防治法》第31条。

划定禁止机动车辆行驶和禁止其使用声响装置的路段和时间，并向社会公告。（第 35 条）

四是建设经过已有的噪声敏感建筑物集中区域的高速公路和城市高架、轻轨道路，有可能造成环境噪声污染的，应当设置声屏障或者采取其他有效的控制环境噪声污染的措施（第 36 条）。在已有的城市交通干线的两侧建设噪声敏感建筑物的，建设单位应当按照国家规定间隔一定距离，并采取减轻、避免交通噪声影响的措施（第 37 条）。

五是在车站、铁路编组站、港口、码头、航空港等地指挥作业时使用广播喇叭的，应当控制音量，减轻噪声对周围生活环境的影响（第 38 条）。穿越城市居民区、文教区的铁路，因铁路机车运行造成环境噪声污染的，当地城市人民政府应当组织铁路部门和其他有关部门，制定减轻环境噪声污染的规划。铁路部门和其他有关部门应当按照规划的要求，采取有效措施，减轻环境噪声污染（第 39 条）。

六是除起飞、降落或者依法规定的情形以外，民用航空器不得飞越城市市区上空。城市人民政府应当在航空器起飞、降落的净空周围划定限制建设噪声敏感建筑物的区域；在该区域内建设噪声敏感建筑物的，建设单位应当采取减轻、避免航空器运行时产生的噪声影响的措施。民航部门应当采取有效措施，减轻环境噪声污染（第 40 条）。

（四）社会生活噪声污染的防治措施

社会生活噪声，是指人为活动所产生的除工业噪声、建筑施工噪声和交通运输噪声之外的干扰周围生活环境的声音。[①]《环境噪声污染防治法》设专章（第六章）对社会生活噪声污染防治作了规定：

一是在城市市区噪声敏感建筑物集中区域内，因商业经营活动中使用固定设备造成环境噪声污染的商业企业，必须按照国务院环境保护行政主管部门的规定，向所在地的县级以上地方人民政府环境保护行政主管部门申报拥有的造成环境噪声污染的设备的状况和防治环境噪声污染的设施的情况。（第 42 条）

二是新建营业性文化娱乐场所的边界噪声必须符合国家规定的环境噪声排放标准；不符合国家规定的环境噪声排放标准的，文化行政主管部门不得核发文化经营许可证，工商行政管理部门不得核发营业执照。经营中的文化娱乐场所，其经营管理者必须采取有效措施，使其边界噪声不超过国家规定的环境噪声排放标准。（第 43 条）

三是禁止在商业经营活动中使用高音广播喇叭或者采用其他发出高噪声的方法招揽顾客。在商业经营活动中使用空调器、冷却塔等可能产生环境噪声污

---

① 《环境噪声污染防治法》第 41 条。

染的设备、设施的，其经营管理者应当采取措施，使其边界噪声不超过国家规定的环境噪声排放标准。（第44条）

四是禁止任何单位、个人在城市市区噪声敏感建设物集中区域内使用高音广播喇叭。在城市市区街道、广场、公园等公共场所组织娱乐、集会等活动，使用音响器材可能产生干扰周围生活环境的过大音量的，必须遵守当地公安机关的规定。（第45条）

五是使用家用电器、乐器或者进行其他家庭室内娱乐活动时，应当控制音量或者采取其他有效措施，避免对周围居民造成环境噪声污染。（第46条）

六是在已竣工交付使用的住宅楼进行室内装修活动，应当限制作业时间，并采取其他有效措施，以减轻、避免对周围居民造成环境噪声污染。（第47条）

# 第七节 放射性污染防治法

## 一、放射性污染及其危害

放射性污染，是指由于人类活动造成物料、人体、场所、环境介质表面或者内部出现超过国家标准的放射性物质或者射线。[1]

某些物质的原子核能发生衰变，放出我们肉眼看不见也感觉不到，只能用专门的仪器才能探测到的射线，物质的这种性质叫放射性。放射性物质是那些能自然的向外辐射能量，发出射线的物质，一般都是原子质量很高的金属，像钚、铀等。

自1896年法国物理学家贝可勒尔发现铀的放射性和1898年居里夫人发现镭的放射性后，人类对放射性物质的认识不断深入，并被广泛运用于医疗、工业、农业、科研、教育和军事等各个领域。但是，由于战争、试验、管理不善、操作失误等诸多原因，在放射性物质应用过程中，经常发生放射性物质泄漏、放射性辐射剂量当量超过限制等放射性污染事故。（参见下面的资料专栏）

据统计，截至2011年1月，全球29个国家共有442台运行核电机组，还有65座核电站在建。其中，中国在运行的有13台核电机组，在建的反应堆达28座，约占全球在建核反应堆总数的40%。根据中国"十二五"规划，2011年将开工建设首个内陆核电，并力争2015年投产首台内陆机组。到2015年中国核电装机容量将达到4,294万千瓦（即约建40座反应堆），2020年达到9,000万千瓦。

放射性对生物的危害是十分严重的。放射性损伤有急性损伤和慢性损伤。

---

[1] 《放射性污染防治法》第62条。

如果人在短时间内受到大剂量的 X 射线、γ 射线和中子的全身照射，就会产生急性损伤。轻者有脱毛、感染等症状。当剂量更大时，出现腹泻、呕吐等肠胃损伤。在极高的剂量照射下，发生中枢神经损伤直至死亡。1986 年 4 月 26 日，前苏联的乌克兰共和国切尔诺贝利（Чорнобиль，Chernobyl）核能发电厂发生严重泄漏及爆炸事故，大约有 1650 万平方千米的土地被辐射。绿色和平组织于 2006 年 4 月 18 日发表报告称，切尔诺贝利核事故导致 27 万人患癌，因此而死亡的人数达 9.3 万。

## 资料专栏

### 历史上的核事故

1957 年 9 月 29 日，前苏联乌拉尔山中的秘密核工厂"车里雅宾斯克 65 号"一个装有核废料的仓库发生大爆炸，迫使苏联当局紧急撤走当地 11000 名居民。

1957 年 10 月 7 日，英国东北岸的温德斯凯尔一个核反应堆发生火灾，这次事故产生的放射性物质污染了英国全境，至少有 39 人患癌症死亡。

1961 年 1 月 3 日，美国爱荷华州一座实验室里的核反应堆发生爆炸，当场炸死 3 名工人。

1967 年夏天，前苏联"车里雅宾斯克 65 号"用于储存核废料的"卡拉察湖"干枯，结果风将许多放射性微粒子吹往各地，当局不得不撤走了 9000 名居民。

1970 年 12 月 18 日，在核试验过程中，美国内华达州加卡平地地下一万吨级当量核装置发生爆炸，实验之后，封闭表面轴的插栓失灵，导致放射性残骸泄漏到空气中。现场的 6 名工作人员受到核辐射。

1971 年 11 月 9 日，美国明尼苏达州"北方州电力公司"的一座核反应堆的废水储存设施发生超库存事件，结果导致 5000 加仑放射性废水流入密西西比河，其中一些水甚至流入圣保罗的城市饮水系统。

1977 年，捷克斯洛伐克（现在的斯洛伐克）的 Bohunice 核电站发生事故。当时，核电站最老的 A1 反应堆因温度过高导致事故发生，几乎酿成一场大规模环境灾难。

1979 年 3 月 28 日，美国宾夕法尼亚州三里岛核电站制冷系统出现故障，造成美国最严重的一次核泄漏事故，至少 15 万居民被迫撤离。

1979 年 8 月 7 日，美国田纳西州浓缩铀外泄，结果导致 1000 人受伤。

1985 年 8 月 10 日，苏联"K–431"号巡航导弹核潜艇在符拉迪沃斯托克港加油时，在船坞内排除故障时误操作引起反应堆爆炸，造成 10

余人死亡，49 人被发现有辐射损伤，环境受到污染，艇体严重损坏。

1986 年 1 月 6 日，美国俄克拉荷马一座核电站因错误加热发生爆炸，结果造成 1 名工人死亡，100 人住院。

1986 年 4 月 26 日，位于苏联乌克兰加盟共和国首府基辅以北 130 公里处的切尔诺贝利核电站发生猛烈爆炸，放射物质大量外泄，周围环境受到严重污染，造成了核电史上迄今为止最严重的事故。核电站发生事故后，大量放射尘埃污染到北欧、东西欧部分国家，27 万人因切尔诺贝利核泄漏事故患上癌症，其中致死 9.3 万人；核泄漏事故发生后，前苏联立即疏散了 11 万多人，随后数年，又从污染严重地区搬迁了 23 万人，前后共疏散 34 万余人。建立在白俄罗斯国家科学院研究成果上的报告说，全球共有 20 亿人口受切尔诺贝利事故影响。

1987 年，巴西的大城市戈亚尼亚一家私人放射治疗研究所乔迁，将铯-137 远距治疗装置留在原地，未通知主管部门。两个清洁工进入该建筑，将源组件从机器的辐射头上拆下来带回家拆卸，造成源盒破裂，产生污染，14 人受到过度照射，4 人 4 周内死亡。约 112000 人接受监测，249 人发现受到污染。整个去污活动产生 5000 立方米放射性废物，社会影响之大，以致在戈亚尼亚的一个建有废物处置库的边远乡村，把象征放射性的三叶符号做成村旗。

1993 年 4 月 6 日，俄罗斯西伯利亚托姆斯克市托姆斯克化工厂的一个装满放射性溶液的容器发生爆炸，附近的几个村庄被迫整体迁移。

1999 年 9 月 30 日，日本茨城县东海村一家核燃料制造厂发生核物质泄漏事故，造成两名工人死亡，数十人遭到不同程度辐射。

2004 年 8 月 9 日，日本关西电力公司位于东京以西约 350 公里处的美浜核电站的反应堆发生涡轮机房内蒸气泄漏事故，导致 4 人死亡、7 人受伤。

2011 年 3 月 11 日，日本发生 9 级大地震，地震造成日本福岛第一核电站 1~4 号机组发生核泄漏事故。4 月 12 日，日本原子能安全保安院将福岛核事故的评估等级上调为国际核能事件分级表中的 7 级，这也是最高级别，它与苏联切尔诺贝利核泄漏事故等级相同。这次核事故的影响目前尚在评估中。

## 二、放射性污染防治立法

我国对放射性污染防治十分重视。早在 1974 年就颁布了《放射防护规定》。其后，我国出台了一系列行政法规、部门规章和标准。行政法规方面，国务院

1986 年制定了《民用核设施安全监督管理条例》，1987 年制定了《核材料管理条例》，1989 年制定了《放射性药品管理办法》（2011 年修订）和《放射性同位素与射线装置放射防护条例》（现已失效），1993 年制定了《核电站核事故应急管理条例》，2005 年制定了《放射性同位素与射线装置安全和防护条例》。

部门规章方面，城乡建设环境保护部在 1984 年发布了《核电站基本建设环境保护管理办法》，国家环境保护局在 1987 年发布了《城市放射性废物管理办法》，1990 年发布了《放射环境管理办法》（现已失效），卫生部 2001 年发布了《放射工作卫生防护管理办法》（已被 2006 年《放射诊疗管理规定》替代废止）和《放射防护器材与含放射性产品卫生管理办法》，卫生部和公安部发布了《放射事故管理规定》，国家环保总局 2006 年颁布了《放射性同位素与射线装置安全许可管理办法》（2008 年修订）。

标准方面，国家先后颁布了《核辐射环境质量评价一般规定》、《辐射防护规定》、《低中水平放射性固体废物的浅地层处置规定》、《放射性废物分类标准》等。

上述这些法规、规章、标准等规范了核设施营运单位、核技术开发利用单位的行为，明确了设计准则和核安全目标，规定了核设施选址、建造、安装施工、调试、运行和定期试验、维修的要求，对保证核设施的安全运行及工作人员和公众安全、保护环境起到了重要作用。但因其散见于不同层面、不同层次的法规、规章和技术规范系列之中，内容零散，且不全面、不系统，未对放射性污染防治的基本原则、制度、措施及监督管理体制等重大问题作出相应的规定，远远不能适应目前放射性污染防治工作的实际需要。为了更好地管好、利用好核能和核技术，在总结我国 50 多年以来放射性污染防治的实践经验，借鉴国外成功经验的基础上，2003 年，全国人大常委会通过了《放射性污染防治法》。

同时，我国已加入六项与放射性污染防治有关的国际公约：《核安全公约》、《防止倾倒废物及其他物质污染海洋公约》、《放射性物质越境运输公约》、《核材料实物保护公约》、《核事故或辐射紧急援助公约》和《及早通报核事故公约》。

### 三、《放射性污染防治法》的主要内容

（一）放射性污染防治的重点制度

1. 资格和资质管理制度

《放射性污染防治法》第 14 条规定："国家对从事放射性污染防治的专业人员实行资格管理制度；对从事放射性监测工作的机构实行资质管理制度。"

由于放射性污染防治工作技术性强、危险程度高、社会敏感性大，对从事有关工作的人员和机构实行资质管理既是对国家环境安全和公众健康负责的需要，也是国际通行惯例。

从事放射性污染防治专业人员的资格管理方面，根据 2002 年人事部、国家环保总局关于《注册核安全工程师执业资格制度暂行规定》，从事放射性污染防治的专业人员主要是指，从事核与辐射安全相关领域工作的专业技术人员，具体涉及核安全审评与监督、核质量保证、民用核设施操纵与运行、辐射防护与监测及其他与核安全密切相关的工作领域。国家对从事核与辐射安全相关领域工作的专业技术人员实行执业资格制度，纳入国家专业技术人员职业资格证书制度，统一规划管理。凡遵纪守法，恪守职业道德，并具有下列条件之一的，均可向人事部和国家环保总局提出执业资格申请：（1）取得理工类专业学士学位，从事核安全工作满 5 年；或取得其他专业学士学位，从事核安全工作满 6 年；（2）取得理工类专业双学士学位或研究生班毕业，从事核安全工作满 4 年；或取得其他专业双学士学位或研究生班毕业，从事核安全工作满 5 年；（3）取得理工类专业硕士学位，从事核安全工作满 2 年；或取得其他专业硕士学位，从事核安全工作满 3 年；（4）取得理工类专业博士学位，从事核安全工作满 1 年；（5）人事部、国家环保总局规定的其他条件。申请者必须经过人事部和国家环保总局统一组织的考试，取得《中华人民共和国注册核安全工程师执业资格证书》，并到国家环保总局或其授权的机构注册登记后，方可从事核安全相关专业技术工作。注册核安全工程师注册有效期为 2 年，有效期满需继续执业的，持证者应在期满前 3 个月按规定办理再次注册手续。注册核安全工程师有下列情形之一时将被注销注册：（1）不具备完全民事行为能力；（2）因在核安全等业务工作中犯有严重错误，受行政处罚；（3）受刑事处罚；（4）脱离核安全相应岗位连续满 1 年。

从事放射性监测机构的资质管理方面，对从事放射性监测机构实行资质管理是行政许可的一种形式。据《行政许可法》规定，有关"提供公众服务并且直接关系公共利益的职业、行业，需要确定具备特殊信誉、特殊条件或者特殊技能等资格、资质的事项"，可以设定行政许可。放射性监测不仅为放射性污染防治监督管理提供技术支持与服务，同时也是向社会提供公众服务并直接关系公共利益的行业，其监测机构必须具备一定资质，并取得许可后，方可开展工作。同时，由于放射性污染防治工作技术性强，社会敏感度高等，放射性监测信息的发布应当统一、规范，对监测机构实行资质管理可以促使其不断提高业务能力，确保监测数据的科学、规范、有效。对从事放射性监测机构实行资质管理应包括的主要内容为，监测机构具有规定要求的监测设备、仪器和场所，制定了监测管理制度与措施，从事放射性监测的技术及管理人员须持证上岗，操作规范，采样、分析、测试、报告等程序明确、具体并得到有效执行。[1]

---

[1] 曹康泰等主编：《放射性污染防治法释义》，法律出版社 2003 年版，第 21 - 22 页。

## 2. 标识制度

《放射性污染防治法》第 16 条规定："放射性物质和射线装置应当设置明显的放射性标识和中文警示说明。生产、销售、使用、贮存、处置放射性物质和射线装置的场所，以及运输放射性物质和含放射源的射线装置的工具，应当设置明显的放射性标志。"

要求在放射性物质和射线装置及与其有关的场所和运输工具上设置放射性标识和中文警示说明，是国际通行做法，主要是因放射性是一种看不见、摸不着的射线，公众不易识别和了解，又因其危险性高，社会敏感性强，有必要采取更为严格的安全防护措施，使公众明确了解所处环境，自觉采取安全防护措施，避免因不知情而造成的放射性污染损害。

明显的放射性标识和中文警示说明，主要是指标识和说明的颜色应鲜艳，所处位置应合适，一目了然，便于公众及时了解情况、掌握有关信息。《电离辐射防护与辐射源安全基本标准》（GB18871 – 2002）对放射性物质标识和警示标志及其设置要求作出过规定。

放射性标识，是以圆点为中心，有角度各为 60 度的三叶形黑色图形标识。警示说明必须有中文，如"当心电离辐射"，目的是使人所注意可能发生的危险。[1]

电离辐射的标志如图 F1 所示。

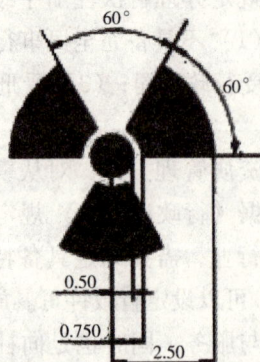

**图 F1　电离辐射的标志**

电离辐射的警告标志如图 F2 所示。警告标志的含义是使人们注意可能发生的危险。其背景为黄色，正三角形边框及电离辐射标志图形均为黑色，"当心电离辐射"用黑色粗等线体字。正三角形外边 $a_1 \backslash 0.034L$，内边 $a_2 = 0.700a_1$，L 为观察距离。

---

[1]　曹康泰等主编：《放射性污染防治法释义》，法律出版社 2003 年版，第 26 页。

**图 F2　电离辐射警告标志**

（二）放射性污染防治的重点措施

1. 核设施的放射性污染防治措施

核设施，是指核动力厂（核电厂、核热电厂、核供汽供热厂等）和其他反应堆（研究堆、实验堆、临界装置等）；核燃料生产、加工、贮存和后处理设施；放射性废物的处理和处置设施等。[①]

《放射性污染防治法》设专章（第三章）对核设施从选址到退役各个环节规定了相应的管制措施。

核设施选址，应当进行科学论证，并按照国家有关规定办理审批手续。在办理核设施选址审批手续前，应当编制环境影响报告书，报国务院环境保护行政主管部门审查批准；未经批准，有关部门不得办理核设施选址批准文件。（第18条）

核设施营运单位在进行核设施建造、装料、运行、退役等活动前，必须按照国务院有关核设施安全监督管理的规定，编制环境影响报告书，报国务院环境保护行政主管部门审查批准（第20条），然后申请领取核设施建造、运行许可证和办理装料、退役等审批手续（第19条）。

与核设施相配套的放射性污染防治设施，应当与主体工程同时设计、同时施工、同时投入使用。放射性污染防治设施应当与主体工程同时验收；验收合格的，主体工程方可投入生产或者使用。（第21条）核动力厂等重要核设施外围地区应当划定规划限制区。（第23条）

核设施运行过程中，必须实施监测制度（第24条），建立健全安全保卫制

---

① 《放射性污染防治法》第62条第1款第2项。

度，制定核事故场内应急计划（第 25 条），建立健全核事故应急制度（第 26 条），并制定核设施退役计划（第 27 条）。

进口核设施，应当符合国家放射性污染防治标准；没有相应的国家放射性污染防治标准的，采用国务院环境保护行政主管部门指定的国外有关标准。（第 22 条）

**2. 核技术利用的放射性污染防治措施**

核技术利用，是指密封放射源、非密封放射源和射线装置在医疗、工业、农业、地质调查、科学研究和教学等领域中的使用。①

（1）放射性同位素和射线装置的管制措施

生产、销售、使用放射性同位素和射线装置的单位，应当按照国务院有关放射性同位素与射线装置放射防护的规定申请领取许可证，办理登记手续。

转让、进口放射性同位素和射线装置的单位以及装备有放射性同位素的仪表的单位，应当按照国务院有关放射性同位素与射线装置放射防护的规定办理有关手续。（第 28 条）

生产、销售、使用放射性同位素和加速器、中子发生器以及含放射源的射线装置的单位，应当在申请领取许可证前编制环境影响评价文件，报省、自治区、直辖市人民政府环境保护行政主管部门审查批准。（第 29 条）

生产、使用放射性同位素和射线装置的单位，应当按照国务院环境保护行政主管部门的规定对其产生的放射性废物进行收集、包装、贮存。（第 32 条第 1 款）

放射性同位素应当单独存放，不得与易燃、易爆、腐蚀性物品等一起存放，其贮存场所应当采取有效的防火、防盗、防射线泄漏的安全防护措施，并指定专人负责保管。贮存、领取、使用、归还放射性同位素时，应当进行登记、检查，做到账物相符。（第 31 条）

（2）放射源的管制措施

生产放射源的单位，应当按照国务院环境保护行政主管部门的规定回收和利用废旧放射源；使用放射源的单位，应当按照国务院环境保护行政主管部门的规定将废旧放射源交回生产放射源的单位或者送交专门从事放射性固体废物贮存、处置的单位。（第 32 条第 2 款）

生产、销售、使用、贮存放射源的单位，应当建立健全安全保卫制度，指定专人负责，落实安全责任制，制定必要的事故应急措施。发生放射源丢失、被盗和放射性污染事故时，有关单位和个人必须立即采取应急措施，并向公安部门、卫生行政部门和环境保护行政主管部门报告。

---

① 《放射性污染防治法》第 62 条第 1 款第 3 项。

公安部门、卫生行政部门和环境保护行政主管部门接到放射源丢失、被盗和放射性污染事故报告后，应当报告本级人民政府，并按照各自的职责立即组织采取有效措施，防止放射性污染蔓延，减少事故损失。当地人民政府应当及时将有关情况告知公众，并做好事故的调查、处理工作。（第 33 条）

3. 铀（钍）矿和伴生放射性矿开发利用的放射性污染防治措施

开发利用或者关闭铀（钍）矿和伴生放射性矿的单位，应当在申请领取采矿许可证或者办理退役审批手续前编制环境影响报告书，报相应的环境保护行政主管部门审查批准。（第 34 条）

与铀（钍）矿和伴生放射性矿开发利用建设项目相配套的放射性污染防治设施，应当与主体工程同时设计、同时施工、同时投入使用。放射性污染防治设施应当与主体工程同时验收；验收合格的，主体工程方可投入生产或者使用。（第 35 条）

铀（钍）矿开发利用单位应当对铀（钍）矿的流出物和周围的环境实施监测，并定期向国务院环境保护行政主管部门和所在地省、自治区、直辖市人民政府环境保护行政主管部门报告监测结果。（第 36 条）

对铀（钍）矿和伴生放射性矿开发利用过程中产生的尾矿，应当建造尾矿库进行贮存、处置；建造的尾矿库应当符合放射性污染防治的要求。（第 37 条）

铀（钍）矿开发利用单位应当制定铀（钍）矿退役计划。铀矿退役费用由国家财政预算安排。（第 38 条）

4. 放射性废物的管理措施

放射性废物，是指含有放射性核素或者被放射性核素污染，其浓度或者比活度大于国家确定的清洁解控水平，预期不再使用的废弃物。①

放射性废物的产生单位，应当合理选择和利用原材料，采用先进的生产工艺和设备，尽量减少放射性废物的产生量（第 39 条）。排放时必须符合国家放射性污染防治标准（第 40 条），并且应当向审批环境影响评价文件的环境保护行政主管部门申请放射性核素排放量，并定期报告排放计量结果（第 41 条），对不得排放的放射性废液进行处理或者贮存（第 42 条第 1 款）。

处置方面，产生放射性固体废物的单位，应当按照国务院环境保护行政主管部门的规定，对其产生的放射性固体废物进行处理后，送交放射性固体废物处置单位处置，并承担处置费用（第 45 条）。设立专门从事放射性固体废物贮存、处置的单位，必须经国务院环境保护行政主管部门审查批准，取得许可证（第 46 条第 1 款）。低、中水平放射性固体废物在符合国家规定的区域实行近地表处置（第 43 条第 1 款）。禁止在内河水域和海洋上处置放射性固体废物（第

---

① 《放射性污染防治法》第 62 条第 1 款第 8 项。

43 条第 3 款）。禁止未经许可或者不按照许可的有关规定从事贮存和处置放射性固体废物的活动。禁止将放射性固体废物提供或者委托给无许可证的单位贮存和处置。（第 46 条第 2 款、第 3 款）

同时，禁止将放射性废物和被放射性污染的物品输入中华人民共和国境内或者经中华人民共和国境内转移（第 47 条）。

## 理论思考与实务应用

### 一、理论思考

#### （一）名词解释

1. 污染
2. 海洋环境污染损害
3. 固体废物

#### （二）简述题

1. 简述污染的特征
2. 水环境保护目标责任制和考核评价制度
3.《海洋环境保护法》的适用范围

#### （三）论述题

1. 论述我国污染防治法的体系
2. 论述固体废物污染防治的法律原则

### 二、实务应用

#### （一）案例分析示范

**案例一：杨某型煤加工污染案**[①]

1998 年 5 月 4 日，湖北省竹山县杨某自筹资金从事型煤加工，生产蜂窝煤。由于没有污染防治设施，煤灰、煤矸石对周围环境产生严重污染，从 1998 年 6 月 3 日到 11 月 7 日，先后有 100 多人投诉、反映。11 月 9 日，竹山县环境保护局派执法人员赴现场勘察和实地检测，发现大气污染悬浮物煤灰浓度每立方米高达 0.475 毫克，严重超过国家标准。据此，竹山县环境保护局于 1998 年 11 月 16 日对杨某作出行政处理：型煤加工厂从当日起至月底停止生产，进行治理；11 月 30 日将治理结果报环保局验收，未经验收或验收不合格，不准生产。

**问：竹山县环保局的行政处理是否合法？**

---

① 王灿发主编：《中国环境行政执法手册》，中国人民大学出版社 2009 年版，第 312－314 页。

评析：

《大气污染防治法》第36条规定："向大气排放粉尘的排污单位，必须采取除尘措施。严格限制向大气排放含有毒物质的废气和粉尘；确需排放的，必须经过净化处理，不超过规定的排放标准。"对于违法责任，《大气污染防治法》第56条第1项规定：未采取有效污染防治措施，向大气排放粉尘、恶臭气体或者其他含有有毒物质气体的，由县级以上地方人民政府环境保护行政主管部门或者其他依法行使监督管理权的部门责令停止违法行为，限期改正，可以处5万元以下罚款。第48条规定："违反本法规定，向大气排放污染物超过国家和地方规定排放标准的，应当限期治理，并由所在地县级以上地方人民政府环境保护行政主管部门处一万元以上十万元以下罚款。"竹山县环保局对杨某的处罚符合上述法律规定，是合法的。

### 案例二：地铁噪声污染住户案①

某住宅小区建于某地铁站上方。2002年年底，两百多户业主入住，自此日夜受到交通噪声侵扰。2004年6月，业主们将开发该住宅小区的房地产开发公司告上法庭，要求该房地产开发公司承担侵权赔偿责任。据了解，环保行政主管部门早在1988年该地铁站建设规划时就提出，在该地铁站所在的地铁线地面两侧距隧道水平距离30米以内不宜安排永久性建筑。但在涉案的六栋楼房均处于地铁轨道中心线10米以内，住宅小区的环境噪声超过了国家标准，而且房地产开发公司安装的双层窗的隔声量不符合标准。

问：该房地产公司是否应当承担侵权赔偿责任？

评析：

《环境噪声污染防治法》第37条规定："在已有的城市交通干线的两侧建设噪声敏感建筑物的，建设单位应当按照国家规定间隔一定距离，并采取减轻、避免交通噪声影响的措施。"据此，该房地产开发公司应承担两项义务，一是应当使建筑物与城市交通干线保持一定距离，二是应当采取减轻和避免交通噪声的措施。从案情看，该房地产开发公司对这两项义务都没有合法履行。2004年我国《侵权责任法》还未出台，我国《民法通则》第124条规定："违反国家保护环境防治污染的规定，污染环境造成他人损害的，应当依法承担民事责任。"据此，房地产开发公司应当承担无过错责任，进行环境侵权的损害赔偿。

### 案例三：蛋鸡养殖场污染鱼塘案②

潘某承包村里鱼塘从事养殖业，李某承包鱼塘上方场地从事蛋鸡养殖。

---

① 王灿发主编：《中国环境行政执法手册》，中国人民大学出版社2009年版，第283－284页。
② 杨垠红编著：《环境污染侵权法律应用指南》，法律出版社2010年版，第93－94页。

2009 年 2 月，当地降大雨，蛋鸡养殖场堆积的鸡粪随雨水大量流入鱼塘，导致鱼大批死亡。经检测，鱼塘中非离子氨严重超标。

问：潘某能要求李某对其鱼塘损失进行赔偿吗？

评析：

《固体废物污染环境防治法》第 20 条第 1 款规定："从事畜禽规模养殖应当按照国家有关规定收集、贮存、利用或者处置养殖过程中产生的畜禽粪便，防止污染环境。"本案中，蛋鸡养殖场没有妥善处置养殖过程中产生的畜禽粪便，放任养殖场的鸡粪外溢，这是造成潘某鱼塘损失的主要原因，应承担相应的赔偿责任。

（二）案例分析实训

**案例一：浙江德清血铅超标案①**

2011 年 3 月，浙江省湖州市德清县某电池股份有限公司（以下简称"某公司"）职工及附近村民在自发体检中发现血铅超标。5 月初，2152 名企业职工和村民的血铅检测报告显示：血铅超标 332 人。经调查，此次血铅超标事件是因电池公司违法违规生产、职工卫生防护措施不当，县、镇政府未实现防护距离内居民搬迁承诺，地方政府及相关部门监管及应对不力造成的。

问：浙江某电池股份有限公司应当承担哪些法律责任？

**案例二：湖南岳阳砷超标案②**

2006 年 9 月 8 日 15 时，湖南省岳阳市环境监测中心站在对岳阳县城饮用水源新墙河水质进行水质例行监测时，发现砷超标 10 倍左右。新墙河是岳阳县城的自来水取水口，8 万多居民饮水安全受到严重威胁。经连夜排查，发现污染源为上游 50 公里处的临湘市 A 化工公司和 B 铅锌矿化工厂废水池发生的泄漏，致使大量高浓度含砷废水流入新墙河。

问：临湘市 A 化工公司和 B 铅锌矿化工厂应该承担哪些法律责任？

**案例三：餐厅油烟污染案③**

杨某住在二楼，室外装有空调一台。一楼为一家餐厅，每天排放大量油烟，而且没有采取任何防治措施，直接熏及杨某的空调，导致空调无法正常使用。经环保局监测，餐厅油烟排污超过国家标准。杨某提出诉讼，要求餐厅承担赔偿责任。

问：餐厅是否应该对杨某进行赔偿？

① 参见中国环境网，http://www.cenews.com.cn/ztbd1/dqxqfs/，2011 年 9 月 7 日访问。
② 参见新华网，http://news.xinhuanet.com/video/2006-09/12/content_5080824.htm，2011 年 9 月 7 日访问。
③ 杨垠红编著：《环境污染侵权法律应用指南》，法律出版社 2010 年版，第 87 页。

# 第五章 自然资源法

【本章概要】 本章从"自然资源"的基本概念和分类出发，重点介绍自然资源法相关的基本概念、自然资源法的基本原则和法律制度、自然资源的国家监督管理，以及关于各种自然资源保护与管理的相关立法。

【学习重点】 本章以理论与实践相结合的方式，重点介绍和分析我国自然资源开发、利用和管理中的常见法律问题，结合典型案例分析与探讨违反自然资源法应当承担的法律责任。有助于确立合理利用自然资源的法制观念，并对我国自然资源法律制度有较为全面的掌握，理解自然资源法的性质、地位和作用。

## 导 言

自然资源既有自然性，又有社会性，自然资源不同于自然因素，其处于自然界之中，但具有明显的经济属性和社会属性，它是人们在长期的生产和生活中发现的可以为人类利用和进行社会支配的各种自然物质和能量。自然因素向自然资源的转化受经济和科学技术发展水平的限制，也受自然规律和自然因素本身的限制。自然资源对于人类可持续发展起着重要作用。人类生存离不开对自然资源的开发利用和保护，通过法律来调整与约束对自然资源的开发利用有必要性和必然性。

## 第一节 自然资源法概述

### 一、自然资源

（一）自然资源的概念

自然资源在不同学科领域中各有不同的含义，一般意义上的自然资源是指客观存在于自然界中的一切能够为人类所利用，并作为生产资料和生活资料来源的自然因素。它包括土地资源、矿藏资源、森林资源、草原资源、水资源、海洋资源和野生生物（包括野生动物和野生植物）资源等自然因素，不包括经过人工改造的那一部分自然因素，如被人们加工制作的各种产品。法律意义上的自然资源是指在一定技术条件下，能够满足人类需要的自然界中的各种天然生成物质和能量的总称。

自然资源的主要特点是可利用性。自然资源是指一切能够为人类利用的自然物质，而不是天然存在的一切自然物质。因此，从法律调整的角度说，自然资源与自然物质是两个不同的概念。只有能够为人类所利用，作为劳动对象进入再生产过程或者作为生活资料成为人们拥有所有权、使用权客体的自然物质才是自然资源。

（二）自然资源的分类

自然资源分布的范围广泛，种类繁多，形态各异，自然资源具有分布的区域性、价值的多元性、数量和种类的有限性等属性，按照不同的分类标准有不同的分类，我国现行法律体系将自然资源分为土地资源、草原资源、海洋资源、海域资源、森林资源、矿产资源、野生动植物资、水资源、渔业资源、自然保护区和风景名胜等类型。

## 二、自然资源法

自然资源法是调整人们在开发、利用、保护和管理自然资源过程中所发生的各种社会关系的法律规范的总称。自然资源法是国家关于自然资源管理、保护政策的具体化、条文化，是人们开发、养护、再循环利用自然资源的行为准则。它一般是由土地管理法、矿产资源法、森林法、草原法、水法和渔业法、海洋法、空间法等法律、法规组成。自然资源法是调整一定的社会关系和自然规律的法律。其目的是通过法律手段，调节人类在开发利用自然资源的活动中所发生的社会关系。马克思曾指出："人们在生产中不仅仅同自然界发生关系。他们如果不以一定的方式结合起来共同活动和互相交换其活动，便不能进行生产。为了进行生产，人们便发生一定的联系和关系，只有在这些社会联系和社会关系的范围内，才会有他们对自然界的关系。"国家制定自然资源法的目的就是为了调整自然与社会的关系，实现人类社会与自然的协调发展。

## 三、自然资源的权属

自然资源权属制度是法律关于自然资源归谁所有、使用以及由此产生的法律后果由谁承担的一系列规定构成的规范系统，是自然资源保护管理中最有影响力、不可缺少的基本法律制度。

我国的自然资源权属制度主要包括两方面的内容：一是自然资源所有权，一是自然资源使用权。

按自然资源权属的主体来分，可分为自然资源国家所有权、集体所有权和个人所有权。按自然资源的种类分，可分为土地资源所有权、森林资源所有权、水资源所有权、草原资源所有权、矿产资源所有权、野生动植物资源所有权。

在我国，自然资源权属主体不同，其权属取得的方式也不同。

自然资源国家所有权的取得主要有以下三种方式：

1. 法定取得，是指国家根据法律规定直接取得自然资源的所有权，它是我国国家自然资源所有权取得的主要方式。

2. 强制取得，国家可以从社会的公共利益出发，凭借其依法拥有的权力，不顾所有人的意志，采用国有化、没收、征收、征用等强制手段取得自然资源的所有权。

3. 天然孳息和自然添附，天然孳息是指自然资源依自然规律产生出来的新的自然资源；自然添附是指自然资源在自然条件的作用下而使自然资源产生或增加的情况。

自然资源所有权取得后可发生变更，即自然资源所有权主体发生变化，自然资源从一主体转给另一主体，自然资源所有权的变更的主要原因包括征用、所有权主体的分立或合并、依法转让以及对换或调换。

自然资源使用权是单位和个人依法对国家所有的或者集体所有的自然资源进行实际使用并取得相应利益的权利。按自然资源的类别，可以分为土地、草原、森林、矿产、水、海洋、野生动植物资源使用权等；按自然资源的归属，可分为国有自然资源使用权和集体所有自然资源使用权；按使用人是否向所有人支付使用费分，可以分为有偿使用权和无偿使用权；按使用权是否预定了使用期限，可分为有期限使用权（分为次数性、阶段性、终身性使用权）和无期限使用权。

依照我国法律的相关规定，自然资源使用权的取得通常有四种方式：（1）确认取得。即自然资源的现实使用人依法向法律规定的国家机关申请登记，由其登记造册并核发使用权证的情况。（2）授予取得。即单位和个人向法定的国家机关提出申请，国家机关依法将被申请的自然资源的使用权授予申请人的情况。（3）转让取得。即单位或个人通过自然资源使用权的买卖、出租、承包等形式取得自然资源使用权的情况。在我国，自然资源使用权的转让有许多限制条件。（4）开发利用取得。即单位和个人依法通过开发利用活动取得相应自然资源的使用权。

自然资源使用权同样会发生变更，自然资源使用权的主体或内容所发生的变化的主要原因包括有：主体的合并或分立、转让、破产、抵债以及合同内容变更等。

# 第二节　土地法

## 一、土地资源

土地是指地球陆地表面由地貌、土壤、岩石、水文、气候和植被等要素组成的自然历史综合体，它包括人类过去和现在的种种活动结果，是地球上的植物生长发育和动物栖息以及繁衍后代的场所。

土地的基本属性在于其位置固定性、面积有限性、功能永久性和不可替代性。其中，位置固定是指每块土地所处的经纬度都是固定的，不能移动，只能就地利用；面积有限是指非经漫长的地质过程，土地面积不会有明显的增减；不可替代是指土地无论作为人类生活的基地，还是作为生产资料或动植物的栖息地，都不能用其他物质来代替。[①]

土地资源，是指在当前和可预见的未来对人类有用的土地。它是人类赖以生存和发展的物质基础和环境条件，是社会生产活动中最基本的生产资料。由于人类对土地价值的认识在不断扩大，所以几乎可以将所有的土地都称为土地资源。[②] 不合理地利用土地，会造成土地的退化，生产力下降，甚至导致环境恶化，影响人类和动植物的生存。因此，保护土地资源是人类生存和可持续发展的基础。

## 二、土地资源法

我国于 1986 年制定了《土地管理法》，该法于 1988 年、1998 年和 2004 年进行修订，对土地资源的保护作出了全面的规定。另外，在《水土保持法》、《农村土地承包法》、《城市规划法》、《农业法》、《矿产资源法》、《环境保护法》中也有关于保护土地资源的条款，还有一些关于土地资源保护的地方性立法。

土地资源法对于加强土地管理，维护土地的社会主义公有制，保护、开发土地资源，合理利用土地和切实保护耕地，促进社会经济的可持续发展，都发挥了重要的作用。

我国土地资源管理的主要法律制度包括土地权属制度、土地征收和征用制

---

[①]《中国自然保护纲要》编写委员会：《中国自然保护纲要》，中国环境科学出版社 1987 年版，第 17 页。

[②]　汪劲著：《中国环境法原理》，北京大学出版社 2000 年版，第 274 页。

度、土地利用规划制度、土地用途管制制度、耕地特殊保护制度和土地税制度等等。

（一）土地权属制度

我国《宪法》第10条规定，城市的土地属于国家所有。农村和城市郊区的土地，除由法律规定属于国家所有的以外，属于集体所有；宅基地和自留地、自留山，也属于集体所有。国家为了公共利益的需要，可以依照法律规定对土地实行征收或者征用并给予补偿。

国家所有土地的所有权由国务院代表国家行使。为保护土地的所有权，法律规定任何单位和个人不得侵占、买卖或者以其他形式非法转让土地。土地使用权可以依法转让。

1. 关于土地所有权和使用权的规定

城市市区的土地属于国家所有。农村和城市郊区的土地，除由法律规定属于国家所有的以外，属于农民集体所有；宅基地和自留地、自留山，属于农民集体所有。国有土地和农民集体所有的土地，可以依法确定给单位或者个人使用。使用土地的单位和个人，有保护、管理和合理利用土地的义务。农民集体所有的土地依法属于村民集体所有的，由农村集体经济组织或者村民委员会经营、管理；已经分别属于村内两个以上农村集体经济组织的农民集体所有的，由村内各农村集体经济组织或者村民小组经营、管理；已经属于乡（镇）农民集体所有的，由乡（镇）农村集体经济组织经营、管理。农民集体所有的土地，由县级人民政府登记造册，核发证书，确认其所有权。农民集体所有的土地依法用于非农业建设的，由县级人民政府登记造册，核发证书，确认建设用地使用权。单位和个人依法使用的国有土地，经县级以上人民政府登记造册，核发证书，确认其使用权；其中，中央国家机关使用的国有土地的具体登记发证机关，由国务院确定。确认林地、草原的所有权或者使用权，确认水面、滩涂的养殖使用权，分别依照《森林法》、《草原法》和《渔业法》的有关规定办理。依法改变土地权属和用途的，应当办理土地变更登记手续。依法登记的土地的所有权和使用权受法律保护，任何单位和个人不得侵犯。

2. 农民集体所有的土地由本集体经济组织的成员承包经营

根据《农村土地承包法》第20条的规定，耕地的承包期为30年，草地的承包期为30年至50年，林地的承包期为30年至70年，特殊林木的林地承包期，经国务院林业行政主管部门批准可以延长。发包方和承包方应当订立承包合同，约定双方的权利和义务。承包经营土地的农民有保护和按照承包合同约定的用途合理使用土地的义务。农民的土地承包经营权受法律保护。在土地承包经营期限内，对个别承包经营者之间承包的土地进行适当调整的，必须经村民会议2/3以上成员或者2/3以上村民代表的同意，并报乡（镇）人民政府和县级人民政府农业行政主管部门批准。国有土地可以由单位或者个人承包经营，从事种植业、林业、畜牧业、渔业生产。农民集体所有的土地，可以由本集体经济组织以外的单位或者个人承包经营，从事种植业、林业、畜牧业、渔业生产。发包方和承包方应当订立承包合同约定双方的权利和义务。土地承包经营的期限由承包合同约定。承包经营土地的单位和个人，有保护和按照承包合同约定的用途合理利用土地的义务。农民集体所有的土地由本集体经济组织以外的单位或者个人承包经营的，必须经村民会议 2/3 以上成员或者 2/3 以上村民代表的同意，并报乡（镇）人民政府批准。根据《农村土地承包法》第 32 条的规定，通过家庭承包取得的土地承包经营权可以依法采取转包、出租、互换、转让或者其他方式流转。根据 33 条的规定，土地承包经营权流转应当遵循以下原则：

（1）平等协商、自愿、有偿，任何组织和个人不得强迫或者阻碍承包方进行土地承包经营权流转；

（2）不得改变土地所有权的性质和土地的农业用途；

（3）流转的期限不得超过承包期的剩余期限；

（4）受让方须有农业经营能力；

（5）在同等条件下，本集体经济组织成员有优先权。

**（二）土地利用规划和用途管制制度**

为合理使用土地，发挥土地的最佳环境效能，我国《土地管理法》规定，国家实行土地用途管制制度，国家编制土地利用总体规划，规定土地用途，将土地分为农用地、建设用地和未利用地。严格限制农用地转为建设用地，控制建设用地总量，对耕地实行特殊保护。

第一，编制土地利用总体规划。我国《土地管理法》规定，由国家和地方各级人民政府编制土地利用总体规划，规定土地用途。土地利用总体规划是指由国家或地方各级人民政府依据国民经济和社会发展规划、国土整治和环境资源保护的要求、土地供给能力以及各项建设对土地的需求而编制的总体利用规划。编制规划的原则是：严格保护基本农田，控制非农业建设占用农用地；提高土地利用率；统筹安排各类、各区域用地；保护和改善生态环境，保障土地的可持续利用；占用耕地与开发复垦耕地相平衡。对于下一级土地利用总体规划的编制，应当依据上一级土地利用总体规划进行。为了保护耕地，规定在下一级规划中，对于建设用地总量不得超过上一级规划的控制指标，而耕地保有量则不得低于上一级土地利用总体规划确定的控制指标。在土地利用总体规划的编制与其他规划的关系方面，我国《土地管理法》还规定，城市总体规划，村庄和集镇规划以及有关江河、湖泊综合治理和开发利用规划等，都应当与土地利用总体规划相衔接并且互相协调。

第二，将土地分为农用地、建设用地和未利用地三类，对其予以分别用途和管理。其中，农用地是指直接用于农业生产的土地，包括耕地、林地、草地、农田水利用地、养殖水面等；建设用地是指建造建筑物、构筑物的土地，包括城乡住宅和公共设施用地、工矿用地、交通水利用地、旅游用地、军事设施用地等；未利用地是指农用地和建设用地以外的土地。我国《土地管理法》规定，国家严格限制农用地转为建设用地，控制建设用地总量，对耕地实行特殊保护。土地使用者必须严格按照土地利用总体规划确定的用途使用土地。

第三，对土地实行一系列的行政管制措施。我国《土地管理法》对土地利用还规定实行建设用地总量控制制度、土地调查制度和土地统计制度，并且规定国家建立全国土地管理信息系统，对土地利用状况进行动态监测。

（三）对耕地实行的特殊保护制度

我国是一个农业大国和人口大国，有限的耕地负担着养活十多亿人口的重任。因此，我国《土地管理法》的一个重要目的就是要对耕地实行特殊的保护。其具体的保护措施包括：

第一，严格控制将耕地转为非耕地使用。为此，国家实行占用耕地补偿制度，对于非农业建设经批准占用耕地的，应当按照"占多少，垦多少"的原则，由占用耕地的单位负责开垦与所占用耕地数量和质量相当的耕地。对于没有条件开垦或者开垦的耕地不符合要求的，应当缴纳耕地开垦费。此外，县级以上地方人民政府可以要求占用耕地的单位将其所占用耕地耕作层的土壤用于新开垦耕地、劣质地或者其他耕地的土壤改良。

第二，严格执行土地利用总体规划，确保耕地总量不因非利用计划的原因而减少。对于因合理利用而造成耕地总量减少的，由国务院责令省级人民政府在规定的期限内组织开垦与所减少耕地的数量与质量相当的耕地。个别地方确因土地后备资源匮乏，新增建设用地后，新开垦耕地的数量不足以补偿所占用耕地的数量的，必须报经国务院批准减免本行政区域内开垦耕地的数量，进行易地开垦。

第三，实行基本农田保护制度。按照我国《基本农田保护条例》的规定，基本农田是指根据一定时期人口和国民经济对农产品的需求以及对建设用地的预测而确定的长期不得占用的和基本农田保护区规划期内不得占用的耕地。其中所谓的基本农田保护区，是指为对基本农田实行特殊保护而依法定程序划定的区域，主要包括：经国务院有关主管部门或者县级以上地方人民政府批准确定的粮、棉、油生产基地内的耕地；有良好的水利与水土保持设施的耕地；正在实施改造计划以及可以改造的中、低产田；蔬菜生产基地；农业科研、教学试验田；国务院规定应当划入基本农田保护区的其他耕地。省级政府划定的基本农田的比率，应当占本行政区域内耕地的80%，基本农田保护区的具体划区定界以乡（镇）为单位进行。

第四，防止耕地破坏。其具体的措施主要包括：（1）维护排灌工程设施，改良土壤，提高地力，防止土地荒漠化、盐渍化、水土流失和污染；国家鼓励单位和个人在保护和改善生态环境、防止水土流失和土地荒漠化的前提下开发未利用的土地，对适宜开发为农用地的应当优先开发为农用地。（2）节约使用土地。可以利用荒地的，不得占用耕地；可以利用劣地的，不得占用好地；禁止占用耕地建窑、建坟或者擅自在耕地上建房、挖砂、采石、采矿、取土等行为；禁止占用基本农田发展林果业和挖塘养鱼。（3）禁止任何单位和个人闲置、荒芜耕地；禁止毁坏森林、草原开垦耕地；禁止围湖造田和侵占江河滩地，并且对于已经受到破坏的土地应当有计划、有步骤地退耕还田、还牧、还湖。

第五，实行土地复垦制度，改善土地条件，恢复土地的原用途。土地复垦是指对在生产建设过程中，因挖损、塌陷、压占等造成破坏的土地，采取整治措施，使其恢复到可供利用状态的活动。对于因从事开采矿产资源、烧制砖瓦、燃煤发电等生产建设活动造成土地破坏的，用地单位和个人应当按照"谁破坏，谁复垦"的原则复垦受到破坏的土地。对于没有复垦或复垦不符合要求的，应当缴纳土地复垦费。

第六，鼓励土地整理。土地整理是指以工程技术手段以及相应的政策措施，对土地利用方式和占用现状进行调整和治理，以提高土地质量和利用效率。为此，我国《土地管理法》规定，国家鼓励县、乡按照土地利用总体规划，对田、水、路、林、村等的土地进行综合整治，改造中、低产田，整治闲散地和废弃地，以提高耕地质量，增加有效耕地面积，改善农业生产条件和生态环境。

（四）建设用地管理制度中有关土地保护的规定

由于我国经济发展和人民生活水平的提高，建设用地也显得日趋紧张，因建设而占用耕地的现象也屡见不鲜。为此，我国《土地管理法》对建设用地作出了如下规定。

1. 申请使用土地制度

任何单位和个人进行建设，需要使用土地的，应当依法申请使用国有土地（包括国家所有的土地和国家征收的原属于农民集体所有的土地）。对于涉及农用地转为建设用地的，应当严格履行和办理农用地转用审批手续。对于征收基本农田、基本农田以外的耕地超过35公顷的，征收其他土地超过70公顷的，须由国务院批准。

2. 征收土地补偿制度

对于征收的土地，使用权人应当按照被征收土地的原用途给予补偿。补偿费包括土地补偿费、安置补偿费以及地上附着物和青苗补偿费。对于征收城市郊区的菜地，用地单位应当按照国家有关规定缴纳新菜地开发建设基金。对于确定的征收补偿费方案，有关人民政府应当公告，并听取被征收地的农村集体经济组织和农民的意见。

# 第三节　水　法

## 一、水资源的概念和特征

水资源，是指在一定经济技术条件下可以被人类利用并能逐年恢复的淡水的总称。水资源具有多功能性、有限性和分布不均衡性、不可替代性、循环再生性、公共性等特点。根据其在地球上存在位置的不同，我们可以将其分为地表水资源、地下水资源和土壤水资源。我国《水法》所说的水资源，仅指地表水和地下水，包括江河、湖泊、渠道、水库、冰川等水体和浅层地下水，但不包括土壤中的水和海水。

水资源对于地球上生命的存在和发展、工农业生产的进行和人类物质文化生活的丰富，都有着不可替代的作用。水是人类和其他生物维持生命系统的基本水又是宝贵的自然资源，水资源是世界上开发利用最多的资源，是经济发展和人们生活的重要物质基础。虽然地球的表面70%以上为水所覆盖，但能够为人类直接利用的水资源却极其有限。随着人口的不断增加和工农业生产的发展，水资源的短缺越来越明显，甚至在地球上许多地方出现了水荒，直接影响了居民的生存和经济的发展。

我国的水资源虽然绝对数量较大，陆地水资源总量为2.8万亿立方米，占世界第6位。但由于我国人口众多，我国人均水资源占有量约为世界人均占有量的1/4。再加上这些水资源时空分布不均匀、利用率低、浪费和污染严重等问题，使得我国水资源的供需矛盾十分突出，许多地区的社会和经济发展已经受到水资源短缺的严重困扰，而且水资源的供需矛盾还有日益加剧的趋势。

## 二、水资源管理的主要法律制度

为了保护和合理利用水资源，世界上多数国家都十分重视水资源保护的立法。我国也十分重视水资源的法律保护，已形成了相对完整的水资源管理法律体系。1988年1月2日第六届全国人大常委会通过了我国第一部关于水资源综合管理的法律《水法》（2002年修订），随后，国务院发布《取水许可制度实施办法》（1993年，现已失效）、《河道管理条例》（1988年，2011年修订）、水利部发布了《城市节约用水管理规定》（1988年），全国人大还通过了《水污染防治法》、《防洪法》等法律法规。

以下是我国开发利用和保护水资源的主要原则和法律制度：

（一）水资源权属的规定

为保护水资源，必须明确水资源的权利归属。我国《水法》规定，水资源属于国家所有，即全民所有。农业集体经济组织所有的水塘、水库中的水，属于集体所有，国家保护依法开发利用水资源的单位和个人的合法权益。

（二）水资源保护的基本原则

第一，国家鼓励和支持开发利用水资源和防治水害的各项事业。开发利用水资源和防治水害，应当全面规划、统筹兼顾、综合利用、讲求效益，发挥水资源的多种功能；第二，国家保护水资源，采取有效措施保护自然植被，种树种草，涵养水源，防治水土流失，改善生态环境；第三，各单位应当加强水污染防治工作，保护和改善水质。各级人民政府应当依照水污染防治法的规定，加强对水污染防治的监督管理；第四，国家实行计划用水，厉行节约用水。各级人民政府应当加强对节约用水的管理。各单位应当采用节约用水的先进技术，降低水的消耗量，提高水的重复利用率。

（三）水资源保护的管理体制

国家对水资源实行统一管理与分级、分部门管理相结合的管理体制。国务院水行政主管部门负责全国水资源的统一管理和监督。国务院其他有关部门按照国务院规定的职责分工，协同国务院水行政主管部门，负责有关的水资源管理工作。县级以上地方人民政府水行政主管部门负责本行政区域内水资源的统一管理和监督工作；国务院有关部门按照职责分工，负责水资源开发、利用、节约和保护的有关工作；县级以上地方人民政府有关部门按照职责分工，负责本行政区域内水资源开发利用、节约和保护。国务院水行政主管部门在国家确定的重要江河、湖泊设立的流域管理机构，在所管辖的范围内行使法律、行政法规规定的和国务院水行政主管部门授予的水资源管理和监督职责。

（四）水资源保护的主要管理制度

1. 水资源开发利用规划制度

水资源规划制度是指在水资源调查评价的基础上，对水资源的开发利用、保护恢复、水害的防治按流域和区域所进行的整体安排的一系列制度的总称。水资源开发利用规划是法定机构按法定程序对一定时期水资源的开发利用和水害防治预先作出的整体安排。它可分为综合规划和专业规划。水资源开发利用规划制度则是关于水资源开发利用规划的编制、审批、实施等一整套管理措施和程序的规定。它是保证水资源合理开发利用、发挥其多功能效益、兴利除害的宏观管理手段之一。经批准的水资源开发利用规划，是开发利用水资源和防治水害活动的基本依据，任何单位和个人都必须不折不扣地执行。任何违反规划的行为，便是违反制定规划所依据法律的行为，就要承担相应的法律责任。

如果规划需要修改，必须经原批准规划的机关核准后，新规划才发生效力。

2. 取水许可制度

取水许可制度又称取水许可证制度，是指国家要求直接从地下或者江河、湖泊取水的单位或个人依法办理准许取水的证明文件的一整套管理措施和方法。它是我国用水管理的一项基本制度，是协调和平衡水的供求关系、实现水资源永续利用的重要保证。我国的取水许可制度，只适用于直接从地下和江河、湖泊取水的用户，而不适用于为家庭生活、畜禽饮用取水和其他少量取水的用户，也不适用于使用自来水和水库等供水工程的用户以及在江河、湖泊中行船、养鱼的用户。国务院发布的《取水许可和水资源费征收管理条例》对取水许可证的适用范围、申请许可证的条件、申请书的内容、审批的程序、持证人的义务、违反许可证规定的制裁措施等作出了具体规定。

3. 征收水资源费制度

水资源费是开发利用水资源的单位和个人依法向国家缴纳的费用。征收水资源费制度则是国家对水资源费征收的对象、范围、标准、程序和水资源费的使用等所作的规定。我国水资源费的征收范围和对象只限于城市中从地下取水的单位，其他从地下或者从江河、湖泊取水的用户，只有在省、自治区、直辖市人民政府规定收费时才收费。个人，包括城市中的个人直接从地下取水的，不予收费。征收水资源费的具体办法，由国务院规定。

4. 用水收费制度

用水收费制度，是指使用供水工程供应的水的单位和个人，要向供水单位缴纳水费的一整套管理措施。实行这一制度，一方面可以解决供水设施的维修费用问题，另一方面也可以大大减少水的浪费。水费的征收管理办法，由《水利工程供水价格管理办法》加以规定。水费和水资源费是两种不同的收费。水资源费要缴给国家，水费则缴给供水单位；水资源费是在用水单位自己直接从地下或江河湖泊取水时缴纳的，水费则是在供水单位给用水单位供水时由用水单位缴纳的；水资源费主要用于水资源的保护和水资源的开发，水费则主要用于供水设施的建设、维护和运行。

（五）开发利用水资源应当遵循的原则

1. 利益兼顾、兴利与除害相结合原则。

2. 优先满足城乡生活用水，充分考虑生态环境用水原则。

3. 科学调水原则。

4. 因地制宜、统一调度、开源与节流相结合原则。

5. 谁投资建设谁管理和谁受益原则。

6. 不得损害公共利益和他人的合法权益原则。

# 第四节　森林法

## 一、森林资源的概念和特点

森林是指在一定区域由乔木、灌木和花草等组成的绿色植物群体，其中以树木和其他木本植物为主体的生物群落。森林资源，是指一个国家或地区林地面积、树种及木材蓄积量等的总称。在我国，森林资源包括林地及林区内的野生动物和植物。林地，包括郁闭度 0.3 以上的乔木林地、树林地、灌木林地、采伐迹地、火烧迹地、苗圃地和国家规划的宜林地。森林包括竹林、林木，林木包括树木、竹子。森林具有可再生性、生长的周期性和易受人类开发利用影响等特点。① 森林具有经济和生态等方面的功能。生态功能表现为蓄水保土、调节气候、防风固沙、净化空气、保护环境等。

中国国土辽阔、地形复杂、气候多样，因此，我国森林资源呈现如下特点：(1) 类型多种多样，有针叶林、落叶阔叶林、常绿阔叶林、针阔混交林、竹林、热带雨林；(2) 林产独特丰富，经济林种繁多；(3) 中国森林资源的地理分布不均衡，不利于发挥环境效能；(4) 森林资源结构不够合理，用材林面积的比重占 73.2%，经济林占 10.2%，防护林占 9.1%，薪炭林占 3.4%，竹林占 2.9%，特殊用途林占 1.2%。经济林、防护林、薪炭林的比重低，不能满足国计民生的需要；(5) 中国林地生产力水平低；(6) 宜林地多，造林潜力大。

## 二、相关立法

我国关于森林资源的法律体系已经较为完备，主要的法律法规有：1984 年颁布的《森林法》(1998 年修订)、1986 年国务院经原林业部发布的《森林法实施细则》(现已失效)、1988 年国务院发布的《森林防火条例》(2008 年修订)、1989 年发布的《森林病虫害防治条例》、1987 年原林业部发布的《森林采伐更新管理办法》(2011 年修订) 和 1992 年国务院颁布的《城市绿化条例》(2011 年修订)，2000 年国务院发布《森林法实施条例》(2011 年修订) 等等。

森林资源管理的主要法律制度和原则如下：

### (一) 森林权属制度

森林的所有权，根据我国《森林法》的规定，森林资源属于国家所有，由法律规定属于集体所有的除外；全民所有制单位营造的林木由营造单位经营并

---

① 王灿发著：《环境法学教程》，中国政法大学出版社 1997 年版，第 224 页。

按照国家规定支配林木收益；集体所有制单位营造的林木归该单位所有；农村居民在房前屋后、自留地、自留山种植的林木归其个人所有；城镇居民和职工在自有房屋的庭院内种植的林木归其个人所有；集体或者个人承包的林木归承包的集体或者个人所有。

**（二）林业建设方针**

我国《森林法》规定，林业建设实行以营林为基础，普遍护林、大力造林、采育结合、永续利用的方针，这几个方面是相辅相成的关系。所谓以营林为基础，是指要把造林、育林和护林作为林业建设最基本的工作，把它放在林业建设各项工作的首位，纠正过去以原木生产为中心的思想，正确处理好培育与利用的关系。培育是基础，持续利用是目的。不以营林为基础，就不可能实现永续利用的目的。所谓普遍护林，是指对现有的森林，要采取积极措施发动城乡广大群众和各行各业积极植树造林。所谓永续利用，是指要合理利用森林资源持续不断地满足国家建设和人民生活的需要。

**（三）森林保护的政策措施**

我国《森林法》第8条规定，国家对森林资源实行以下保护性措施：

对森林实行限额采伐，鼓励植树造林、封山育林，扩大森林覆盖面积；根据国家和地方人民政府的有关规定，对集体和个人造林、育林给予经济扶持或者长期贷款；提倡木材综合利用和节约使用木材，鼓励开发利用木材代用品；征收育林费专门用于造林育林；煤炭、造纸等部门，按照煤炭和木浆纸张等产品的产量提取一定数额的资金专门用于营造坑木、造纸等用材林；建立林业基金制度。

**（四）森林保护管理体制**

我国《森林法》规定，国务院林业主管部门主管全国林业工作，县级以上人民政府林业主管部门负责本地区的林业工作，乡（镇）级人民政府设专职或兼职人员负责林区工作。

**（五）植树造林和绿化的规定**

植树造林和绿化是增加森林面积、提高森林覆盖率的主要途径，也是保护森林资源的主要措施之一。因此我国对植树造林和绿化作了比较全面的规定。第一，全民植树义务。要求凡有条件的地方，年满11周岁的中华人民共和国公民，除老弱病残者外，因地制宜，每人每年植树3至5棵，或者完成相应劳动量的育苗、管护和其他绿化任务，并规定每年的3月12日为植树节。第二，森林覆盖率奋斗目标，我国全国森林覆盖率的奋斗目标为30%。并要求县级以上地方人民政府按照山区一般达到70%以上、丘陵区一般达到40%以上、平原区一般达到10%以上的标准。第三，植树造林责任制。各级人民政府负责制定植树造林规划，组织各行各业和城乡居民，完成植树造林规划所确定的任务，并对新造幼林地和其他必须封山育林的地方组织封山育林；宜林荒山荒地属于全民所有的，由林业主管部门和其他主管部门组织造林；属于集体所有的，由集体经济组织造林；铁路与公路两旁、江河两侧、湖泊水库周围，由各有关主管单位因地制宜地组织造林；工矿区、机关、学校用地、部队营区以及农场、牧场、渔场经营地区，由各该单位负责造林；全民所有和集体所有的宜林荒山、荒地，可以由集体或者个人承包造林。第四，国务院设立全国绿化委员会，统一组织领导全国城乡绿化工作；国务院城市建设行政主管部门和国务院林业行政主管部门等，按照国务院规定的职权划分负责全国城市绿化工作；地方绿化管理体制由省、自治区、直辖市人民政府根据本地实际情况规定。

（六）森林采伐制度

第一，按照消耗量低于生长量的原则，严格控制森林年采伐量。国家所有的森林和林木，以国有林业企事业单位、农场、厂矿为单位集体所有的森林和林木、个人所有的林木，以县为单位制定年采伐限额，由省、自治区、直辖市林业主管部门汇总，经同级人民政府审核后，报国务院批准。第二，按照国家统一制定的年度木材生产计划，实行采伐年度木材生产计划，不得超过批准的年采伐限额。采伐森林和林木必须遵守下列规定：（1）成熟的用材林，应当根据不同情况分别采取择伐、皆伐和渐伐方式。皆伐应当严格控制，并在采伐的当年或者次年内完成更新造林。（2）防护林和特种用途林中的国防林、母树林、环境保护林、风景林，只准进行抚育和更新性质的采伐。（3）特种用途林中的名胜古迹和革命纪念地的林木、自然保护区的森林，严禁采伐。第三，实行采伐许可制。采伐林木必须申请采伐许可证，按许可证的规定进行采伐。农村居民采伐自留地和房前屋后个人所有的零星林木除外。审核发放采伐许可证，不得超过批准的年采伐限额。采伐林木的单位或者个人，必须按照采伐许可证规定的面积、株数、树种、期限完成更新造林任务，更新造林的面积和株数不得少于采伐的面积和株数。第四，对木材的经营和监督管理。从林区运出木材，必须持有林业主管部门发给的运输证件。但是国家统一调拨的木材除外。依法取得采伐许可证后，按照许可证的规定采伐的木材，从林区运出时，林业主管部门应当发给运输证件。经省、自治区、直辖市人民政府批准，可以在林区设立木材检查站，负责检查木材运输。对未取得运输证件或者物资主管部门发给的调拨通知书而运输木材的，木材检查站有权制止。第五，国家禁止、限制出口珍贵树木及其制品、衍生物。禁止、限制出口的珍贵树木及其制品、衍生物的名录和年度限制出口总量，由国务院林业主管部门会同国务院有关部门制定，报国务院批准。出口规定限制出口的珍贵树木或者其制品、衍生物的，必须经出口人所在地省、自治区、直辖市人民政府林业主管部门审核，报国务院林业主管部门批准，海关凭国务院林业主管部门的批准文件放行。进出口的树木或者其制品、衍生物属于中国参加的国际公约限制进出口的濒危物种的，必须向国家濒危物种进出口管理机构申请办理允许进出口证明书，海关凭允许进出口证明书放行。

（七）法律责任

违反相关森林法律法规的法律责任，包括行政责任、民事责任和刑事责任。盗伐、滥伐林木和毁林开垦是当前我国广大农村多发性的涉林犯罪，这些涉林犯罪是破坏国家林业资源的一种严重的犯罪行为，对国民经济的发展及自然生态平衡，具有严重的危害性。其中，盗伐林木罪是指违反国家保护森林法规，以非法占有为目的，擅自砍伐国家、集体所有或者个人所有的森林或者其他林木，数量较大的行为。滥伐林木罪，是指违反森林法的规定，未经有关部门批准并核发采伐许可证，或者虽持有采伐许可证，但违背采伐证所规定的地点、数量、树种、方式而任意采伐本单位所有或管理的，以及本人自留山上的森林或者其他林木，数量较大的行为。对于毁林开垦行为，根据1991年发布的《最高人民法院、最高人民检察院关于盗伐、滥伐林木案件几个问题的解答》中的规定，对毁林后又侵占林木情节严重的，依照《刑法》第128条盗伐林木罪定罪处刑。如果毁坏他人所有的林木进行开垦，改变林地用途，未达数量较大，或者未造成林地大量毁坏，但毁坏林木数量较大或者有其他严重情节的，以故意毁坏财物罪追究刑事责任。

# 第五节　草原法

## 一、草原的概念、特征及保护的意义

草原包括草山、草地。草地包括天然草地、改良天然草地和人工草地。我国草原法所称的天然草原包括草地、草山和草坡，人工草地包括改良草地和退耕还草地，不包括城镇草地。

作为一种具有多种功能的可以再生的综合性自然资源，和其他资源相比较，草原具有明显的特征，草原是由土地、气候、生物等自然因素组成的综合体；其分布具有区域性；草原的生产潜力具有可更新性；在一定时间内，草原的种类和数量具有有限性。

保护草原具有重要的意义，它是保护和改善生态环境的需要，是发展现代化畜牧业的需要，是保护和发展牧草资源，促进少数民族地区和边疆地区的经济繁荣，满足人民生活的需要，是促进我国环境、经济和社会可持续发展的需要。

我国草原辽阔，共有草原313万平方公里，占国土面积的32.6%。由于人口激增，畜牧业的过度发展及生态意识不足，草原放牧严重超载和草场的盲目垦殖，管理不善等原因，我国草原总体草畜矛盾突出，草原动植物资源破坏严重，生态环境变劣，土壤遭受侵蚀，草原退化、沙化和其他破坏较为严重，草原整体生产力下降。

## 二、我国关于草原的立法

1985 年 6 月，我国颁布了第一部专门立法《草原法》（2002 年修订），1993 年我国颁布了《草原防火条例》（2008 年修订），对草原火灾的预防等相关事项作了全面规定，《环境保护法》也有保护草原的相关条文规定。除现有立法外，我国草原资源丰富的省份还制定了大量的地方法规和规章，国家也制定了关于草原资源保护的相关政策。我国对草原资源的保护内容主要是从草原权属、植被养护、合理开发使用、鼠虫害和疫病防治及火灾、纠纷处理等方面进行规范。

我国《草原法》的主要内容有：

（一）草原资源的所有权和使用权制度

草原资源的所有权是指草原所有人在法律规定的范围内独占地、排他地支配草原资源的权利。我国的草原属于国家所有，即全民所有，由法律规定属于集体所有的草原除外。任何单位或者个人不得侵占、买卖或者以其他形式非法转让草原。

草原资源的使用权是指国家所有的草原，可以依法确定给全民所有制单位、集体经济组织等使用。使用草原的单位，应当履行保护、建设和合理利用草原的义务。对此，国家出台了关于草原资源登记取得使用权和关于草原的承包经营与承包经营权转让的规定。

（二）草原保护、建设和利用规划制度

国家对草原保护、建设、利用实行统一规划制度。国务院草原行政主管部门会同国务院有关部门编制全国草原保护、建设、利用规划，报国务院批准后实施。县级以上地方人民政府草原行政主管部门会同同级有关部门依据上一级草原保护、建设、利用规划编制本行政区域的草原保护、建设、利用规划，报本级人民政府批准后实施。经批准的草原保护、建设、利用规划确需调整或者修改时，须经原批准机关批准。

编制草原资源规划应当遵循的原则有：（1）改善生态环境，维护生物多样性，促进草原的可持续利用；（2）以现有草原为基础，因地制宜，统筹规划，分类指导；（3）保护为主、加强建设、分批改良、合理利用；（4）生态效益、经济效益、社会效益相结合。

草原保护、建设、利用规划应当包括：草原保护、建设、利用的目标和措施，草原功能分区和各项建设的总体部署，各项专业规划等。草原保护、建设、利用规划应当与土地利用总体规划相衔接，与环境保护规划、水土保持规划、防沙治沙规划、林业长远规划、城市总体规划、村庄和集镇规划以及其他有关规划相协调。

### 三、草原保护与管理制度

（一）草原调查制度

国家建立草原调查制度，县级以上人民政府草原行政主管部门会同同级有关部门定期进行草原调查；草原所有者或者使用者应当支持、配合调查，并提供有关资料。

（二）草原等级评定制度

国务院草原行政主管部门会同国务院有关部门制定全国草原等级评定标准。县级以上人民政府草原行政主管部门根据草原调查结果、草原的质量，依据草原等级评定标准，对草原进行评等定级。

（三）草原统计制度

国家建立草原统计制度，县级以上人民政府草原行政主管部门和同级统计部门共同制定草原统计调查办法，依法对草原的面积、等级、产草量、载畜量等进行统计，定期发布草原统计资料。草原统计资料是各级人民政府编制草原保护、建设、利用规划的依据。

（四）草原生产、生态监测预警系统制度

国家建立草原生产、生态监测预警系统制度，县级以上人民政府草原行政主管部门对草原的面积、等级、植被构成、生产能力、自然灾害、生物灾害等草原基本状况为政府和有关部门提供动态监测和预警信息服务。

### 四、草原的建设、利用和保护

（一）关于草原建设的规定

1. 增加草原建设投入。县级以上人民政府应当增加草原建设的投入，支持草原建设。国家鼓励单位和个人投资建设草原，按照谁投资、谁受益的原则保护草原投资建设者的合法权益。

2. 增强政府管理职责。县级以上地方各级人民政府在支持草原水利设施建设、改善人畜用水条件、加强草种基地建设、做好防火准备工作、安排草原改良、人工种草和草种生产资金等方面的职责。

3. 国家鼓励与支持人工草地建设、天然草原改良和饲草饲料基地建设。县级以上地方各级人民政府支持、鼓励和引导农牧民开展草原围栏、饲草饲料储备、牲畜圈舍、牧民定居点等生产生活设施的建设。

4. 加强草原组织专项治理。地方各级人民政府应当对退化、沙化、盐碱化、石漠化和水土流失的草原组织专项治理，并规定大规模的草原综合治理列入国家国土整治计划。

（二）关于草原利用的规定

包括草原利用核定的载畜量以及非畜牧业征用、利用草原土地的规定。

（三）关于草原保护的规定

包括对于基本草原、草原自然保护区、禁止开垦草原、草原防火和草原鼠害防治等方面的规定。

### 五、关于草原监督管理体制的规定

国务院草原行政主管部门和草原面积较大的省、自治区的县级以上地方人民政府草原行政主管部门设立草原监督管理机构，负责草原法律、法规执行情况的监督检查，对违反草原法律、法规的行为进行查处。

### 六、违反草原法的责任

违反草原法的法律责任，是指违反草原法，破坏或者污染草原的单位或个人所应承担的责任，包括行政责任、民事责任和刑事责任。

## 第六节　矿产资源法

### 一、矿产资源

矿产资源是指经过地质成矿作用，埋藏于地下或出露于地表，并具有开发利用价值的矿物或有用元素的集合体，如固体、液体状态的各种金属矿产、非金属矿产和燃料矿产、地下水和地下热能等。矿产资源是重要的自然资源，是社会生产发展的重要物质基础，现代社会人们的生产和生活都离不开矿产资源。

根据矿产的物质组成和结构特点，可以分为无机矿产和有机矿产；根据矿产的产出状态，可以分为固体矿产、液体矿产和气体矿产；根据矿产特性及其主要用途，可以分为能源矿产、金属矿产、非金属矿产和水气矿产等四类。[①]

矿产资源最主要的特性，在于其属于不可再生资源，其储量是有限的，具有不可再生性和有限性。矿产资源作为天然的生产要素本身所固有的以及作为人类社会经济系统有机组成部分，在社会经济活动中所展示的其他基本特性，还表现为稀缺性、分布不均衡性、地域性和动态性等。

---

① 见《矿产资源法实施细则》（1994 年）附件"我国的矿产资源分类细目"。

## 二、矿产资源相关立法

我国现行的关于矿产资源法律、法规主要有：《矿产资源法》（1986 年颁布，1996 年修改）、《煤炭法》（1996 年公布，2009 年第一次修改，2011 年第二次修改）、《矿产资源勘查区块登记管理办法》（1998 年）、《资源税暂行条例》（1993 年颁布，2011 年修订）、《矿产资源法实施细则》（1994 年）、《矿产资源补偿费征收管理规定》（1994 年颁布，1997 年修订）、《矿产资源开采登记管理办法》（1998 年）、《探矿权采矿权转让管理办法》（1998 年）、《对外合作开采海洋石油资源条例》（2001 年颁布，2011 年修订）、《对外合作开采陆上石油资源条例》（2001 年颁布，2011 年修订）等。

我国矿产资源法的主要制度如下：

第一，矿产资源的所有权制度。

我国的矿产资源属于国家所有，由国务院行使国家对矿产资源的所有权。地表或者地下的矿产资源的国家所有权，不因其所依附的土地的所有权或者使用权的不同而改变。国务院代表国家行使矿产资源的所有权。

第二，矿产资源的管理体制。

国务院地质矿产主管部门主管全国矿产资源勘查、开采的监督管理工作。国务院有关主管部门协助国务院地质矿产主管部门进行矿产资源勘查、开采的监督管理工作。省、自治区、直辖市人民政府地质矿产主管部门主管本行政区域内矿产资源勘查、开采的监督管理工作。省、自治区、直辖市人民政府有关主管部门协助同级地质矿产主管部门进行矿产资源勘查、开采的监督管理工作。

第三，矿产资源规划制度。

《矿产资源法》规定："国家对矿产资源的勘查、开发实行统一规划"，矿产资源规划是国民经济与社会发展总体规划的一个组成部分，它是指一个国家或地区，为协调社会经济发展和合理开发利用矿产资源，以资源的合理积累、储备、消耗及保护生态环境为主要内容，按照法定程序制定，用于指导矿产资源勘查、开发以及制定具体矿产资源政策的综合性规划。这样做的目的在于：（1）维护矿产资源国家所有权益，加强国家对矿产资源开发利用的宏观调控；（2）协调当前与长远、国内与国外、中央与地方、地方与地方之间对矿产资源的需求，促进矿产资源的合理利用；（3）节约利用有限的矿产资源，有效保护资源与环境，促进国民经济持续、快速、健康发展。矿产资源规划包括全国矿产资源规划和地区矿产资源规划。全国矿产资源规划由国务院国土资源主管部门根据国民经济和社会发展中、长期规划和矿产资源的实际情况组织编制，报国务院批准后实施。地区矿产资源规划由省（区、市）人民政府组织编制。

第四，矿产资源的勘察管理制度。

国家对矿产资源的勘查、开发实行统一规划、合理布局、综合勘查、合理开采和综合利用的方针。

国家对矿产资源勘查实行统一的区块登记管理制度。矿产资源勘查登记工作，由国务院地质矿产主管部门负责；特定矿种的矿产资源勘查登记工作，可以由国务院授权有关主管部门负责。矿产资源勘查区块登记管理办法由国务院制定。国务院矿产储量审批机构或者省、自治区、直辖市矿产储量审批机构负责审查批准供矿山建设设计使用的勘探报告，并在规定的期限内批复报送单位。勘探报告未经批准，不得作为矿山建设设计的依据。

第五，矿产资源开采管理制度。

开采矿产资源，必须依法申请、经批准取得探矿权，并办理登记。开采矿产资源，必须遵守有关环境保护的法律规定，防治污染环境。开采矿产资源，应当节约用地，耕地、草原、林地因采矿受到破坏的，矿山企业应当因地制宜地采取复垦利用、植树种草或者其他利用措施。开采矿产资源给他人生产生活造成损失的，应当负责赔偿，并采取必要的补救措施。

第六，矿产资源有偿使用制度。

《矿产资源法》第 5 条规定：国家实行探矿权、采矿权有偿取得的制度。1998 年国务院发布的《矿产资源勘查区块登记管理办法》、《矿产资源开采登记管理办法》和《探矿权采矿权转让管理办法》，对探矿权、采矿权有偿使用作了具体规定。按照相关法律法规的规定，除另有规定外，凡在中华人民共和国领域和管辖海域开采矿产资源的采矿权人，都应当按规定缴纳矿产资源补偿费，1994 年颁布、1997 年修改的《矿产资源补偿费征收管理规定》对此作出了具体的规定。

违反矿产资源法，破坏或者污染环境的单位或个人要承担相应的法律责任，违反矿产资源法的法律责任分为行政责任、民事责任和刑事责任三种。对于矿产犯罪中多发的非法采矿犯罪案件，我国刑法规定，非法采矿罪是指违反矿产资源保护法的规定，未取得采矿许可证擅自采矿的，擅自进入国家规划矿区、对国民经济具有重要价值的矿区和他人矿区范围采矿的，擅自开采国家规定实行保护性开采的特定矿种，经责令停止开采后拒不停止开采，造成矿产资源破坏的行为。犯该罪的，处 3 年以下有期徒刑、拘役或者管制，并处或者单处罚金；造成矿产资源严重破坏的，处 3 年以上 7 年以下有期徒刑，并处罚金。近年来，非法采矿活动十分严重，对于这种对资源和环境破坏极大的犯罪行为，必须依法予以严厉打击。

## 第七节　海洋资源法

### 一、海洋的概念与功能

海洋是指在世界范围内，地球上广大而连续的咸水水体的总称。海洋的中心主体部分叫做洋，边缘附属部分称为海。根据科学家计算，地球的表面积为5.1亿平方千米，海洋占据了其中的70.8%，即3.61亿平方千米，剩余的1.49亿平方千米为陆地，其面积仅为地球表面积的29.2%。也就是说，地球上的陆地还不足海洋面积的三分之一。海洋是指地球表面广大连续的水体。从生态学的意义上讲，它是一个巨大的生态系统，包括海水、海洋生物、海底岩石等构成要素，加之阳光、空气作为能源，形成海洋生态系统的物质循环和能量交换。海洋资源是指赋存于海洋环境中可为人类利用的物质、能量以及与海洋开发有关的海洋空间。

海洋具有重要的生态功能，海洋拥有丰富的生物资源，海生动植物为人类提供物质资料和能源。大量的海产品富含极高的营养，是人类的食物来源之一。海底石油、稀有矿产为人类生产建设活动提供能源和原材料。新的技术还能使海水淡化，利用潮汐发电等。

### 二、海洋资源立法

海洋资源法是指国家为调整人们在海洋资源开发、利用、保护和管理过程中所产生的各种社会关系的法律规范的总称，即海洋资源法不是指某项海洋法律，而是指由许多有关海洋资源的法律、法规、规范有机组成的海洋资源法体系。海洋资源法应遵循海洋资源可持续综合开发利用，并与保护同步进行的基本原则。

为了保护和改善海洋环境，保护海洋资源，维护生态平衡，保障人体健康，促进经济和社会的可持续发展，我国制定了一系列相关的法律法规。我国现行海洋资源法律法规体系，从现行立法体制或法律法规的效力级别看，主要由以下七个层次构成：

1. 宪法。宪法主要规定国家在合理开发、利用、保护、改善环境和自然资源方面（包括海洋资源）的基本职责（即基本权利和义务）、基本政策以及单位和公民在这方面的权利和义务等基本问题。宪法中有关海洋资源保护的规定具有指导性、原则性和政策性的特点，它构成我国海洋资源法体系的宪法基础。

2. 海洋资源法律。海洋资源法律是指由全国人民代表大会及其常务委员制定的有关合理开发、利用、保护和改善海洋资源方面的法律。我国目前没有以直接保护海洋资源为名义的法律，但是很多资源方面的法律都涉及海洋资源，如《渔业法》、《矿产资源法》、《野生动物保护法》、《土地管理法》。

3. 海洋资源行政法规。海洋资源行政法规是指由国务院制定的有关合理开发、利用、保护和改善海洋资源方面的行政法规，如《渔业法实施细则》、《陆生野生动物保护实施条例》、《水生野生动物保护实施条例》、《野生植物保护条例》等。

4. 地方海洋资源法规。地方海洋资源法规，是指由各省、自治区、直辖市和其他依法有地方法规制定权的地方人民代表大会及其常务委员会制定的有关合理开发、利用、保护和改善海洋资源的地方法规，如《青岛市海洋环境保护规定》、《广东省渔港和渔业船舶管理条例》等。

5. 海洋资源行政规章。海洋资源行政规章，是指国务院所属各部、委和其他依法有行政规章制定权的国家行政部门制定的有关合理开发、利用、保护和改善海洋资源方面的行政规章，如《渔船作业避让暂行条例》、《长江渔业资源管理规定》等。

6. 地方海洋资源行政规章。地方海洋资源行政规章，是指由各省、自治区、直辖市和其他依法有地方行政规章制定权的地方人民政府制定的有关合理开发、利用、保护和改善海洋资源方面的地方行政规章，如《天津市海洋环境保护条例》、《河北省近岸海域环境保护暂行办法》等。

7. 其他海洋资源规范性文件。其他海洋资源规范性文件，是指除上述6类外，由县级以上人民代表大会及其常务委员会、人民政府依照宪法、法律的规定制定的有关合理开发、利用、保护和改善海洋资源方面的规范性文件。①

海洋资源法包括海洋生物资源法、海洋矿产资源法、海洋旅游资源法、海洋能源资源法和海域资源法等方面的法律，海域资源的利用是其中的一个重要的方面。我国经济和社会发展在面临资源短缺压力的情况下，海洋是我国具有战略意义的资源接替空间，科学合理利用海洋，对于我国的长远发展具有重大的战略意义。为了科学用海，对"蓝色国土"规范利用，依法管海，我国制定了《海域使用管理法》。

海域是指我国内水、领海的水面、水体、海床和底土，即海域不是一个平面概念，而是一个立体概念；不是仅包括海水的单纯区域，而是还包括海床与底土的综合区域。海域属于国家所有，国务院代表国家行使海域所有权。任何单位或者个人不得侵占、买卖或者以其他形式非法转让海域。国家实行海域有

---

① 周晨："我国海洋资源法体系初探"，载《2004年中国法学会环境资源法学研究会年会论文集》。

偿使用制度。任何单位和个人使用海域，应当按照国务院的规定缴纳海域使用金。

海洋功能区划制度是与海域使用相关的一项重要制度，它是指依据海洋自然属性和社会属性以及自然资源和环境特定条件，界定海洋利用的主导功能和使用范围，把海洋划分为不同的海洋功能类型区，用来指导、约束海洋开发利用实践活动，保证海上开发的经济、环境和社会效益。同时，海洋功能区划又是海洋管理的基础。我国海洋功能区划的范围包括我国管辖的内水、领海、毗邻区、专属经济区、大陆架及其他海域（香港、澳门特别行政区和我国台湾地区毗邻海域除外）。我国的海洋功能区分为五大类，即开发利用区、治理保护区、自然保护区、特殊功能区和保留区。

编制海洋功能区划应当遵循的原则包括：

（1）按照海域的区位、自然资源和自然环境等自然属性，科学确定海域功能；（2）根据经济和社会发展的需要，统筹安排各有关行业用海，要优先保证传统渔民用海，保障公共利益和国家重大建设项目用海，切实保护海洋经济的发展；（3）保护和改善生态环境，要根据海洋资源再生能力和海洋环境的承载能力，优先划定海洋保护区、重要渔业品种保护区，严格限制围海造地区、排污区、倾倒区的范围；（4）保障海上交通安全；（5）保障国防安全、保证军事用海需要，维护国家利益。

海域监督管理体制，是指海域行政监督管理的组织机构、职权结构以及这些组织和职权的运行方式。它包括各种海域行政管理机构的设置及相互关系，各种海域行政管理机构的职责、权限划分及其运行机制，以及协调海域行政管理事务中有关权力、责任、相互关系的方式。我国已经建立了比较健全的海域监督管理体制，我国由国务院海洋行政主管部门负责全国海域使用的监督管理，沿海县级以上地方人民政府海洋行政主管部门根据授权，负责本行政区毗邻海域使用的监督管理。

# 本章小结

自然资源法是调整管理、保护、开发、利用自然资源过程中所发生的经济关系的法律规范的总称。自然资源法由土地管理法、水法、矿产资源法、森林法、草原法和海洋法等法律制度构成。本章介绍了自然资源权属和自然资源有偿使用制度的概念，自然资源法的概念、特征、体系，以及我国土地法、水法、森林法、草原法、矿产资源法和海洋法等法律制度的主要内容。

**理论思考与实务应用**

## 一、理论思考

### (一) 名词解释

1. 自然资源

2. 海域使用权

3. 矿产资源勘查、开发方针

### (二) 简述题

1. 自然资源国家所有权的取得形式

2. 简述我国关于土地权属的法律规定

3. 试述水资源规划制度

### (三) 论述题

1. 试述对土地用途实行管理的意义

2. 试述我国关于植树造林和绿化的法律规定

3. 试述我国矿产资源所有权的规定

4. 试述海域的监督管理体制

## 二、实务应用

### (一) 案例分析示范

**案例一:**

自 2010 年 7 月 22 日以来,一场声势浩大集中打击违章建筑的"铁锤行动"横扫海南三亚,直接指向全市多达 400 万平方米的违法建筑,这相当于 2009 年三亚市房屋销售面积的 4 倍。

在建设国际旅游岛大幕掀起后,大量民间游资非法利用当地农村土地建设的各类违法建筑面临覆没。为确保这场史无前例的拆除行动能够顺利进行,执法人员甚至使用爆破技术,三亚机场一度曾因此禁航半小时。三亚将为此支出拆除成本上亿元。

据三亚市政府初步估计,三亚违建突破 6460 栋,面积达 400 万平方米。仅 23 个重点项目建设用地范围内的违法建筑和 7 个小产权房集中区域内的违法建筑已有 2600 栋,面积达 149 万平方米。

面对小产权房泛滥成灾的局面,三亚市委书记公开表示:"违法建筑不仅破坏规划,想在哪里建就在哪里建,那这个城市还像什么城市。如果任由违法建筑泛滥,三亚这个国际旅游城市只有一条路,那就是毁灭。市委市政府采取坚决措施,坚决铲除违法建筑。"

三亚市综合行政执法局一位不愿透露姓名的执法人员认为，三亚小产权房之所以泛滥，一方面是由于小产权房的利润十分巨大。外地投资者受利益驱使，抱着赌一赌的心理不惜触犯法律。另一方面，随着国际旅游岛建设如火如荼地进行，三亚房价一涨再涨。很多购房者清楚小产权房是违章建筑，但是面对三亚动辄数万元每平方米的商品房，购房者受投资商"政府拆不了"谣言的蛊惑，贪图便宜就选择购买小产权房。

三亚市对于三亚在建的小产权房，将采取拆除的方式；对于建成的违法小产权房，将采取没收的形式。对于在建设项目用地范围内抢建房屋、非法买卖土地建设房屋、在农用地上建设房屋这三种情形的违法建筑要坚决予以拆除；对顶风倒卖土地建设违法建筑的，其非法所得一律依法没收，被倒卖的土地将一律依法收回，对构成刑事犯罪的，依法追究相关责任人的刑事责任。三亚全市目前拆除的违章建筑总面积已经超过了50万平方米，但距离400万平方米的违法建筑面积仍有不小的差距，而据当地业内人估计，目前三亚违法建筑至少有1000万平方米之多。

问：何为小产权房？小产权房有哪些负面影响？

评析：

按照法律上的解释，凡未经规划土地主管部门批准，未领取建设工程规划许可证或临时建设工程规划许可证，擅自建造的建筑物和构筑物，都被称为违法建筑。小产权房则是指未经法定征地及审批程序，由村集体或乡镇政府独立或与开发商联合在集体所有的土地上开发建设的房产。它不是法律承认的由国家颁发产权证的房产，只是人们在社会实践中形成的一种约定俗成的称谓。

有关专家认为，小产权房的影响是多面的：对农民而言，是用长远利益换取眼前利益，失去长远保障；对购房者而言，需要承担诉讼、交易、政策、登记等多重风险，遭遇侵权损害时也不容易得到国家权力的救济，特别是遇到拆迁、征收，就很可能得不到政府的补偿；对于国家而言，小产权房一方面挑战法律权威，损害国家法律法规的威信；另一方面扰乱国家土地开发利用规划，破坏国家耕地保护制度，给社会安定埋下隐患。小产权房乱占、滥用土地，极大地破坏了城市规划，同时严重扰乱房地产市场，不利于房地产市场平稳健康发展，对经济社会发展造成极大冲击，同时还会引发房屋质量、消防安全问题，导致整个片区治安混乱，留下安全隐患，引发相应的社会问题。

违建同时触犯了多种法律，完全有必要、有法律上的依据在拆除违建的同时，对参与出让土地、建设违建的相关人员同时实施相应法律制裁。在采取类似"铁锤行动"的同时，配合以更加具有震慑力的法律制裁，将会对制止违建起到更大的作用。

**案例二：**

作为全国甚至是世界上最大小商品城的义乌，发展的最大制约因素是水资源的缺乏。义乌人均水资源有 1130 立方米，但由于地形、污染等原因，境内水库总蓄水量仅 1.5 亿立方米。1997 年以前，饮用水来源的江水污染严重，地下水含有害矿物质严重超标。在当地，买矿泉水回家做饭，绝不会被认为是一种奢侈。当时该市可用水资源已经无法满足市区常住人口 35 万人的需要，而义乌打算建设成为 50 万人口以上的大城市，水就成了城市发展的头号"瓶颈"。

而义乌的近邻东阳，是水资源相对丰富的一个城市，其人均水资源比义乌多 88%，境内拥有两座大型水库，其中仅横锦水库的总库容就相当于义乌大小水库加山塘总库容的 186%；且处在源头，库区没有污染，水质优良。且两市市中心相距不过十多公里。因此，对义乌来说，引东阳水是一个理想的选择。

从东阳的角度来看，其水资源开发的潜力较大，东阳清楚地看到保护水资源、利用水资源的价值。他们把水利基础设施建设的重点，放到了继续搞好防洪基础设施建设和节水工程措施建设上。精明的东阳人意识到，对于多余的水，不能白白地注入东阳江流走，要设法让它为东阳创造效益。怎样让丰余的资源发挥更好的效益？东阳人把目光投向了水权交易市场。如果将丰余的 1/3 转让，另 2/3 作为未来发展的储备，不仅不会影响全市的灌溉和城镇供水，还可以用转让金加快全市的水利设施改造步伐，把节约用水提高到一个新的水平。对双方来说，这是一件两相情愿的生意。

2000 年双方经过反复协商，探索利用市场机制解决缺水问题，签订了水权交易协议：一是义乌市以两亿元价格一次性买断东阳横锦水库 5000 万立方米水资源使用权；二是确定了综合管理费和水费；三是供水管道工程由义乌市负责建设。

经过四年建设，2005 年工程通水后，有效解决了义乌用水紧张问题。义乌通过购买水权这种方式，为义乌的可持续发展创造了条件。义乌花了 2 亿元，但是自己觉得划得来：一是义乌境内再也没有造一个 5000 万方以上蓄水水库的条件了；二是即便有条件建水库，近期的供水、水质还是不能保证；三是虽然花的钱相当于 4 元/立方米，但如果自己建水库，再加 2 亿元也是不够的。对东阳市来说，转让给义乌的水，目前来说只是丰余的弃水。实施节水工程得到的丰余水相当于每立方米 1 元，转让给共饮一江水的毗邻市后回报却是每立方米 4 元。这既帮义乌解脱了水困，自己又可以充分利用水资源的价值，促进水利建设和经济的发展。实现了"双赢"，对交易双方的经济发展都有利，运用市场优化配置了水资源，为跨流域或跨区调水探索了市场协调机制，为跨地区资源共享、基础设施共建和区域合作、共谋发展进行了有益的探索。

**问：透过东阳—义乌两市之间的水权交易，反映出我国现阶段水资源分配中存在哪些问题？**

**评析：**

"水资源"是指可以利用的水源，包括地表水和地下水。所谓水权，可以简单划分为水资源的所有权和使用权。我国水资源实行国家所有，由中央政府委托地方各级政府对水资源进行分配和管理，大江、大河、大湖则委托流域管理机构管理，中央政府可以直接支配水资源，这是中央主导跨流域调水的基本依据。通常所说的水权实际上指的是水资源的使用权，或者说是用水权。

随着水资源的日益稀缺，水权主体的明晰，法律制度的健全，制度创新和技术进步等因素，会使水资源通过市场配置的收益越来越高，水权市场将会呈现出越来越发达的趋势。水权交易需要具备很多条件，不是纯粹的市场行为，水权市场必须由政府加以规范。政府水务管理部门应及时研究制定管理办法，在实践中不断完善相关政策法规，确保水权交易规范、有序进行。

我国水资源分配的法律体制还有待完善，相关制度有待健全，用水权初始分配制度虽然引进，但还不够完善；用水权的再分配仍然由国家垄断，主要靠行政划拨。在经济转型过程中，水资源的分配还带有较强的指令配水模式特征，目前仍是一种"转轨体制"，在提高水资源配置效率的同时，也带有很大的弊端，目前的水资源分配体制既不能适应水资源优化配置的要求，也不能完全满足协调利益冲突的需要，水资源的分配体制迫切需要进一步改革。

在具体的东阳—义乌水权交易中，水权市场的主体是两个地方政府。在转型期，行政手段配置水资源、水权主体模糊、水权交易法律不健全、水权理论尚未充分发展的条件下，政府由于既是水公共事务的提供者，又是水权权属的管理者，所以是最有效的水权代表，政府作为市场主体容易达成可行的水权交易。可以预期，在今后一段时期内发生的跨流域水权转让、异地水权转让和灌溉水权转让中，市场主体将主要还是政府，但参与市场的形式可能是多种多样的。在东阳—义乌水权交易中，水权市场是通过民主协商的方式实现的。长远来看，随着市场经济的发展和水权制度的实施，企业、用水组织和个人也可以成为水权市场主体，更多地参与水权市场交易，水权市场的实现形式也将在实践中不断探索和创新。

**案例三：**

上海国际航运中心洋山深水港区工程是大型涉海项目。2002年6月，洋山深水港区工程开工建设，此时《海域使用管理法》已正式实施，海域使用权的申请、审批等程序已有了明确、系统的规定。上海某公司作为项目用海单位，严格按照法定程序，向国家海洋局提出洋山深水港区总体规划建设范围的用海申请。国家海洋局一方面严格依法行政，按照《海域使用管理法》的规定履行相关审核手续，另一方面又做了大量深入细致的调研和协调工作，解决了洋山深水港区海域嵊泗县境内原先发放的海域使用证注销及补偿等历史遗留问题。在此基础上，国家海洋局报经国务院批准，批复了洋山深水港区的用海申请，向上海某公司颁发了海域使用权证，总计用海面积8216.6公顷。

问：《海域使用管理法》的背景是怎样的？在何种条件下可以收回海域使用权？

评析：

实施《海域使用管理法》的目的，是顺应海洋经济发展规律，合理配置海域资源。目前，我国海洋经济正处于快速成长期，海洋产业总产值增长较快，各类用海活动频繁，对海域的需求旺盛，海域已日益成为一种比较稀缺的资源。海域开发利用的深度和广度日益提高，海域使用面积也越来越大。从用海空间布局上看，海域使用主要集中在近海沿岸、沿海城市附近海域、河口三角洲地区，局部已趋于饱和，并存在一定程度的粗放利用现象。在这种背景下，海域使用管理，首先要围绕海洋产业结构和布局的调整，统筹安排各行业用海，协调行业之间用海矛盾，提升和优化第一产业用海，积极支持第二、三产业用海，并要为今后的发展预留足够的海域资源空间；其次要倡导科学用海，发挥海洋功能区划的引导和约束作用，逐步实行规划管理，研究制定行业用海控制指标，严格进行海域使用论证，防止海域资源的粗放利用和浪费。《海域使用管理法》的出台，应当说是正逢其时。

《海域使用管理法》第30条规定，因公共利益或国家安全的需要，原批准用海的人民政府可以依法收回海域使用权。在海域使用期满前提前收回海域使用权的，对海域使用权人应当给予相应的经济补偿。上海洋山港建设项目用海单位在依法申请海域使用权的同时，与原有用海者签订和落实了补偿协议，确保原有用海者尤其是渔民生活水平，不因失海而降低。本案中执法机关和企业的做法既保障了国家重点工程的进行，又解决了原有用海者的利益保障问题，是国家海洋局执法和相关企业依法经营的一个成功范例。从《海域使用管理法》实施情况看，海域使用管理对于海洋经济发展起到了相当大的促进作用。

（二）案例分析实训

案例一：

1999年，某市水利局给王某办理了取水许可证，王某可以在某市团结西泡取水，期限从1999年4月16日至2003年4月16日，该证从1999年至今未经审验。王某一直使用团结西泡。2001年，王某往团结西泡里投放鲤鱼苗，王某自行开发了两个净水池。2001年5月8日，俞某与某市某区水务局（以下简称某区水务局）签订协议书。某区水务局将某区团结西泡约1.08平方公里水面及水泡外围50米的面积承包给原告，期限从2001年5月至2004年4月30日。俞某每年交 7000.00 元承包费。协议约定：在承包期间俞某应合法经营，不得私自转让或转租他人。该水面由俞某使用，其他人员和船只不得入内。某区水务局协助俞某做好水面非法业户清理工作。俞某与某区水务局签订协议书后，俞某未实际占有使用团结西泡，因为王某已使用。2001 年 6 月 11 日，俞某与王某签订了协议书，约定：泡里鲤鱼苗由王某从 2001 年 9 月 1 日开始捕捞，从 9 月 1 日打捞鱼苗 6000 斤归俞某所有，王某开发的两个净水池归俞某所有。随后，某区水务局协助俞某进行了该水面清理工作。①

**问**：取水许可证是一种什么性质的法律文件？确认的是何种权利？

### 案例二：马那甫、热合满不服乌鲁木齐市草原监理所对其采挖、拉运麻黄草行政处罚决定案

1992 年 3 月，原告马那甫在托克逊县辖区内采挖麻黄草 2 吨。因该县麻黄厂已停止收购麻黄草，3 月 31 日马那甫雇用了该县个体运输户热合满的汽车，将 2 吨麻黄草运至乌鲁木齐新疆制药厂出售时，被乌鲁木齐市草原监理所工作人员发现。经检查，马那甫未持有采药许可证及调运、货运的合法批准手续，仅出示了一张托克逊草原监理所于 2 月 26 日开出的有效期截至 3 月 20 日的便函，而且马那甫所采的麻黄草有部分系带根采挖，违反了《新疆维吾尔自治区〈草原法〉实施细则》的有关规定。被告便于 1992 年 4 月 7 日作出行政处理决定：没收草主马那甫的麻黄草，并处以麻黄草价款两倍的罚款。对上述处理决定，马那甫不服，向乌鲁木齐市水磨沟区人民法院提起诉讼。原告马那甫诉称：拉运麻黄草是经托克逊县草原站同意的，并向法院提供了采药许可证及托克逊县草原站允许把草药拉运外地的证明，请求法院依法撤销被告对其作出的行政处罚决定。

水磨沟区人民法院经审理认为：原告买合苏提雇用个体运输户热合满的汽车，拉运麻黄草到乌鲁木齐新疆制药厂出售，当时草主只持有托克逊县草原监理所 3 月 26 日出具的采集麻黄草片区及不准外运的证明，并无畜牧、医药管理部门颁发的采麻黄草证。所采的麻黄草，有部分系带根采挖，违反"采取绿色的茎枝，严禁连根采挖"的规定，属不合法采集麻黄草。在诉讼中，原告马那甫虽提供了采草证和采集日期及拉运外地的证明，但采草证是 5 月 10 日补办的，且两次证明所提供的采草地点也相互矛盾，为此本院不予认可。草原监理部门对违法采运麻黄草的行为进行处罚，是合法的。故根据《草原法》第 11条、《新疆维吾尔自治区〈草原法〉实施细则》第 26 条、40 条、42 条第 5 款之

---

① 案例来源：北京法意网科技有限公司，《北京大学电子法务软件系列之中国司法案例数据库 2.0 版》。

规定和《行政诉讼法》第 54 条的规定，该院于 1992 年 5 月 30 日作出判决：维持乌鲁木齐市草原监理所对原告马那甫没收麻黄草、处以麻黄草价款两倍罚款的处罚决定。

一审判决后，马那甫不服，仍以原诉理由向乌鲁木齐市中级人民法院提起上诉。乌鲁木齐市中级人民法院受理后，因上诉人马那甫在法定期限内不预交二审案件受理费，也未提出缓交诉讼费用的申请。因此，乌鲁木齐市中级人民法院依据《人民法院诉讼收费办法》（现已失效）第 13 条第 2 款的规定，于 1992 年 8 月 16 日作出裁定：该案按自动撤回上诉处理。①

**问：乌鲁木齐市草原监理所对马那甫的处罚依据是什么？**

**案例三：**

经福建省华安县检察院提起公诉，为了种茶致富而大肆毁林的被告人张某被法院依法判定有罪，其被判处有期徒刑 3 年，缓刑 4 年。

张某家住产茶之乡，看到周围很多村民因种茶而富起来，他便想效法致富，可又苦于没地方种，竟动起了歪脑筋。2006 年 9 月至 12 月间，张某未经林权所有人同意，先后两次擅自雇请他人用推土机、挖掘机在该县仙都镇三个村交界处的"九鼎尾"林地进行毁林开垦，准备种茶。他共"开垦"林地面积 35.2 亩，故意毁林蓄积量达 24.64 立方米，故意毁坏幼林 1936 株。案发后，张某投案自首，并赔偿林权所有人经济损失 1.7 万余元。根据以上犯罪事实，法院作出上述判决。

**问：张某的毁林开垦行为属于何种犯罪？**

**案例四：**

湖南省衡山县人民法院审结了被告人欧某某、朱大某、朱小某、曾某某非法采矿一案，法院以非法采矿罪分别判处四被告人有期徒刑或管制，并判处罚金。

2008 年 8 月，被告人与宋某某、成某某（两人另案处理）商议共同在衡山县开云镇开采金矿。2008 年 8 月 15 日，被告人欧某某、曾某某、成某某作为乙方，被告人朱大某、朱小某与宋某某作为甲方，双方签订了矿产合作协议，商定由甲方提供生产场地，处理好周边关系，乙方提供生产上所有技术和生产资金，甲、乙双方共同开发。2008 年 9 月 12 日，因投入资金不足，被告人朱大某邀来向某某（另案处理）入股，并签订了补充协议。随后，被告人朱大某等人进行非法采矿。2008 年 9 月 24 日，国土资源管理部门对被告人朱大某等人的非

---

① 最高人民法院中国应用法学研究所：《人民法院案例选（行政卷）》（1992—1999 年合订本），中国法制出版社 2000 年版，第 1357 页。

法采矿行为下达了责令停止国土资源违法行为通知书。被告人朱大某等人置之不理继续进行开采，至2009年6月16日案发时止，被告人朱大某等人共提炼黄金3次，得赃款达13万余元。经湖南省国土资源厅鉴定：被告人朱大某等人的非法采金点破坏的矿产资源价值193323元。

案发后，被告人曾某某于2010年4月26日主动到公安机关投案，并如实供述了非法采矿的犯罪事实。被告人欧某某、朱大某、朱小某已退交23000元非法所得。

衡山法院审理认为，四被告人伙同他人违反矿产资源法规定，未取得采矿许可证擅自采矿，经责令停止开采后仍继续开采，其行为均已构成非法采矿罪，依法应当承担刑事责任。案发后，被告人欧某某、朱大某、朱小某退缴非法所得，可酌情从轻处罚。被告人曾某某系自首，依法可以从轻处罚。在共同犯罪中，被告人朱小某、曾某某是从犯，依法应当从轻处罚，法院依法作出上述判决。

**问：**结合本案例简述非法采矿罪的犯罪构成。

# 第六章　环境法律责任

【本章概要】　本章是全书重点之一。本章主要内容包括环境与资源保护法三大法律责任的构成要件和主要责任形式。

【学习重点】　理解环境与资源保护法法律责任规定的意义，理解环境与资源保护法法律责任制度的特点，掌握环境民事责任、环境行政责任和环境刑事责任三大法律责任的归责原则、构成要件和责任形式，熟悉相关法律规定。

## 导　言

法律责任是指法律关系主体因违法行为、违约行为或者基于法律规定而应承担的强制性的法律负担。环境法律责任是指环境法律关系主体因污染和破坏环境，依法应承担的法律责任。

作为环境法必不可少的一个组成部分，环境法律责任的主要功能在于反映环境法律规范的强制效力，保障环境法的有效实施，以实现保障人群健康，保护和改善生活环境和生态环境，促进经济、社会和环境的协调发展的立法目的。我国《民法》、《刑法》等基本法，以及环境与资源保护方面的单行法、环境行政法规以及地方性环境资源保护法规等，都规定了环境法律责任。环境法律责任包括环境行政责任、环境民事责任、环境刑事责任三种形式。

## 第一节　环境行政责任

### 一、环境行政责任的概念

环境行政责任是指违反环境法，实施了破坏或污染环境的行为的单位或个人所应承担的行政方面的法律责任。

环境行政责任是对环境行政违法行为的一种行政制裁。依据我国环境法律、法规的规定，环境行政责任可分为环境行政管理主体的环境行政责任和环境行政相对人的环境行政责任两种。

环境行政管理主体的环境行政责任是指具有一定环境行政管理权的行政机构及其工作人员因违反环境法或其他有关法律规定而应承担的行政责任。其责任形式主要包括：责令撤销违法行政行为、责令履行法定职责、赔偿行政相对人的损失、行政处分等。另外在某些情况下，还有赔礼道歉、恢复名誉、消除影响等责任形式。环境行政相对人的环境行政责任是指受环境行政管理主体管理的单位和个人，违反环境法或不履行环境资源保护义务而应承担的法律责任。

## 二、环境行政责任的构成要件

环境行政责任的构成要件是指对环境资源违法主体追究其环境行政责任所必须具备的条件。环境行政责任的构成要件包括：

### （一）行为违法

指行为人实施了破坏或者污染环境的行为而违反了环境法。行为的违法性是构成环境行政责任的必要条件。《环境保护法》第35至39条规定：（1）拒绝环境保护管理监督部门现场检查；（2）拒报或者谎报有关污染物申报事项；（3）不按照国家规定缴纳排污费；（4）引进不符合我国环境保护规定的技术和设备；（5）将产生严重污染的生产设备转移给没有防治污染能力的单位使用的；（6）建设项目防治污染设施没有建成或建成后未达到国家规定的要求而投产使用的；（7）违反《环境保护法》的规定造成污染事故的；（8）令其限期治理而逾期未完成治理任务的，这些行为都属于环境违法行为。1999年以来修改或制定的环境保护单行法，多将超过国家或者地方规定标准排放污染物的行为界定为违法行为，并规定了相应的行政责任。

### （二）行为有危害后果

指违法行为造成了破坏或者污染环境的后果。例如采伐林木者未按照规定完成更新造林任务，造成水土流失者；排污单位擅自闲置或者拆除防治污染设施，致使排放的污染物超标，致使农作物或鱼类死亡等。《环境保护法》和环境保护单行法的许多行政责任规范中，并未将危害后果规定为承担行政责任的必要条件，即只要行为者实施了破坏或者污染环境的行为，即使未造成危害后果，也应追究其行政责任，给予相应的行政制裁。这体现了环境保护法"预防为主"的基本原则。但是，如果环境保护法明文规定，有危害后果才承担行政责任时，危害后果就成为承担环境行政责任的构成要件。所以，危害后果是承担环境行政责任的选择性要件。

### （三）违法行为与危害后果有因果关系

是指违法行为与该行为所造成的破坏或者污染环境的后果之间存在着内在的、必然的联系，而不是表面的、偶然的联系。法律上的因果关系有直接因果关系和间接因果关系之分。直接因果关系是指原因和结果之间存在着内在的必然的因果关系，例如某鱼塘鱼类的大批死亡，经环境监测确认系由附近某化工厂因发生事故大量超标排放污染物所致，而不是其他单位的排污行为或者其他行为（如投毒）所造成。这时，才认定该化工厂的排污行为是造成鱼类大批死亡的原因，该鱼塘的鱼类死亡便成为化工厂排污行为造成的危害后果。它们之间存在着必然的因果关系，有直接因果关系。但是，现实生活中的因果关系往往比较复杂，多因一果、多因多果的情况比较常见。因此，必须坚持从客观事物的内在、必然联系出发，排除非人为（如自然灾害）的因素，正确区分因果关系锁链中的主、次环节（即主要原因与次要原因）的界限。确定环境行政责任构成要件中的因果关系，必须坚持直接的因果关系，不适用间接因果关系，也不适用环境污染赔偿责任中的"因果关系推定"原则。在不以危害后果为行政责任构成要件的场合，则不需要确认因果关系的问题，因此，违法行为与危害后果有因果关系是承担环境行政责任的选择性要件。

### （四）行为人有过错

指行为人实施破坏或者污染环境违法行为时主观上有故意或过失。目前判断过失的标准有三种观点：一是主观标准，即行为人有特定的知识水平、技术水平和业务经验，具备了预见损害发生的能力，如果没有预见，导致损害发生的，则为过失；二是客观标准，即根据不同行业确定该行业中等水平的人应该预见的范围，作为判断过失的客观标准；如果中等水平的人能预见的范围，行为人没有预见，导致损害发生的，则为过失；三是主客观标准，即把主观标准和客观标准结合起来，以客观标准为主，并且根据每一特定案件的具体情况做具体分析，来判断行为人是否有过失。在现实中，环境违法过失的判断大多以行为人是否履行了特殊注意义务为判断标准。

实践中，间接故意与过于自信过失这两种心理状态容易混淆。因为两者对危害后果都有一定程度的预见，并都不希望危害后果发生。但是，只要仔细分析就可看出，两者在希望和预见程度上是有差别的，因而在行为上也不同。间接故意对危害后果的发生表现为有意放任，无意制止的心态，而过于自信的过失往往存在"有心避免"的心态，但由于过高地估计了自己的经验、技术能力等，未能有效制止危害结果发生。后者多在危害后果发生之前都采取了避免其发生的措施。从上述可知，行为违法和有过错，是承担行政责任的必备条件；危害后果和违法行为与危害后果的因果关系，则只有在法律明文规定的场合才成为行为者承担行政责任的必要条件。故前者为承担行政责任的"必要条件"，后者为"选择条件"。

### 三、环境行政责任的形式

环境行政责任的责任形式是指违反环境法的行为人依法应受到的环境行政制裁，是环境保护监督管理部门对违反环境法而应承担环境行政责任者，依法实施的惩罚措施的形式。环境行政责任的形式包括环境行政处罚和环境行政处分两种。

（一）环境行政处罚

1. 环境行政处罚的概念

环境行政处罚是指环境保护监督管理部门对违反环境法而破坏或者污染环境，但又不够刑事惩罚的单位和个人，依法实施的一种行政性惩罚措施。

2. 环境行政处罚的特点

（1）行政处罚的主体具有特定性。行政处罚的主体是国家特定的行政机关和法律、法规授权的组织，主要是指《环境保护法》第7条所规定的县级以上人民政府环境保护行政主管部门，和其他依照法律规定行使环境保护监督管理权的部门。其中，对环境污染防治实施监督管理的有海洋、海事、港监、公安、交通、铁道、民航管理部门；对自然资源保护实施监督管理的有县级以上人民政府的土地、矿产、林业、农业、渔业、水行政主管部门。同时，根据《环境保护法》第39条第2款的规定，在某些环境违法行为中，县级以上人民政府也可行使行政处罚权。例如，对经限期治理逾期未完成治理任务的企业事业单位，可由做出限期治理决定的人民政府责令其停业、关闭。

（2）行政处罚的对象是行政相对人中的环境违法者。即因破坏或者污染环境而违反了环境法应受到行政处罚的单位或者个人。他们与监督管理部门之间存在着被监督管理与监督管理的行政法律关系。

（3）行政处罚的性质是行政制裁，是一种具体行政行为。

（4）行政处罚具有单方强制性。行政处罚是环境保护监督管理部门对于承担行政责任者给予惩罚的单方行动，不依相对人的意志为转移。倘若当事人不履行处罚决定，又不申请复议，也不向人民法院起诉，行政机关可在时效期限内申请人民法院强制其履行。

（5）行政处罚具有时效性。《行政处罚法》第29条第1款规定："违法行为在二年内未被发现的，不再给予行政处罚。法律另有规定的除外。"从上述规定可知，环境保护监督管理部门在二年内未发现违法行为，超过此期限之后无论何时发现，均不得给予行政处罚；但法律另有规定的除外。

（二）环境行政处罚的种类

环境行政处罚的种类是指环境保护监督管理部门对破坏或者污染环境者实

施行政处罚的类别或者形式，是由环境保护法明文规定的，是行政处罚的外在表现。我国环境法规定了两类行政处罚形式，即对破坏环境者的行政处罚形式和对污染环境者的行政处罚形式。这些行政处罚形式，具有以下特点：第一，多为预防性行政处罚形式。根据环境破坏或者污染容易，治理和恢复难的特点，以及环境保护法"预防为主"的基本原则，环境保护法所规定的行政处罚特别突出其预防性功能，如责令重新安装使用、责令停止生产或者使用，责令停业或者关闭，责令停止开垦，责令补种被盗伐、滥伐林木等。这些处罚形式，大都是为了预防环境破坏或者污染的发生，或者是为了制止已经发生的环境破坏或者污染的继续加重。第二，多为行为罚。依照行政处罚所涉及的对象和作用，人们将行政处罚形式分为警戒罚（如警告）、财产罚（如罚款）、人身罚（如拘留）和行为罚四种。行为罚是指行政机关依法责令违法者实施（如责令重新安装使用、责令补种等）、禁止实施（如责令停止开垦、责令停止生产）和限期实施（如责令限期改正、责令限期治理等）某一种或数种行为。行为罚几乎占了行政处罚形式的绝大多数。第三，实施环境行政处罚，不免除当事人依法缴纳排污费的义务。

1.《环境保护法》规定的行政处罚基本形式

《环境保护法》第 35 条至第 39 条规定的行政处罚形式，包括警告、罚款、责令重新安装使用、责令停止生产或者使用和责令停业、关闭 5 种。上述五种处罚形式实际上是我国对污染环境者实施行政处罚的基本处罚形式。

（1）警告

指环境保护监督管理部门依法给予环境行政违法者的谴责和警示。

（2）罚款

罚款是指环境保护监督管理部门依法强令违法者向国家缴纳一定数额的金钱。罚款只对单位和非履行环境保护公职的个人适用。罚款一律上缴国库，任何单位和个人不得截留。当事人到期不缴纳罚款的，作出罚款决定的行政机关可对当事人每日按罚款数额的 3% 加处罚款。缴纳罚款的单位并不免除缴纳排污费、赔偿金等法律所规定的义务。

为避免出现在罚款数额低于违法成本时排污者宁选违法排污缴纳罚款也不愿改正违法行为，我国一些地方已经借鉴国外立法，规定了"按日计罚"的处罚方式。如 2009 年《深圳经济特区环境保护条例》第 69 条第 2、3 款规定："有前款规定的行为之一，经环保部门处罚后，不停止违法行为或者逾期不改的，环保部门应当对该违法行为实施按日计罚。按日计罚的每日罚款额度为 1 万元，计罚期间自环保部门作出责令停止违法行为决定之日或者责令限期改正的期限届满之日起至环保部门查验之日止。当事人申请查验的，环保部门应当自受理申请之日起 3 个工作日内实施查验；当事人未申请查验的，环保部门应当自作出责令停止违法行为决定之日或者责令限期改正的期限届满之日起30日内完成查验。""按日计罚"有助于督促违法企业主动改正违法行为。

(3)责令重新安装使用

1989年《环境保护法》第37条规定,"未经环境保护行政主管部门同意,擅自拆除或者闲置防治污染的设施,污染物排放超过规定的排放标准的,由环境保护行政主管部门责令重新安装使用,并处罚款。"不过,近年来环境单行法的修改倾向于以"责令限期改正"替代"责令重新安装"的表述,如:2008年《水污染防治法》第73条规定,违反本法规定,不正常使用水污染物处理设施,或者未经环境保护主管部门批准拆除、闲置水污染物处理设施的,由县级以上人民政府环境保护主管部门责令限期改正。比较来看,"责令限期改正"涵盖的内容更广。

(4)责令停止生产或者使用

是指环境保护行政主管部门对建设项目防治污染设施没有建成,或者虽已建成但未经验收或者验收不合格,而投入生产或者使用的单位,强令其停止生产或者使用。其中,对生产部门的建设项目则责令其停止生产,对非生产部门的建设项目则责令其停止使用。这种行政处罚形式主要是为了保证"三同时"制度的落实,防止发生新的环境污染危害。

责令停止生产或者使用必须由特定的主体实施,即由审批该建设项目环境影响报告书(表)的环境保护行政主管部门科处,而不是由其他环境保护监督管理部门实施。其必须对特定的对象科处,即只能对污染防治设施没有建成或者虽已建成但未经验收,或者经验收不合格便投入生产或者使用的建设项目所在单位科处。只要防治污染设施没有建成或者建成后未经验收,或者经验收不合格便投入生产或者使用的,就可处以这种行政处罚。它属于临时性的行政处罚形式。

(5)责令停业、关闭

是指作出限期治理决定的人民政府,对逾期未完成治理任务的单位强令其停业或者关闭。其中,对生产单位是强令其停业,对非生产单位则令其关闭。责令停业、关闭是一种最严厉的行政处罚形式。因为这种处罚形式,意味着受处罚者将不能继续从事原来的生产经营活动。所以只能对污染危害特别严重,靠一般技术治理不能奏效,经济效益又差的单位科处。其适用应注意:第一,它只能由特定的主体科处,即由作出限期治理决定的人民政府科处;责令中央直接管辖的企业、事业单位停业、关闭时,还须报经国务院批准。第二,它只能对特定的对象实施,即只能对经人民政府决定限期治理而逾期未完成治理任务的单位科处。例外的情况是,生产、销售、进口或者使用禁止生产、销售、进口、使用的设备,或者采用了禁止采用的生产工艺造成大气污染情节严重的,可由人民政府作出责令停业、关闭的决定。

2. 对污染环境者实施行政处罚的特殊形式

在一些环境保护单行法中，还分别规定了责令限期改正，责令停止违法行为，责令停止施工，责令限期拆除，强制拆除，责令停产整顿、责令非法运输危险废物船舶退出我国管辖海域，限期治理，暂扣或者吊销许可证，取消生产、进口配额，没收（如没收违法所得，没收违法使用设施，没收非法进口、生产、销售的含铅汽油），销毁未达到规定污染物排放标准的机动车船，甚至行政拘留等。上述的处罚形式是对污染环境者给予行政处罚的特殊形式。所谓"特殊形式"是指它们只能在特定的环境污染防治领域和由特定的环境污染防治监督管理机关适用。

3. 对破坏环境者实施的行政处罚形式

对破坏环境者的行政处罚形式，必须分别根据《水法》、《土地管理法》、《森林法》、《草原法》、《矿产资源法》、《渔业法》、《野生动物保护法》、《水土保持法》、《防沙治沙法》和《野生植物保护条例》等法律、法规的规定确定。这些处罚形式，除警告、罚款之外，还有责令退还非法占用的土地，限期拆除非法转让的土地与新建的建筑物和其他设施，责令限期改正或者治理，责令限期开发利用，责令限期拆除养殖设施，责令缴纳复垦费，责令补种被盗伐、滥伐的林木，责令停止开垦，责令停业治理，责令采取补救措施，责令收回非法批准、使用的土地，没收（包括没收违法所得，没收违法买卖的证件、文件，没收在非法转让的土地上新建的建筑物和其他设施，没收苗种），责令非法进入我国管辖海域从事渔业生产或者渔业资源调查的外国人、外国渔船离开或者将其驱逐等。这些处罚形式同样只能在特定的自然资源保护领域和由特定的自然资源保护监督管理部门适用。由于我国至今未制定自然资源保护综合性的法律，对破坏环境者的行政处罚形式，依各自然资源保护单行法的规定而异，但归纳起来，除了警告、罚款之外，还有以下几种：

（1）责令停止破坏行为

指对违反环境保护法的规定破坏环境与自然资源者，由自然资源保护监督管理部门强令其停止破坏行为的行政处罚形式。包括责令停止违法行为，责令停止开垦，责令退还非法占用的土地，责令限期拆除非法转让或者非法占用的土地上新建的建筑物及其他设施，责令停止破坏水土保持行为，责令停止破坏性开采矿产资源活动，责令停止破坏重点保护野生动物主要生息繁衍场所行为，吊销许可证（如吊销特许猎捕证、狩猎证、驯养繁殖许可证或者允许进出口证明书，吊销捕捞许可证、采矿许可证等）。责令停止破坏行为的目的，是为了制止不法行为对生态环境和自然资源的破坏，以便为恢复其生态功能和自然资源的增殖，合理利用以至永续利用创造条件。

（2）责令恢复被破坏的生态环境和自然资源

指对违反环境保护法而破坏生态环境和自然资源者，由自然资源保护监督管理部门依法强令其在一定期限内恢复被破坏的生态功能、资源数量或者使生物繁衍、生存或者持续发展等行政处罚形式，包括责令补种，责令恢复植被，责令恢复原状，责令停业治理，责令限期改正等。这是一种较能体现环境保护立法目的的行政处罚形式。

（3）没收

指县级以上环境保护监督管理部门，强制将违反环境法，破坏环境和自然资源的单位或者个人的部分或者全部违法所得的财物收归国库的行政处罚形式。其中的"违法所得的财物"包括非法猎取的猎获物、渔获物，倒卖采伐许可证、允许进出口证明或者出售、收购、运输、携带国家或者地方重点保护野生动物及其产品，或者非法转让土地的违法所得，在非法占用、转让的土地上新建的建筑物及其他设施，或者非法所得的木材、矿产资源，或者非法使用的猎捕工具、渔具等。"没收"可视违法者的情节决定部分或者全部没收。没收的金钱或者其他财物应如数收归国库，属于他人的财物应经查证之后归还原主。对没收的重点保护野生动物应妥善处理，如放生、交国家或者地方动物园驯养等。近年经修订后颁布施行的《大气污染防治法》、《海洋环境保护法》中，也设有"没收"这种行政处罚形式。如没收转让被淘汰设备者的非法所得，没收制造、销售或者进口超过污染物排放标准机动车、船者的违法所得，没收非法生产、进口、销售含铅汽油和违法所得，没收因开发、利用海洋资源造成珊瑚礁、红树林等遭受破坏的违法所得等。可见"没收"已逐步成为从自然资源保护到污染防治领域所普遍采用的一种行政处罚形式。

（三）行政处罚的程序

根据《行政处罚法》、《环境行政处罚办法》和其他环境保护监督管理部门发布的行政处罚规章的规定，行政处罚程序可分为简易程序和一般程序两种。一般程序可分为调查取证、申辩和举行听证、作出处罚决定、执行四个阶段。

1. 行政处罚案件的管辖

指环境保护监督管理部门查处行政处罚案件的权限和分工。环境行政处罚案件的管辖可分为地域管辖、级别管辖、指定管辖和移送管辖四种。

（1）地域管辖。《行政处罚法》第 20 条规定：行政处罚由违法行为发生地的县级以上人民政府具有行政处罚权的行政机关管辖。环境保护部 2010 年颁布的《环境行政处罚办法》（以下简称为《处罚办法》）第 17 条则规定："县级以上环境保护主管部门管辖本行政区域的环境行政处罚案件。造成跨行政区域污染的行政处罚案件，由污染行为发生地环境保护主管部门管辖。"

（2）级别管辖。指各类环境保护监督管理部门依法对本系统内部上、下级管辖权的划分。违反级别管辖的行政处罚无效。

（3）指定管辖。《处罚办法》第20条规定："下级环境保护主管部门认为其管辖的案件重大、疑难或者实施处罚有困难的，可以报请上一级环境保护主管部门指定管辖。上一级环境保护主管部门认为下级环境保护主管部门实施处罚确有困难或者不能独立行使处罚权的，经通知下级环境保护主管部门和当事人，可以对下级环境保护主管部门管辖的案件指定管辖。上级环境保护主管部门可以将其管辖的案件交由有管辖权的下级环境保护主管部门实施行政处罚。"该办法第19条还规定："对行政处罚案件的管辖权发生争议时，争议双方应报请共同的上一级环境保护主管部门指定管辖。"

（4）移送管辖。《处罚办法》第21条规定："不属于本机关管辖的案件，应当移送有管辖权的环境保护主管部门处理。受移送的环境保护主管部门对管辖权有异议的，应当报请共同的上一级环境保护主管部门指定管辖，不得再自行移送。"

如两个以上环境保护主管部门都有管辖权的环境行政处罚案件，根据《处罚办法》第18条规定，由最先发现或者最先接到举报的环境保护主管部门管辖。

2. 行政处罚的一般程序

适用一般程序的行政处罚案件的条件是：情节较复杂、需要给予较重处罚的案件，也即对公民处以50元以上，对法人或者其他组织处以1000元以上罚款，或者处以警告以外的行政处罚形式的行政处罚案件。其程序可分为以下四个阶段：

（1）调查取证阶段

指环境保护监督管理部门对行政处罚案件开展收集证据和对证据进行审查核实活动的总称。当环境保护监督管理部门发现或者接受举报以及移送的有关污染或者破坏环境的行为、事件，并经初步审查，认为需要予以追究又属于本行政部门管辖，在作出立案的决定之后，便可开展调查取证工作。

（2）申辩和听证阶段

指环境保护监督管理部门在作出行政处罚决定之前，必须充分听取相对人的陈述和申辩，符合法定条件的，还必须组织听证，以核定事实，为作出公正的处罚决定打下基础。

（3）处罚决定阶段

指环境保护监督管理部门的负责人对调查结果（包括对举行听证获得的证据）进行审查核实，并根据不同情况作出决定；对确有应受行政处罚的违法行为，根据情节轻重及具体情况作出行政处罚决定，并由本部门法定代表人签发《环境保护行政处罚决定书》。对违法行为轻微，依法可以不给予行政处罚的，作出不予行政处罚决定。对违法事实不能成立的，作出不予行政处罚的决定。环境保护监督管理部门依法作出行政处罚决定之后，由其法制工作机构负责制作行政处罚决定书。环境保护行政处罚案件自立案之日起，应当在 3 个月内作出处理决定。作出行政处罚决定书的环境保护监督管理部门，应当在 7 日内将处罚决定书送达被处罚人。

（4）执行阶段

指行政处罚决定的实现阶段。环境保护行政处罚决定一经作出，即产生法律效力，当事人如若不履行，又不申请行政复议也不提起诉讼，环境保护监督管理部门可以通过执行措施（即申请人民法院强制执行）强制其履行。当事人逾期不申请复议，也不提起诉讼，又不履行处罚决定时，环境保护监督管理部门可以采取下列执行措施：

①当事人到期不缴纳罚款的，作出处罚决定的环境行政机关可依照《行政处罚法》第 51 条的规定，对当事人每日按罚款数额百分之三加处罚款。当事人对加处罚款有异议的，应当先缴纳罚款和因逾期缴纳罚款所加处的罚款，再依法申请复议或者提起诉讼。

②申请人民法院强制执行。环境保护监督管理部门应当在行政复议或者行政诉讼时效届满之后，再向人民法院申请强制执行。

3. 环境行政处罚的规范

由于我国《环境保护法》和各种环境保护单行法赋予了环境行政管理部门较大的裁量权，为确保环境行政处罚的合法性和合理性，提高环保系统依法行政的能力和水平，有效预防执法腐败，国家环境保护部 2009 年通过了《规范环境行政处罚自由裁量权的若干意见》作为环境行政处罚的内部指南性规则，以该意见作为环境行政处罚案卷评查、行政执法评议考核、环境行政复议和环境信访等监督工作的标准，以纠正行使行政处罚自由裁量权明显不当、显失公正或者其他不规范的行为。

4. 行政处罚的救济

当事人对行政处罚决定不服的，根据《行政处罚法》的规定，可以在接到行政处罚决定 60 日内，向做出处罚决定机关的上一级机关申请复议，对复议决定不服的，可以在 15 日内，向人民法院起诉。当事人也可以在接到处罚决定 15 日内直接向人民法院起诉。

（四）行政处分

行政处分是指国家机关、企业事业单位按照行政隶属关系，依法对在保护和改善生活环境和生态环境，防治污染和其他公害中违法失职，但又不够刑事惩罚的所属人员的一种行政惩罚措施。

1. 行政处分的对象

环境保护领域中，行政处分的对象有二：一是单位实施了破坏或者污染环境的行为，情节较重但又不够刑事惩罚的有关责任人员。二是环境保护监督管理部门的工作人员在执法活动中滥用职权、玩忽职守、徇私舞弊但又不够刑事惩罚的违法行为，如，未经批准或者采取欺骗手段骗取批准，非法占用土地的单位直接负责的主管人员和其他责任人员；企业事业单位在建设和生产过程中造成水土流失不治理的有关责任人员；截留、挪用防沙治沙资金未构成犯罪的单位的直接负责的主管人员和其他责任人员；滥用职权、玩忽职守、徇私舞弊的有关责任人员。我国国家行政机关及其工作人员、企业中由国家行政机关任命的人员有环境保护违法违纪行为，一般应依据《环境保护违法违纪行为处分暂行规定》作出处分。

2. 行政处分的种类

《公务员法》规定：对国家公务员的行政处分形式包括警告、记过、记大过、降级、撤职和开除六种。对于违法失职而不够刑事惩罚的事业单位工作人员，一般将受到事业单位内部或者其上级主管机关的纪律处分，其形式与国家公务员的行政处分形式大体相同，但名称上称为"纪律处分"。

3. 行政处分的程序

行政处分程序分为：立案、调查、申辩、报批、决定、备案六个阶段。依照《监察机关处理不服行政处分申诉的办法》，在收到处分决定后 15 日内提出复审申请；复审之后，如若再不服，还可向作出复审决定的上一级监察机关申请复核。

4. 行政处分与行政处罚的区别

环境保护领域中的行政处分与行政处罚虽同属于行政制裁的性质，并且都是对违反环境保护法而应承担行政责任者实施。但是，在实施行政制裁的机关、对象、情节、形式、程序、救济措施，以至制裁的目的和作用等，都存在明显的区别。

## 四、不服环境行政的救济措施

不服环境行政的救济措施主要包括环境行政复议、环境行政诉讼两大类。

（一）环境行政复议

行政复议是指行政相对人认为具体行政行为侵犯其合法权益，向行政复议机关提出复查该具体行政行为的申请，行政复议机关对被申请的具体行政行为进行合法性、适当性审查，并作出行政复议决定。

我国 1989 年《环境保护法》第 40 条规定："当事人对行政处罚不服的，可以在接到处罚通知之日起 15 日内，向作出处罚决定的机关的上一级机关申请复议"。1999 年 4 月我国颁布实施的《行政复议法》规定："公民、法人或者其他组织认为具体行政行为侵犯其合法权益的，可以自知道该具体行政行为之日起60 日内提出行政复议申请。但是法律规定的申请期限超过 60 日的除外。"《行政复议法》立法在后，依据"后法优于先法"的适用原则，应适用《行政复议法》，以体现为受行政权力侵害的公民提供充分救济的立法精神。

环境行政复议应当依照《行政复议法》，以及《环境行政复议办法》规定的程序和方法进行。另外，依照国家环境保护部《环境行政处罚办法》的规定，环保部门通过接受当事人的申诉和检举，或者通过备案审查等途径，发现下级环保部门作出的行政处罚违法或者显失公正的，应当督促其纠正；经过行政复议发现下级环保部门作出的行政处罚违法或者显失公正的，依法撤销或者变更。

值得一提的是，除了具体行政行为以外，《行政复议法》将抽象行政行为，即规范性文件的制定也纳入复议范围。但适用时应当注意：第一，可以申请复议的抽象行政行为限于规章以下（不包括规章）的规定；第二，行政相对人不能单独、直接以上述抽象行政行为为对象申请复议，而必须在对具体行政行为申请复议时，认为具体行政行为所依据的规定不合法才可一并提出对该规定的审查申请。

依照《行政复议法》规定，公民、法人或者其他组织对行政复议决定不服的，可以依照《行政诉讼法》的规定向人民法院提起行政诉讼。但是法律规定行政复议决定为最终裁决的除外。另外，最高人民法院在 2003 年《关于适用〈中华人民共和国行政复议法〉第 30 条第 1 款有关问题的批复》中提出，根据国务院或省级人民政府对行政区划的勘定、调整或者征用土地的决定，省级人民政府确认土地、矿藏、水流、森林、山岭、草原、荒地、滩涂、海域等自然资源的所有权或者使用权的行政复议决定为最终裁决。

（二）环境行政诉讼

环境行政诉讼，一般是指公民、法人或者其他组织认为环保部门和其他行使环境监督管理权的机关的具体行政行为侵犯其合法权益，向人民法院提起诉讼并由人民法院对该具体行政行为合法性进行审查并作出裁判的活动。环境行政诉讼主要包括依法请求履行法定职责之诉、确认之诉、撤销之诉、变更之诉、行政赔偿之诉以及综合之诉 6 种类型。

我国《行政诉讼法》第 41 条规定，提起诉讼应当符合下列条件：（1）原告是认为具体行政行为侵犯其合法权益的公民、法人或者其他组织；（2）有明确的被告；（3）有具体的诉讼请求和事实根据；（4）属于人民法院受案范围和受诉人民法院管辖。这一规定对诉讼主体资格做了严格的限制。1999 年 11 月最高人民法院制定的《关于执行〈中华人民共和国行政诉讼法〉若干问题的解释》第 12 条规定："与具体行政行为有法律上利害关系的公民、法人或者其他组织对该行为不服的，可以依法提起行政诉讼。"第 13 条之（四）还规定了"与撤销或者变更行政行为有法律上利害关系的"，公民、法人或者其他组织可以依法提起行政诉讼。由此可见，司法实践对《行政诉讼法》中关于诉讼资格的规定作了扩大解释，认可了有利害关系的第三人提起的诉讼，但和民间所期待的公益性行政诉讼还存在较大差距。

## 第二节　环境民事责任

### 一、环境民事责任概述

环境民事责任是指环境法律关系主体因污染环境和破坏环境，依法应承担的民事方面的法律责任。

在我国环境法中，环境民事法律责任包括两类：环境破坏的民事责任和环境污染的民事责任。环境民事责任多为侵权民事责任。其中环境破坏民事责任属于一般的民事侵权责任，而环境污染民事责任则是一种特殊的民事侵权责任，是指环境法律关系主体因污染环境而造成了公共财产或他人财产损失或造成他人人身损害而应承担的民事法律责任，其在归责原则、构成要件、责任承担形式、处理程序上都与一般的民事责任不同。我国《民法通则》第124条规定："违反国家保护环境防止污染的规定，污染环境造成他人损害的，应依法承担民事责任"，《环境保护法》第41条第1款规定："造成环境污染危害的，有责任排除危害，并对直接受到损失的单位或个人赔偿损失。"《侵权责任法》第八章专列了"环境污染责任"一章，并在第65条中规定："因污染环境造成损害的，污染者应当承担侵权责任。"从上述规定可以看出，《民法通则》、《侵权责任法》以及《环境保护法》，都将环境污染民事责任作为一种特殊的民事侵权责任对待。因此，本节对环境污染民事责任进行重点讲述，而对环境破坏民事责任不作赘述。

### 二、环境污染民事责任的构成要件及归责原则

#### （一）环境污染民事责任的构成要件

根据《民法通则》第106条的规定，一般民事责任的构成要件包括四个方面，即违法行为，行为人主观上存在过错，有损害结果，违法行为和损害结果之间存在因果关系。而环境污染民事责任的构成要件，法律依据有《民法通则》、《环境保护法》和《侵权责任法》。通说认为，环境污染民事责任的构成要件包括三个方面，即致害行为，损害结果，致害行为与损害结果之间的因果关系。

（二）环境污染民事责任的归责原则——无过错责任原则

在环境污染民事责任中，现代各国大都实行无过错责任（也称无过失责任）原则。和传统的民事侵权行为相比，环境污染型侵权行为具有以下特征：首先，环境污染型侵权行为多具有持续性和不确定性。传统上的民事侵权行为多是一次性侵害，而环境污染型侵权行为则不一定，有可能是一次性的，也可能是长期的、反复的。其次，环境污染型侵权行为的侵害对象具有不特定性。传统的民事侵权行为，其侵害对象一般多是特定对象，但环境污染型侵害行为属于公害，受害人多，范围广，不太容易确定确切的受害人数量，有时还可能包括后代人。第三，损害后果多具有广域性、潜伏性和不可逆转性。传统的民事侵权行为的损害后果多比较显著，能立即发现，但环境污染型侵权行为所导致的后果则不一定，如一些地区存在的土壤污染、饮用水污染是污染发生以后很长时间才发现的，而且受损害的区域很广，多数情况下难以恢复到被污染前的状态。第四，环境污染侵权行为和损害后果之间的因果关系具有复杂性，判断和证明因果关系的存在十分困难。传统侵权行为和损害后果之间因果关系相对比较单一，容易举证和认定；但环境污染型侵权行为中，往往由于污染物在种类、数量和浓度方面的不同，以及作用对象对污染因子的敏感程度不同而结果各异，因而因果关系的认定十分复杂，难以举证和判断。鉴于环境污染型侵权行为的诸多特点，沿用传统的过错责任制难于追究环境污染民事案件中的致害者的责任，因此各国多倾向于在民事立法中确认无过错责任原则，以便于保护环境和广泛受害者的合法权益。

1. 无过错责任原则的概念

无过错责任是指因污染环境而给他人造成财产或人身损害的单位或个人，即使主观上没有故意或过失，也应对造成的损害承担民事责任。

无过错责任产生、成长于大陆法系土壤（英美法中类似的归责原则多表述为"严格责任"）。无过错责任在德国又被称为危险责任，以特定危险的发生作为归责理由，即持有或经营某种特定具有危险的物品、设施或活动的人，当该物品、设施或活动所具有的危险发生，致使他人权益受到侵害时，应对该损害负赔偿责任，至于赔偿义务人对该事故的发生是否具有故意或过失，在所不问。对此，我国台湾学者王泽鉴总结，危险责任的基本思想不在于对"反社会性行为"的制裁，而在于"对不幸损害之合理分配"。这是因为：危险来源于特定企业、物品或装置的所有人、持有人，只有他们才具有控制危险的能力；按照损益同归原理，获得利益、负担风险为公平正义的要求；相对于受害人而言，企业具有分散责任的可能性，如法律确立最高责任限度，或企业可以通过价格机能以及责任保险等分散。①

我国民法以过错责任原则为一般原则，以无过错责任原则为例外。如《民法通则》第106条第2款规定："公民、法人由于过错侵害国家的、集体的财产，侵害他人财产、人身的，应当承担民事责任。"第3款则规定："没有过错，但法律规定应当承担责任的，应当承担民事责任。"而其后《环境保护法》第41条第1款和《侵权责任法》第7条和第65条的规定则表明，无过错责任原则在我国已明确为环境污染民事责任的归责原则。

2. 无过错责任的免责条件

免责条件，是指因环境污染造成他人财产和人身损害时，因具备法律规定的免除责任的条件而不承担民事责任。

免除民事责任的条件，一般由法律规定。我国《环境保护法》第41条第3款、《大气污染防治法》第63条、《水污染防治法》第85条第2款、《海洋环境保护法》第92条均规定了明确的免责条件。概括来说主要包括以下情形：

（1）不可抗力。我国环境法一般要求在发生不可抗力的情形下，排污者必须在采取合理措施后，仍不能避免损害时，方能免除民事责任。

（2）损害因受害人的故意行为所造成。如《水污染防治法》第85条第3款规定，水污染损害是由受害人故意造成的，排污方不承担赔偿责任。但如果水污染损害是由受害人重大过失而非故意造成的，则只能减轻而不能免除排污者的赔偿责任。

（3）由于第三人的故意或过失引起的。《海洋环境保护法》第90条第1款规定：完全由于第三者的故意或者过失，造成海洋环境污染损害的，由第三者排除危害，并承担赔偿责任。值得注意的是，与1984年、1996年的《水污染防治法》的规定不同，2008年《水污染防治法》将第三人故意或过失导致的损害排除在免责条件之外，规定了排污方的替代责任。该法第85条第3款规定："水污染损害是由第三人造成的，排污方承担赔偿责任后，有权向第三人追偿。"

（4）法律规定的其他特别情形。我国《海洋环境保护法》还规定，负责灯塔或者其他助航设备的主管部门，在执行职责时的疏忽，或者其他过失行为，造成海洋污染损害的，船舶的所有者不承担赔偿责任。

## 三、环境污染民事责任中的共同侵权责任

我国有关共同侵权责任的一般规定，主要见于《民法通则》第130、131、132条的规定以及《侵权责任法》第8－14条的规定。很多情况下环境侵害并非

---

① 参见王泽鉴著：《民法学说与判例研究（二）》，中国政法大学出版社1997年版，第168－169页。

单一主体的排污行为所致。当存在两个以上排污者的排污行为共同导致环境污染时，亦即发生复合污染时，如何确定各个排污者的行为性质和责任呢？

（一）复合污染与共同侵权行为的认定

我国《民法通则》第130条规定："二人以上共同侵权造成他人损害的，应当承担连带责任。"根据这一规定，当不存在共同的主观过错时，就很难确定是否构成共同侵权了。为此，2003年12月最高人民法院《关于审理人身损害赔偿案件适用法律若干问题的解释》第3条规定："二人以上共同故意或者共同过失致人损害，或者虽无共同故意、共同过失，但其侵害行为直接结合发生同一损害后果的，构成共同侵权，应当依照《民法通则》第130条规定承担连带责任。二人以上没有共同故意或者共同过失，但其分别实施的数个行为间接结合发生同一损害后果的，应当根据过失大小或者原因力比例各自承担相应的赔偿责任。"据此，即便不存在共同的主观过错，只要数个行为结合发生同一损害后果，即可认定为共同侵权，学理上可称之为"客观共同侵权"，对应于《民法通则》第130条所规定的"主观共同侵权"。

由于司法解释以"直接结合"和"间接结合"来区分共同侵权的形态和责任，在实践中操作难度很大，因此，2009年《侵权责任法》在延续了既往的将共同侵权区分为主观共同侵权和客观共同侵权的做法的同时，进一步依据责任者和份额是否明确分别确定了不同责任类型。如《侵权责任法》第11条规定："二人以上分别实施侵权行为造成同一损害，每个人的侵权行为都足以造成全部损害的，行为人承担连带责任。"第12条规定："二人以上分别实施侵权行为造成同一损害，能够确定责任大小的，各自承担相应的责任；难以确定责任大小的，平均承担赔偿责任"。

由上观之，结合《侵权责任法》的规定来看，一般情况下，复合污染应属"二人以上分别实施侵权行为造成同一损害"的客观共同侵权行为。

（二）复合污染与责任分担

我国环境污染防治立法对于复合污染情况下的赔偿责任如何承担并无特别规定。《侵权责任法》第67条针对环境污染民事责任中的共同侵权责任作了规定："两个以上污染者污染环境，污染者承担责任的大小，根据污染物的种类、排放量等因素确定。"结合该法第12条的规定来看，对于复合污染情形下污染者的责任应适用按份责任为宜，具体份额的判断应考虑污染物的种类、排放量等因素，比较衡量各加害人致害行为的原因力大小来判断。当原因力大小无法比较时，应由排污者平均承担赔偿责任。

## 四、环境污染民事责任的形式

环境污染民事责任的形式是指责任主体因污染危害环境造成公共财产或者

他人财产、人身损失依法应承担民事法律后果的方式。

对于一般民事责任，《民法通则》第 134 条规定了承担民事责任的 10 种形式：（1）停止侵害；（2）排除妨碍；（3）消除危险；（4）返还财产；（5）恢复原状；（6）修理、重作、更换；（7）赔偿损失；（8）支付违约金；（9）消除影响，恢复名誉；（10）赔礼道歉。《侵权责任法》第 15 条规定了承担侵权责任的 8 种形式：（1）停止侵害；（2）排除妨碍；（3）消除危险；（4）返还财产；（5）恢复原状；（6）赔偿损失；（7）赔礼道歉；（8）消除影响，恢复名誉。而关于环境污染民事责任形式，《环境保护法》和各种环境污染防治单行法仅概括规定了"排除危害"和"赔偿损失"两种。

（一）排除危害

1. 排除危害的概念

指国家强令已造成或者可能造成环境污染危害者，排除可能发生的环境污染危害，或者停止已经发生的危害，并消除其影响的民事责任形式。

2.《环境保护法》中的排除危害与《民法通则》中停止侵害、排除妨碍、消除危险的比较

（1）二者表述方式不同，但内容是一致的。排除危害包含了停止侵害、排除妨碍、消除危险三种民事责任形式，是对这三种民事责任形式的概括表达。

（2）二者都属于预防性民事责任形式。停止侵害是指停止已发生的环境污染危害行为；排除妨碍是指排除对他人享有的环境权益的妨害；消除危险则是指消除实际存在的环境污染危害的危险（即威胁）。都是属于预防性而非补偿性的民事责任形式，也都是属于非财产性的民事责任形式，均适用于侵权责任。

（3）排除危害的预防性功能更佳。因为，从排除危害的定义可知，它同时涵盖了对已经发生的环境污染危害的停止、排除使其不再继续发生，对实际可能发生但尚未发生的环境污染危害的排除三个方面。因此，这种民事责任形式同时具有预防和制止环境污染危害发生的作用。适用这一责任形式可以减轻（已经发生的环境污染危害）甚至避免（可能发生的环境污染危害）对财产、人身的损害，与只具事后补偿性功能的赔偿损失相比更具有积极的预防作用。

3. 排除危害请求权的依据

排除危害请求权的主张依据，究竟应基于人格权侵害还是物权侵害抑或二者均可，《环境保护法》第 41 条第 1 款并未明确。但从我国司法实践来看，法院更倾向于接受基于物权侵害提出的排除危害主张。这主要是因为我国《民法通则》和《物权法》的规定相对明确。如《民法通则》第 83 条规定："不动产的相邻各方，应当按照有利生产、方便生活、团结互助、公平合理的精神，正确处理截水、排水、通行、通风、采光等方面的相邻关系。给相邻方造成妨碍或者损失的，应当停止侵害，排除妨碍，赔偿损失。"《物权法》第 35 条规定：

"妨害物权或者可能妨害物权的，权利人可以请求排除妨害或者消除危险"；第 37 条规定"侵害物权，造成权利人损害的，权利人可以请求损害赔偿，也可以请求承担其他民事责任"。此外，《物权法》第七章还以专章的形式（第 84－92 条）规定了对"相邻关系"的保护。

4. 排除危害与利益衡量

排除危害的请求权，尽管结合物权法的相关规定来看似乎明确简单，但从国内外相关实践来看，个案处理其实甚为复杂，往往需要对多方面的利益加以综合衡平。

（二）赔偿损失

赔偿损失是指国家强令污染危害环境的公民或者法人，以自己的财产弥补对国家或者他人所造成的财产损失的民事责任形式。

损失可分为直接损失和间接损失，物质损失和精神损害等。直接损失是指受环境污染危害而导致法律所保护的现有财产的减少或者丧失的实际价值，也即受害人的权利客体的缩减或者灭失，也称实际损失；间接损失是指由直接损失引起和牵连的其他损失，也即在正常条件下可以得到，但因环境污染危害而未能得到的那部分合法收入，也称可得利益损失。以渔民放养鱼苗为例。鱼苗因鱼池受污染而死亡是渔民的直接损失，间接损失则是指正常条件下鱼苗长大成鱼后渔民所应获得的那部分收入的丧失。赔偿范围包括直接损失和间接损失的实际价值的赔偿。物质损失是指受害人因受环境污染危害所导致的财产上的损失。精神损害在民法中，是指侵害行为所造成的人格伤害。我国现行法律未将因环境污染危害而受损害的现象包括在人格伤害之内。赔偿损失这一民事责任形式，在解决一般民事纠纷和环境污染民事纠纷中适用的最普遍。因为，当污染危害环境的行为造成了物质损失而不能恢复原状、或者不能返还原物时，致害者可用自己的财产赔偿受害人的物质损失。

在法律有特别规定的情况下，损失还可能包括环境损失。如我国加入的《修正 1969 年国际油污损害民事责任公约的 1992 年议定书》第 2 条第 6 款规定"污染损害"系指："（a）油类从船上溢出或排放引起的污染在该船之外造成的灭失或损害，不论此种溢出或排放发生于何处；但是，对环境损害（不包括此种损害的利润损失）的赔偿，应限于已实际采取或将要采取的合理恢复措施的费用；（b）预防措施的费用及预防措施造成的进一步灭失或损害。"而我国加入的《控制危险废物越境转移及其处置巴塞尔公约的责任和赔偿议定书（1992）》第 2 条第 2 款 c 项则将"损失"定义为：（ⅰ）生命丧失或人身伤害；（ⅱ）财产丧失或损坏，但根据本议定书应对损害负责者所持有的财产的丧失或损坏不在此列；（ⅲ）直接产生于通过以任何方式使用环境而获取的经济利益的收入因环境遭到破坏而告丧失，同时计及可节省的资金和所涉费用；（ⅳ）为恢复被破坏的环境而采取的措施所涉费用，但只限于已实际采取或拟采取的措施所涉及的费用；（Ⅴ）预防措施所涉费用，包括此种措施本身所造成的任何损失或损害，只要此种损害系由受《公约》管制的危险废物和其他废物在越境转移及处置中因其危险特性而引起或造成。

### 五、追究环境污染民事责任的程序

根据《环境保护法》和各种环境污染防治单行法的规定，我国法律对公害民事纠纷的解决适用两个并列的程序：一是根据当事人的请求，由环境保护监督管理部门调解处理，亦即行政调解处理程序；二是由当事人直接向人民法院起诉，称为民事诉讼程序。

（一）行政调解处理程序

1. 行政调解处理程序的概念

行政调解处理程序是指环境保护监督管理部门根据当事人的请求，对环境污染危害造成损失引起的赔偿责任和赔偿金额争议进行调解处理的步骤的总称。

2. 行政调解处理程序的性质

《环境保护法》第41条第2款规定："赔偿责任和赔偿金额的纠纷，可以根据当事人的请求，由环境保护行政主管部门或者其他依照本法律规定行使环境监督管理权的部门处理；当事人对处理决定不服的，可以向人民法院起诉。当事人也可以直接向人民法院起诉。"

由于《环境保护法》第41条第2款的规定中并未明确"处理"的性质为何，因而在实践中一度争议很大。1991年11月26日，原国家环境保护局向全国人大法律工作委员会提交了《关于如何正确理解和执行〈环境保护法〉第41条第2款的请示》。该请示提出，行政机关对于环境污染纠纷的处理，在性质上应属于行政机关居间对当事人之间的民事争议的调解处理，所以当事人如果不服则应当向人民法院提起民事诉讼，而不应当以环保部门为被告提起行政诉讼。对此，全国人大常委会法制工作委员于1992年1月31日作了解释：环保部门对这类纠纷的处理，在性质上属于行政机关居间对当事人之间的民事权益争议的调解处理。为了避免对"处理决定"产生歧义，《固体废物污染环境防治法》、《环境噪声污染防治法》和《大气污染防治法》都对此作了明确的规定，即把"处理"修改为"调解处理"，把"对处理决定不服"改为"调解不成"等。因此，在我国，环境行政管理部门调解环境污染损害赔偿纠纷的行为，对双方当事人均无强制约束力和强制执行力。对环保部门就环境污染损害赔偿责任和赔偿金额纠纷所做的处理，一方当事人不服或不执行的，不能以做出行政调解处理的行政机关为被告提起行政诉讼，也不能要求行政机关进行强制执行，只能以对方为被告向人民法院提起民事诉讼。

3. 行政调解处理程序的意义

环境保护监督管理部门主持下调解处理公害民事赔偿纠纷的积极意义在于，首先，环境保护监督管理部门作为专门的行政管理部门，具有较高的权威性，易于得到当事人的信任和服从；其次，环境保护监督管理部门处理公害民事赔偿纠纷具有专业性。因为环境保护监督部门积累了环境污染危害方面的知识和经验，且多具备进行及时取证、鉴定的手段和专业技术；第三，由行政部门进行调解的程序比较便捷，可免去法院判决程序的讼累。因此，尽管环境行政调解行为并非诉讼的前置程序，也不具有终局性，但我国《环境保护法》和各种环境污染防治单行法，都把解决公害民事赔偿纠纷的行政调解处理程序列为第一个程序。

4. 行政调解处理的一般程序

行政调解处理程序概括为：申请、受理、调查、调解和执行五个阶段。

（二）民事诉讼程序

1. 环境污染民事诉讼的概念

是指环境污染的受害人依据民事诉讼法向人民法院提起的，要求人民法院确认其民事权益或要求相对人履行民事义务，或要求人民法院变更民事权利、义务的诉讼。

2. 环境污染民事诉讼程序的特点

（1）起诉资格的放宽

一般民事诉讼中，原告须是与诉讼有直接利害关系的人。由于环境要素具有公共性的特征，若拘泥于这一一般性的规定，一旦发生环境污染与破坏时，便无人可以对这一行为提起诉讼，这不利于公众参与环境保护，因此，英美等国的环境法中规定了"公民环境诉讼"（或称公益环境诉讼），即一种允许与案件无直接利害关系的原告出于公益目的向法院起诉的诉讼制度，任何人都可以向污染和破坏环境的行为提起诉讼。美国的司法实践表明，在美国的环境公益诉讼者鲜为污染受害者，常常是为其成员谋求利益的公民团体组织，或是热心公益的公民。

2012年8月修订的我国《民事诉讼法》第55条规定，对污染环境、侵害众多消费者合法权益等损害社会公共利益的行为，法律规定的机关和有关组织可以向人民法院提起诉讼。

（2）举证责任的转移

举证责任是指当事人对自己的主张负有提供证据的责任，否则可能导致败诉的法律后果。

最高人民法院《关于适用〈民事诉讼法〉若干问题的意见》第74条规定，因环境污染引起的损害赔偿诉讼，对原告提出的侵权事实，被告否认的，由被告负责举证。这一规定也称为"举证责任倒置"，即将《民事诉讼法》规定的当事人对自己的主张有责任提供证据的原则修改为由被告举证。

最高人民法院还在 2001 年 12 月制定的《关于民事诉讼证据的若干规定》第 4 条第 1 款第 3 项规定："因环境污染引起的损害赔偿诉讼，由加害人就法律规定的免责事由及其行为与损害结果之间不存在因果关系承担举证责任。"这一规定较 1992 年的司法解释进一步明确了加害人举证责任的具体内容。

《侵权责任法》第 66 条规定："因污染环境发生纠纷，污染者应当就法律规定的不承担责任或者减轻责任的情形及其行为与损害之间不存在因果关系承担举证责任。"至此，环境污染引起的损害赔偿诉讼的举证责任方式和内容已为法律所明确，弥补了《民事诉讼法》规定的不足。

（3）因果关系的推定

在公害的民事赔偿纠纷中，污染危害环境的行为与损害结果之间的因果关系的认定，往往比一般民事责任、行政责任和刑事责任中因果关系的认定要复杂和困难得多，这主要是因为：第一，环境侵权是通过"环境"这一载体，再作用于人体和财产，因果关系具有间接性；第二，环境污染物在环境中的迁移、扩散和转化，使因果关系难以证明，很难取得因果关系的直接证据；第三，污染损害结果往往存在时滞性，因果关系认定极为困难；第四，现实中，多因现象的客观存在使判断究竟是其中的哪一方原因导致损害结果很困难。因此，环境污染损害赔偿诉讼多实行因果关系的推定。日本司法实践中已经总结出的主要因果关系推定理论有高度盖然说、间接反证说、疫病学因果关系说等。

（4）诉讼时效的延长

因环境污染损害赔偿提起诉讼的时效期间为 3 年，从当事人知道或者应当知道污染损害时起计算。

# 第三节　环境刑事责任

## 一、环境刑事责任的概念

是指个人或者单位（包括法人和其他组织）因违反环境资源保护法，严重污染或者破坏环境资源，造成或者可能造成公私财产重大损失或者人身伤亡的严重后果，触犯刑法构成犯罪所应负的刑事方面的法律后果。1997 年修改后的《刑法》，在分则第六章妨碍社会管理秩序罪中专门设立第六节规定"破坏环境资源保护罪"，从第 338 条至第 346 条规定了有关破坏环境资源罪，此类罪的刑罚种，包括管制、拘役、有期徒刑三种主刑和罚金、没收财产两种附加刑，没有无期徒刑、死刑这两种主刑和剥夺政治权利这一附加刑。

## 二、破坏环境资源罪构成要件

破坏环境资源罪构成要件是指《刑法》所规定的，为确定某一具体行为是犯罪所必需的客观、主观要件组成的具有特定社会危害性的有机整体，即确定某一具体行为犯罪必须具备的要件。破坏环境资源罪的犯罪构成包括：

（一）犯罪客体

指《刑法》所保护而被犯罪行为侵害或者威胁的社会权益。破坏环境资源保护罪类的犯罪客体，是指环境保护法规定并为《刑法》所保护的环境权益，如合理开发利用并可持续发展的环境资源保护权益等。犯罪客体与犯罪对象不同。后者是指犯罪行为直接指向的具体的人和物，如破坏环境资源保护罪类中犯罪行为所侵害的人体健康、水体、森林、野生动植物等。破坏环境资源罪所侵犯的客体是复杂客体。

（二）犯罪客观方面

指犯罪行为及所造成的危害后果。在环境保护领域中，犯罪行为表现为向环境排放、倾倒或者处置有毒有害物质造成重大环境污染事故的行为；非法猎捕、杀害国家重点保护的珍贵、濒危野生动物的行为；采取破坏性开采方法开采矿产资源的行为；盗伐、滥伐林木的行为；毁坏耕地的行为；非法采伐、毁坏珍贵树木的行为；在禁渔区、禁渔期或者使用禁用的工具、方法捕捞水产品情节严重的行为等等。《刑法》关于破坏环境资源保护罪类所规定的各种具体犯罪中，危害后果是大多数犯罪构成要件，一些犯罪以是否有严重危害结果作为划分罪与非罪的界限，如重大环境污染事故罪、擅自进口固体废物罪，必须是已经造成重大环境污染事故，致使公私财产遭受重大损失或者危害人体健康甚至人身伤亡的严重后果才构成犯罪，否则不构成犯罪。但是，在另一些犯罪中，行为人只要实施了《刑法》所禁止的行为，即使未造成实际的危害后果，也是该犯罪的既遂，就应处以刑罚。如违反《固体废物污染环境防治法》的规定，将境外的固体废物进境倾倒、推放、处置的行为；以牟取暴利为目的，在林区非法收购明知是盗伐、滥伐的林木的行为。这些规定体现了"预防为主"和处罚"危险犯"的精神，对遏制严重的污染或者破坏环境资源犯罪行为具有积极的作用。如《刑法》规定危害后果是犯罪的构成要件时，这种犯罪的客观方面表现为情节的严重性。

（三）犯罪主体

在破坏环境资源保护罪类中，犯罪主体既包括自然人，也包括单位。

（四）犯罪主观方面

指实施了危害社会行为者对其行为及结果的心理状态，即故意或者过失的犯意。环境污染犯罪多为过失，环境破坏犯罪多为故意。

### 三、刑法关于破坏环境资源保护罪的罪名

破坏环境资源保护罪是指个人或者单位违反环境保护法，污染或者破坏环境资源造成或者可能造成公私财产重大损失或者人身伤亡的严重后果，依照《刑法》应受到刑事惩罚的行为。此类犯罪既包括污染环境构成犯罪的行为，也包括破坏环境资源构成犯罪的行为。由《刑法》第 338 条至第 346 条的规定还可知，破坏环境资源保护罪类包括下列 14 种具体犯罪：

（一）重大环境污染事故罪（第 338 条）

根据 2011 年《刑法修正案（八）》，重大环境污染事故罪是指违反国家规定，排放、倾倒或者处置有放射性的废物、含传染病病原体的废物、有毒物质或者其他有害物质，严重污染环境，触犯《刑法》构成犯罪的行为。

值得注意的是，此前刑法规定构成本罪的客观方面须达到"致使公私财产遭受重大损失或者人身伤亡的严重后果"。和修改前的刑法有关本罪的规定相比，[①] 修正案不再将人身或财产方面的严重损害作为本罪的构成要件来对待，并且也不再限定污染物排放的场所为"土地、水体和大气"，以前规定中的"危险废物"也被修改为"有害物质"。这些修改意味着刑法将环境资源的生态功能和生态价值作为重要的法益保护，降低了本罪的入罪门槛，扩大了犯罪行为类型，强化了污染环境的刑事责任。

本罪的刑罚，依照危害后果的不同分为两个档次：后果严重的，处 3 年以下有期徒刑或者拘役，并处或者单处罚金；后果特别严重的，处 3 年以上 7 年以下有期徒刑，并处罚金。

（二）非法倾倒、堆放、处置进口固体废物罪（第 339 条第 1 款）

指违反《固体废物污染环境防治法》，将境外固体废物进境倾倒、堆放、处置，造成或者可能造成重大环境污染事故，致使公私财产遭受或者可能遭受重大损失或者严重危害人体健康，触犯《刑法》构成犯罪的行为。需要注意的是"危害后果"不是构成本罪的必要条件，而是加重处罚的情节，体现了处罚"危险犯"的立法精神；本罪的主观方面是间接故意。

---

① 《刑法修正案（八）》公布之前的《刑法》第 338 条规定：违反国家规定，向土地、水体、大气排放、倾倒或者处置有放射性的废物、含传染病病原体的废物、有毒物质或者其他危险废物，造成重大环境污染事故，致使公私财产遭受重大损失或者人身伤亡的严重后果的，处三年以下有期徒刑或者拘役，并处或者单处罚金；后果特别严重的，处三年以上七年以下有期徒刑，并处罚金。

对本罪的刑罚，依照不同的危险程度和危害后果分为三个档次：第一个档次，将境外固体废物进境倾倒、堆放、处置的犯罪行为，处5年以下有期徒刑或者拘役，并处罚金；第二个档次，上述行为造成了重大环境污染事故，致使公私财产遭受重大损失或者严重危害人体健康的，处5年以上10年以下有期徒刑，并处罚金；第三个档次，造成后果特别严重的，处10年以上有期徒刑，并处罚金。

本罪与走私罪比较接近，因二者都有非法入境的行为。两罪的区别在于：第一，客体不同。本罪的客体是国家有关固体废物污染防治的管理制度，属于妨害社会管理秩序的犯罪，而走私罪侵犯的是国家的对外贸易管制，属于破坏社会主义市场经济秩序的犯罪。第二，客观方面的表现不同。本罪表现为违反国家规定，将境外的固体废物进境倾倒、堆放、处置的行为，而走私罪则表现为违反海关法规，逃避海关监督、检查的走私行为。

（三）擅自进口固体废物罪（第339条第2款）

指未经环境保护行政主管部门许可，擅自进口国家禁止进口或者限制进口用作原料的固体废物，造成重大环境污染事故，致使公私财产遭受重大损失或者严重危害人体健康，触犯《刑法》构成犯罪的行为。如果未造成严重危害后果，则不认为是本罪，而按照非法倾倒、堆放、处置进口固体废物罪处罚。可见，本罪属于"结果犯"。如果行为表现为逃避海关，以原料利用为名进口不能用作原料的固体废物的，则依走私罪论处。犯罪主观方面为间接故意。

本罪的刑罚按照造成危害后果的大小分为两个档次：第一个档次，对造成严重后果的，处5年以下有期徒刑或者拘役，并处罚金；第二个档次，对后果特别严重的，处5年以上10年以下有期徒刑，并处罚金。

（四）非法捕捞水产品罪（第340条）

指违反《渔业法》，在禁渔区、禁渔期，或者使用禁用的工具、方法捕捞水产品，情节严重，触犯《刑法》构成犯罪的行为。犯罪客体是渔业资源保护权益和国家对渔业的管理秩序（属于复合客体）。犯罪客观方面表现为违反《渔业法》的规定，在禁渔区、禁渔期或者使用禁用的工具、方法捕捞水产品，情节严重的行为。就是说，行为人违反了"四禁"之一，情节又严重，即构成本罪。所谓"情节严重"，是指数量较大，屡教不改，以禁止使用的炸药、剧毒农药、电网等严重危害渔业资源的方法捕捞等。犯罪主观方面是故意（包括直接故意和间接故意），如果过失实施或者无上述严重情节，不构成本罪。犯罪主体为一般主体，多为我国不法渔民和境外渔轮。

本罪的刑罚为3年以下有期徒刑、拘役、管制或者罚金。

（五）非法猎捕、杀害、收购、运输、出售国家重点保护的珍贵、濒危野生动物罪（第 341 条第 1 款）

指违反《野生动物保护法》的规定，猎捕、杀害或者收购、运输、出售国家重点保护的珍贵、濒危野生动物，触犯《刑法》构成犯罪的行为。犯罪客体是珍贵、濒危野生动物的生存权益和国家对其管理秩序。犯罪客观方面表现为，非法猎捕、杀害、收购、运输、出售国家重点保护的珍贵、濒危野生动物的行为。

本罪的刑罚分为三个档次：一般情节的，处 5 年以下有期徒刑或者拘役，并处罚金；情节严重的，处 5 年以上 10 年以下有期徒刑，并处罚金；情节特别严重的，处十年以上有期徒刑，并处罚金或者没收财产。

（六）非法收购、运输、出售国家重点保护的珍贵、濒危野生动物制品罪（第 341 条第 1 款）

指违反《野生动物保护法》的规定，收购、运输、出售国家重点保护的珍贵、濒危野生动物制品，触犯《刑法》构成犯罪的行为。

本罪的刑罚与非法猎捕、杀害、收购、运输、出售国家重点保护珍贵、濒危野生动物罪的刑罚基本相同。

（七）非法狩猎罪（第 341 第 2 款）

指违反《野生动物保护法》，在禁猎区、禁猎期或者使用禁用的工具、方法狩猎，破坏野生动物资源，情节严重，触犯《刑法》构成犯罪的行为。其中的"情节严重"是指未持有狩猎证的、屡教不改的或者是数量较大的等等。如果虽持有狩猎证，但猎捕的是国家重点保护的珍贵、濒危野生动物，则不应以本罪论处。

本罪的刑罚：按照不同情节处以 3 年以下有期徒刑、拘役、管制或者罚金。

（八）毁坏耕地罪（第 342 条）

指违反《土地管理法》、《基本农田保护条例》等法律法规，非法占用耕地，改作他用，数量较大，造成耕地大量毁坏，触犯《刑法》构成犯罪的行为。其中的"非法占用"是指未经批准或者采取欺骗、行贿等手段获取批准而占用耕地。"改作他用"是指将耕地改作建窑、建房、建坟、挖砂、采石、取土、堆放废物或者其他活动毁坏种植条件、破坏耕地等。需要注意的是。本罪属于"结果犯"，即只要实施了上列破坏耕地中的任何一种行为，并已造成耕地大量被毁，就构成本罪。

本罪的刑罚为：根据不同情节处以 5 年以下有期徒刑，或者拘役，并处或者单处罚金。

（九）非法采矿罪（第 343 条第 1 款）

根据 2011 年《刑法修正案（八）》，本罪是指违反《矿产资源法》的规定，未取得采矿许可证擅自采矿，擅自进入国家规划矿区、对国民经济具有重要价值的矿区和他人矿区范围采矿，或者擅自开采国家规定实行保护性开采的特定矿种，情节严重，触犯《刑法》构成犯罪的行为。本罪的犯罪客体是公民矿产资源的环境保护权益和国家对矿产资源的管理秩序。其中对擅自进入他人矿区范围开采的，犯罪客体还应包括他人的财产权。犯罪客观方面表现为未取得采矿许可证而实施了五个"擅自"采矿的违法行为之一，情节严重的行为。按照2003年《最高人民法院关于审理非法采矿、破坏性采矿刑事案件具体应用法律若干问题的解释》，具有以下情形之一者，属于"未取得采矿许可证擅自采矿"：无采矿许可证开采矿产资源的；采矿许可证被注销、吊销后继续开采矿产资源的；超越采矿许可证规定的矿区范围开采矿产资源的；未按采矿许可证规定的矿种开采矿产资源的（共生、伴生矿种除外）；其他未取得采矿许可证开采矿产资源的情形。

本罪的刑罚，分两个档次：造成矿产资源破坏的，处3年以下有期徒刑、拘役或者管制，并处或者单处罚金；造成矿产资源严重破坏的，处3年以上7年以下有期徒刑，并处罚金。

（十）破坏性采矿罪（第343条第2款）

指违反《矿产资源法》的规定，采取破坏性方法开采矿产资源造成严重破坏，触犯《刑法》构成犯罪的行为。其中的"破坏性开采方法"如对具有工业价值的共生矿和伴生矿未采取综合性开采措施；对暂时不能综合开采或者必须同时开采而暂时不能综合利用的矿产，以及含有有用组成成分的尾矿未采取保护性措施而造成矿产资源破坏、浪费的严重后果。

本罪的刑罚：根据不同情节处以五年以下有期徒刑或者拘役，并处罚金。

（十一）非法采伐、毁坏珍贵树木罪（第344条）

指违反《森林法》和《野生植物保护条例》的规定，非法采伐、毁坏珍贵树木，触犯《刑法》构成犯罪的行为。"非法采伐"是指未取得采伐许可证或者经过欺骗、行贿等手段取得采伐许可证，或者超过许可证规定的采伐株数、树种进行采伐；"毁坏珍贵树木"则表现为使其丧失原有功能和正常生长发育的能力。

本罪的刑罚分为两个档次：对一般情节的，处3年以下有期徒刑、拘役或者管制，并处罚金；情节严重的，处3年以上7年以下有期徒刑，并处罚金。

（十二）盗伐林木罪（第345条）

指违反《森林法》的规定，以非法占有为目的，用秘密的方法砍伐国家、集体或者他人森林或者其他林木，触犯《刑法》构成犯罪的行为。

本罪的刑罚分为三个档次："数量较大的"，处3年以下有期徒刑、拘役或者管制，并处或者单处罚金："数量巨大的"，处3年以上7年以下有期徒刑，并处罚金。"数量特别巨大的"处7年以上有期徒刑，并处罚金。

（十三）滥伐林木罪（第345条第2款）

指违反《森林法》的规定，无采伐许可证或者未按照采伐许可证规定的地点、数量、树种、方式而任意采伐本单位所有或者管理，或者本人自留山上的森林或者其他林木，数量较大，触犯《刑法》构成犯罪的行为。

本罪的刑罚分两个档次："数量较大的"处3年以下有期徒刑、拘役或者管制，并处或者单处罚金。"数量巨大的"，处3年以上7年以下有期徒刑，并处罚金。"盗伐、滥伐国家级自然保护区内的森林或者其他林木的，从重处罚"。

应注意区分非法采伐、毁坏珍贵树木罪与盗伐林木罪、滥伐林木罪。三罪都属于侵害林木资源的犯罪，侵犯的客体都是国家对森林资源保护的管理制度，犯罪主体均包括自然人和单位，且主观罪过形式都是故意，但非法采伐、毁坏珍贵树木罪与盗伐林木罪、滥伐林木罪仍是有区别的，主要表现在：（1）犯罪的客观方面不同。非法采伐、毁坏珍贵树木罪表现为违反《森林法》的规定，非法采伐、毁坏珍贵树木的行为，其中不仅包括非法采伐的行为，还包括故意毁坏的行为，使珍贵树木的价值或使用价值部分或全部丧失的行为，如放火、爆炸等方法行为，行为人只要实施了非法采伐、毁坏即可构成犯罪，情节是否严重则用来作为量刑轻重的参考；而盗伐林木罪、滥伐林木罪分别表现为未经林业行政主管部门批准，私自采伐国有或集体或个人承包经营管理的林木的行为（此为盗伐林木的行为），和未经林业行政主管部门批准并核发采伐许可证，或虽有许可证但不按照许可证的要求而任意采伐自己所有的林木的行为（此为滥伐林木的行为），其中，后两罪均属于"数量犯"。（2）对象不同。非法采伐、毁坏珍贵树木罪的对象只能是珍贵树木，即《国家珍贵树种名录》和《国家重点保护的野生植物名录》所列的珍贵树木；盗伐林木罪、滥伐林木罪的对象则指珍贵树木以外的其他木本植物。

（十四）非法收购盗伐、滥伐的林木罪（第345条第3款）

指违反《森林法》的规定，为牟取暴利而在林区非法收购明知是盗伐或者滥伐的林木，触犯《刑法》构成犯罪的行为。"情节严重"是指数量较大，多次违法或者其他欺骗行为等。

本罪的刑罚，分为两个档次："情节严重的"，处3年以下有期徒刑、拘役或者管制，并处或者单处罚金；"情节特别严重的"，处3年以上7年以下有期徒刑，并处罚金。

## 四、其他与破坏环境资源罪相关的犯罪

（一）走私废物罪

我国《刑法》第三章"破坏社会主义市场经济秩序罪"第二节"走私罪"中还有"以走私罪论处"的行为。其中，第152条第2款就规定了走私废物罪：

"逃避海关监管将境外固体废物、液态废物和气态废物运输进境，情节严重的，处5年以下有期徒刑，并处或单处罚金；情节特别严重的，处5年以上有期徒刑，并处罚金。"

（二）关于国家环境与资源管理工作人员渎职的犯罪

我国《刑法》第九章"渎职罪"中第408条对有关环保工作人员渎职犯罪作了具体的规定："负有环境保护监督管理职责的国家机关工作人员严重不负责任，导致发生重大环境污染事故，致使公私财产遭受重大损失或者造成人身伤亡的严重后果的，处3年以下有期徒刑或者拘役。"

依照2001年7月《人民检察院直接受理立案侦查的渎职侵权重特大案件标准（试行）》（以下简称立案标准）的规定，环境监管失职罪是指负有环境保护监督管理职责的国家机关工作人员严重不负责任，不履行或不认真履行环境保护监管职责导致发生重大环境污染事故，致使公私财产遭受重大损失或者造成人身伤亡的严重后果的行为。涉嫌下列情形之一的，应予立案：（1）造成直接经济损失30万元以上的；（2）造成人员死亡1人以上，或者重伤3人以上，或者轻伤10人以上的；（3）使一定区域内的居民的身心健康受到严重危害的；（4）其他致使公私财产遭受重大损失或者造成人身伤亡严重后果的情形。根据该立案标准的规定，有下列结果之一的构成重大案件：造成直接经济损失100万元以上的；致人死亡2人以上或者重伤5人以上的；致使一定区域生态环境受到严重危害的。有下列结果之一的构成特大案件：造成直接经济损失300万元以上的；致人死亡5人以上或者重伤10人以上的；致使一定区域生态环境受到严重破坏的。

此外，在我国《刑法》第407条还规定了林业主管人员渎职罪；第410条规定了国家工作人员非法批准征用土地、占用土地罪。

（三）我国《刑法》分则的其他有关规定

除了上述规定之外，我国《刑法》还在"危害公共安全罪"、"走私罪"中分别规定了与破坏环境资源保护犯罪有关的犯罪。例如，第114条有关放火罪（烧毁森林）、投毒罪（污染水源）；第136条有关违反化学危险物品管理规定罪；第151条走私珍贵动物及其制品罪。虽然规定在不同的章节，但是它们都属于与破坏环境资源保护犯罪相关的犯罪。

## 理论思考与实务应用

### 一、理论思考

（一）名词解释

1. 环境侵权行为

2. 环境违法行为

3. 重大环境污染事故罪

（二）简述题

1. 环境侵权行为的构成有何特点？

2. 环境行政调解的效力如何？对环境行政调解不服能否提起行政诉讼？

3. 试述罚款、罚金和赔偿金的区别

（三）论述题

1. 限期治理的法律性质

2. 环境民事责任的构成要件

3. 我国《刑法修正案（八）》对《刑法》第六章中"破坏环境资源保护罪"一节进行了哪些修改？这一修改有何意义？

## 二、实务应用

### （一）案例分析示范

**案例一：浙江蝌蚪案**

某农场 1991 年建成养殖场养殖美国青蛙，收入甚丰。但从 1993 年冬季开始，该养殖场的取水河道为上游 5 家超标排污企业的工业废水所污染。1994 年 4 月，养殖场的蝌蚪和幼蛙开始死亡，当年 9 月，几乎全部死亡。因环保部门调解未果，养殖场遂以 5 企业为被告提起民事诉讼，请求判令被告赔偿养殖场经济损失，并排除污染危害，停止侵权。一审判决认为，尽管 5 企业超标排污和养殖场饲养的青蛙蝌蚪死亡造成重大经济损失均是事实，但原告没有证据证明青蛙蝌蚪死于水污染，故无法确定原告损害事实与被告排污行为之间存在着必然的因果关系，因而驳回原告起诉。

问：一审法院的判决是否正确？

评析：

根据 1992 年最高人民法院《关于适用〈民事诉讼法〉若干问题的意见》第 74 条规定，本案应采用举证责任倒置和因果关系推定的原则来判断 5 被告的违法排污行为与养殖场主张的损害事实之间的因果关系。因此，就本案而言，一审法院的判决是错误的。

**案例二：非法猎捕、杀害、出售雪豹案**

农民木某为了牟取暴利，窜入某自然保护区内猎捕国家重点保护的野生雪豹 1 只。后木某将捕杀的雪豹皮高价卖给了商人肖某。据查，肖某共收购并出售了 4 具雪豹尸体，2 副雪豹骨架，在自己收购的同时，他还指使他人进行收购、运输、销售雪豹皮。后肖某和木某均被公安机关依法拘留，经查上述事实属实。

问：肖某和木某行为是否构成犯罪？罪名是什么？①

**评析：**

雪豹是我国一级保护动物。肖某行为构成非法收购、运输、出售珍贵、濒危野生动物及其制品罪。木某行为构成非法猎捕、杀害濒危野生动物罪和非法出售濒危野生动物制品罪。两人均应当数罪并罚。

### 案例三：渤海湾蓬莱 19 – 3 油田漏油案

2011 年 6 月 4 日和 6 月 17 日，A 公司在渤海湾的蓬莱 19 – 3 油田发生两次漏油事故。该油田由 A 公司和美国 B 石油公司的全资子公司 C 公司合作开发，作业方为 C。事故发生当时，据监测，这溢油污染主要集中在蓬莱 19 – 3 油田周边海域和西北部海域，其中劣四类海水面积为 840 平方公里，单日溢油最大分布面积 158 平方公里。②

问：对于本次事故，A 公司和 C 公司负有哪些义务和责任？海洋行政主管部门担负有哪些职责？

**评析：**

按照我国《环境保护法》第 31 条和《海洋环境保护法》第 17 条的规定，因发生事故造成或可能造成污染的企业，须立即采取处理措施，并及时通报可能受到污染危害的单位和居民，并向当地环境保护行政主管部门和有关部门报告。因此，A 公司和 C 公司负有及时清理污染物，采取得力措施避免污染的扩大，并将污染情况及时通报海洋行政主管部门，以及可能受到污染的单位和居民。

如果此次污染造成了财产损害和环境损害，A 公司和 C 公司还应负民事赔偿责任。

根据《海洋环境保护法》第 50 条、第 85 条、第 91 条的规定，A 公司和 C 公司在开发石油过程中造成海洋污染，海洋行政主管部门应当对造成海洋环境污染的 A 公司和 C 公司追究行政违法责任。

根据《海洋环境保护法》的规定，国家海洋行政主管部门应按照国家制定的环境监测、监视信息管理制度，负责管理海洋综合信息系统，为海洋环境保护监督管理提供服务。由于蓬莱 19 – 3 油田位于渤海中部，渤海又是一个半封闭内海，水交换能力差，一旦发生污染，结果比开阔海域更加严重。事故发生的当时虽然已经监测到的劣四类海水海域面积为 840 平方公里，但很难断定这次溢油事故的影响范围就是这么大。因此，海洋行政主管部门还应当持续监测

---

① 案件来源：参见"公审非法猎捕国家保护动物案，18 名农民获刑"，载乌鲁木齐在线，ht-tp：//www.wlmqwb.com/2860/aq/201011/t20101102_1452657.shtml，2011 年 7 月 20 日访问。

② 案例来源："五问渤海湾油田溢油事故：行政处罚是否过轻？"，载新华网，http：//news.xinhuanet.com/politics/2011 –07/07/c_121632911_5.htm，2011 年 7 月 28 日访问。

污染物的扩散情况，并向公众通报监测情况。

## (二) 案例分析实训

**案例一：**

农民于某，因其住宅附近某地毯厂任意排放工业废水污染其生活环境，举报到当地环保局。环保局接到举报以后对地毯厂进行了检查和监测，发现该厂未使用污水处理设施，确有超标排污行为，即对该厂依法罚款 2 万元，责令其恢复污水处理设施的正常使用，并将处理结果当面告知了于某。但于某认为，环保局并没有采取实质措施解决地毯厂的工业废水所致周边环境污染问题，属于行政不作为，遂以此为由对环保局提起行政诉讼。①

**问：本案中于某有无起诉资格？**

### 案例二：乐亭渔业污染赔偿案

地处渤海之滨滦河三角洲的河北省乐亭县，海岸线长 98 公里，滩涂面积 65 万亩，是全国滩涂贝类精养区之一。2000 年 10 月上旬，来自河北迁安第一造纸厂、迁安化工有限责任公司等 9 家企业的工业污水，沿滦河河道和滦乐灌渠大量排放到乐亭县王滩镇大清河、新潮河、小河子、长河入海口海域，涌入孙某等 18 名渔民经营的 6 家海水养殖场，致使即将成熟上市的文蛤、青蛤、毛蚶、蛏子以及梭鱼、鲈鱼等滩涂贝类、鱼类成批死亡，大部分绝收，经济损失 2000 余万元。2001 年 5 月，孙某等 18 名渔民将迁安第一造纸厂等 9 家排污企业诉至天津海事法院，要求 9 被告共同赔偿污染损失 2000 万元，并停止污染侵害。

另：据查，9 被告中只有一家企业是达标排放，其余均系超标排放。②

**问：法院是否应当判决案中 9 被告负连带赔偿责任，并停止污染侵害？**

### 案例三：A 矿业污染案

2010 年 7 月 3 日，A 矿业集团股份有限公司位于福建上杭县的紫金山金铜矿湿法厂发生污水渗漏事故，9100 立方米废水外渗引发福建汀江流域污染，造成沿江上杭、永定鱼类大面积死亡和水质污染。同年 7 月 15 日，上杭县公安局对紫金山金铜矿湿法厂涉嫌重大环境污染事故案立案侦查。今年 1 月，新罗区法院对该案作出一审判决。③

**问：本案能否判决 A 矿业股份有限公司承担刑事责任？理由？**

---

① 案例来源：参见郭文生："一农民状告环保局行政不作为败诉"，载《中国环境报》2003 年 9 月 6 日。

② 案例来源：参见《天津市高级人民法院民事判决书》，[2002] 津高民四字第 008 号。

③ 案例来源："紫金矿业深陷'污染门'"，载正义网，http://www.jcrb.com/zhuanti/shzt/zjky/，2011 年 7 月 20 日访问。

# 第七章　国际环境资源法

【本章概要】　国际环境资源法是指各国及其他国际法主体在利用、保护和改善环境和资源的国际交往中形成的，调整彼此间权利和义务关系的原则、规则和制度的总体。国际环境资源法的渊源包括国际条约、国际习惯、一般法律原则、司法判例、国际组织的决议等。国际环境资源法的基本原则是指被各国公认和接受的、在国际环境资源法领域里具有普遍指导意义的、体现国际环境资源法特点的、构成国际环境资源法的基础的原则，包括国家资源开发主权权利和不损害国外环境责任原则、可持续发展原则、共同但有区别的责任原则、风险预防原则和国际环境合作原则。有关国际环境保护问题的全球性条约主要有《气候变化框架公约》及其《京都议定书》、《海洋法公约》、《生物多样性公约》及其《生物安全议定书》、《名古屋议定书》、《防治荒漠化公约》等。

【学习重点】　掌握国际环境资源法的概念、特点、渊源、主体、客体和基本原则，以及国际环境责任等基本理论和知识，大致了解《气候变化框架公约》、《海洋法公约》、《生物多样性公约》等全球性环境条约的主要内容，并且能够运用这些理论和知识分析一些简易的案例。

## 第一节　国际环境资源法概述

### 一、国际环境资源法的概念和特点

（一）国际环境资源法的概念

人类周围的环境正在急剧恶化。地球与人类的生存直接相关的那些部分，比如水、大气和土地，都在以相当快的速度退化。作为对人类环境问题的反应，国际法在环境保护领域逐渐发展起来。国际法的一个新分支，也是环境资源法的一个分支——国际环境资源法由此形成。国际环境资源法是指各国及其他国际法主体在利用、保护和改善环境和资源的国际交往中形成的，调整彼此间权利和义务关系的原则、规则和制度的总体。

（二）国际环境资源法的特征

作为现代国际法和环境资源法的一个分支，国际环境资源法具有以下明显特点：

1. 交叉性

国际环境资源法处于环境学、生态学、经济学、国际法、行政法、民法、刑法等多种学科的交汇点上，具有显著的边缘学科的特征。

在法学体系内，国际环境资源法与国际法的其他分支互相渗透，互相交叉，具有密切联系。例如，它适用国际公法关于处理国家间关系的各项基本原则，它影响国际经济法中关于国际贸易和投资的规则，它与海洋法和空间法发生交叉等。

在法学体系外，国际环境资源法与环境科学和经济学等学科具有密切联系。例如，环境科学知识是国际环境资源法基础知识的一部分，经济学中关于经济刺激和成本/效益分析的理论被国际环境资源法的很多规定所采纳。

2. 科学性

大自然有其本身的发展规律，协调人与自然关系的国际环境资源法的发展更多地需要科技的支撑。与其他法学部门相比，国际环境资源法的发展更多地需要法学与科学的结合，体现出很强的科学技术性。主要表现在以下两个方面：

（1）国际环境资源法的很多目标和规定以对它们所针对的环境问题的科学了解为依据。由于人类认识自然能力的有限性，各国往往等待科学家对某一环境问题的原因及其与后果的联系有了相当程度的令人信服的证明时，才会在法律上采取相应的行动。例如，《保护臭氧层维也纳公约》和《气候变化框架公约》都是在科学家分别证明，臭氧层的破坏和全球变暖问题主要是人类活动的影响所引起，各国有必要采取行动预防问题发展到不可逆转的程度后才制定的。

（2）国际环境资源法本身包含许多技术性法律规范。其中比较典型的是1989年《控制危险废物越境转移及其处置巴赛尔公约》。公约在其附件3中对危险废物的危险特性分类作了简明的界定，以利于各成员国对危险废物的识别。

3. 公益性

国际环境资源法的根本目的是保护和改善地球环境。保护地球环境，使人类得以在与自然的和谐中持续发展，是一项造福人类，惠及千秋万代的最大的根本性的公益事业。国际环境资源法公益性较强，因为它是国际社会保护地球环境、维护人类生存条件的一个重要手段。

4. 早期性

国际环境资源法仍处于它发展的早期阶段。主要表现在以下几个方面：

（1）现行国际环境资源法的体系不完善。在有些重要领域如关于环境损害赔偿责任、赔偿机制、资金和技术转让机制等方面存在着较大的空白或薄弱环节。现有的国际环境条约彼此间缺乏有机的联系，有的甚至互相矛盾。

（2）一些根本的战略和原则尚处于"软法"层次。比如可持续发展战略、共同但有区别的责任、全球伙伴关系等，尚未在条约中得到普遍承认，停留在软法文件中。

（3）发展中国家不能平等地参与国际环境立法。发展中国家由于经济困难、科学技术落后、信息情报不足和缺乏专门人才等原因，不能真正平等地、充分地和有效地参与国际环境立法过程。

（4）现行国际环境资源法的实施面临较大困难。发达国家在资金和技术转让方面缺乏诚意、发展中国家的实施能力不足、条约监督机制不健全等，都是实施困难的原因。

## 二、国际环境资源法的渊源

国际环境资源法作为现代国际法的一个分支，其渊源与国际法的渊源基本上是一致的。这些渊源按照其在国际环境资源法中的地位和作用，也可以分为严格法律意义上的国际环境资源法渊源和广泛历史意义上的国际环境资源法渊源。前者仅指国际条约和国际习惯，后者包括一般法律原则、司法判例、国际组织的决议等法律文件。

### （一）国际环境条约

国际环境条约又称多边环境条约、国际环境公约，是指为了保护特定环境因子或解决特定环境问题而缔结的多边条约，它是国际环境资源法的主要渊源之一。1972年斯德哥尔摩人类环境会议以来，国际环境资源法进入了快速发展时期，最主要的表现就是国际环境条约的大量涌现。目前世界上已经有1000多项双边或多边法律文件是专门针对环境和资源问题的，或者包含有一项或更多项与环境和资源事务有关的重要条款，[1] 其中有200个左右的多边环境条约，涉及物种保护、控制气候变化、臭氧层保护、防止荒漠化等各个方面。国际环境条约已经成为解决全球环境问题、调整国际环境关系的主要法律依据。这些条约就其主要内容而言，基本上都有关于国际环境保护实施措施、实施监督机制、条约修改程序、行动计划、合作机制和机构等方面的规定。[2]

---

[1]　张伟勋："塔斯曼海油污损害赔偿案创审判纪录"，载中国贸易新闻网，http：//www. chinatradenews. com. cn/news/article_ show. asp？ArticleID＝4079，2011年4月19日访问。

[2]　秦天宝："严格法律意义上的国际环境法渊源初探"，载武汉大学环境法研究所网，http：//www. riel. whu. edu. cn/show. asp？ID＝636，2007年7月3日访问。

多边环境条约往往牵涉到国际政治、经济、国内法和政策的调整，因此许多环境条约采用"框架公约＋议定书＋附件"的形式，即先以框架公约的形式对环保措施和各国的权利义务作原则性规定，将具体事项留待缔约方通过议定书和附件的形式加以规定。

（二）国际习惯

国际习惯由两个要素构成，一是通例的存在，即各国长期重复的类似的行为；二是法律确信，即通例被各国认为具有法律约束力。国际习惯与条约相比处于次要的地位，相关的习惯法则不是很多。其主要原因是国际环境资源法的历史较短，尚未积累起充足的国家实践。

在已经得到国际环境资源法确认的国际习惯法规则中，比较重要的规则就是"各国有权按照自己的环境与发展政策开发本国的资源，并负有责任保证它们管辖或控制之内的活动不致损害其他国家的或国家管辖范围以外地区的环境"。这项习惯法规则最初出现在 1938 年和 1941 年 "美国诉加拿大特雷尔冶炼厂案"的仲裁裁决中，后来得到了《人类环境宣言》与《里约环境与发展宣言》的反复确认，并得到国际法院 1996 年 "关于威胁使用核武器的合法性的咨询意见"的承认。此外，还有一些重要的规则被认为正处于习惯法规则的形成过程之中，如可持续发展、风险预防、共同但有区别的责任、环境影响评价等。

（三）一般法律原则

一般法律原则可以作为独立的国际法的渊源。对于什么是一般法律原则，学者们有不同的观点，大体上有三种：第一种观点认为，一般法律原则是国际法的一般原则或基本原则。但是国际法的一般原则或基本原则是表现在国际条约或国际习惯中的，没有必要将其单独开列，所以，这种观点现在不为大多数人所采用和认可。第二种观点认为，一般法律原则是一般法律意识所产生的原则，即法官对有关法律问题的理解或认识。事实上，作为国际社会成员的国家有各种不同的社会经济制度，不可能有一种一般法律意识或者共同的法律意识，在抽象的基础上是无法引申出具体的一般法律原则来的。第三种观点认为，一般法律原则是为各国法律体系所共有的原则，这是一般接受的观点，也为我国学者普遍认可。因为世界各国法律体系、经济社会制度虽然不一，但是不可否认各国的法律制度中有些规定是一致的，不能以相异性来排除国家之间法律上的相同性。

与国际条约和国际习惯相比，一般法律原则处于补充的、辅助的地位，是在没有国际条约和国际习惯可以适用的情况下才适用的法律。

（四）司法判例

司法判例有国内判例和国际判例之分。国内判例只能在一定程度上反映出一国对于国际法的态度和实践，处于次要的地位。但是，国内判例对于国际法的确定和发展具有一定的影响力。特别是如果许多国内法院判决表现出对于国际法的同样观点，形成关于国际法的国家实践，这种判决就有了更大的影响。

国际司法判例主要是指国际法院和国际仲裁机构的裁判。国际司法判例不具有约束力，但是它确实是很有价值的辅助性渊源。国际法院或国际仲裁机构在审理案件中适用国际法包括国际环境资源法时，总是要对国际法的原则、规则和制度加以认证和确定，这种认证和确定往往不仅为审理以后的案件时所援引，而且在一般国际实践中也受到尊重。

（五）国际组织的决议

联大和其他多边会议或国际组织通过的决议、宣言、声明等大量的"软法"，是国际环境资源法的辅助渊源。软法是指倾向形成但尚未形成规则的规范，即"敦促性或纲领性的规定"。软法的特点是文字表述和规范内容不确定，没有制裁措施，只具有政治和道德上的约束力。这类国际文件种类繁多，比如《斯德哥尔摩人类环境宣言》、《里约环境与发展宣言》等。采取软法这种形式，允许各国在处理科学证据不完全或不能令人信服，或者经济成本不确定或太沉重，因而希望保留行动自由的问题时，有更多的灵活性。由于采取软法方法，一定程度上使国际社会在1972年人类环境会议以来的三十年间，在环保问题上取得了显著的发展，签署了大量的多边环境条约，出现了许多新的法律概念和原则。① 比如可持续发展原则、共同但有区别的责任原则、代际公平原则等国际环境资源法的基本原则，都是著名的软法。

国际组织宣言和决议不具有法律约束力，但在国际环境资源法领域中它们反映了国际社会关于环境保护的共同信念，这些"软法"为各国制定和发展本国国内环境法提供了可资借鉴的原则和规则，为各国在不能得到条约正式考虑方面的国际合作提供了基础。很多重要的国际环境资源法原则和规则最初都只是出现在这类"宣言"或"决议"之中，但是随着时间的推移逐步写进了条约和议定书，最终变成有拘束力的原则，为国际社会大多数成员所接受。它们经历了"宣言——条约——议定书"的发展过程，出现了"软法"变"硬"的现象。

## 三、国际环境资源法的主体和客体

（一）国际环境资源法的主体

国际环境资源法的主体是指能够独立参加国际环境关系，直接在国际环境资源法上享受权利和承担义务并具有独立进行国际求偿能力者。国家是国际环

---

① 张伟勋："塔斯曼海油污损害赔偿案创审判纪录"，载中国贸易新闻网，http：//www. chinatradenews. com. cn/news/article_ show. asp？ ArticleID＝4079，2011年4月19日访问。

境资源法的基本主体，政府间国际组织是派生的和有限的主体。

国际环境资源法领域中的政府间国际组织主要有三类：一是联合国系统的全球性的国际组织和其专门机构，例如联合国环境规划署和可持续发展委员会；二是联合国系统以外的区域性国际组织，例如欧洲联盟；三是根据环境条约或其他条约建立的政府间国际组织，例如根据《气候变化框架公约》建立的缔约方大会、国际原子能机构等。这些国际组织在环境和资源保护领域的作用主要有五个方面：为各国在环境事务方面的磋商和合作提供协商的场所；收集和发布环境信息，为国家间的环境合作提供信息服务；以召开国际会议或通过决议、宣言等方式推动和促进国际环境资源法原则和规则的发展；在保证实施和执行国际环境资源法和环境标准中发挥重要的作用；为解决环境争端提供相对独立和中立的争端解决机制和场所。

此外，非政府组织尽管还不是国际环境资源法的主体，但是发挥着日益重要的作用。它们是国际环境资源法的参与者、监督者和促进者，是国际环保事业的重要组织者和参加者。从国际实践来看，目前有三种类型的非政府组织参与全球环境和资源保护：

一是专门性民间国际环境组织。这些国际环境组织以保护全球自然资源和生态环境为目的，在世界范围内开展环保活动，规模和影响最大的当数世界自然保护同盟及绿色和平组织。

二是国际法学团体。这些团体是纯粹学术性机构，它们在对国际法规则进行研究、解释和制定的同时，也促进了国际环境资源法的逐步编纂和发展。其中国际法研究院和国际法协会最负盛名。

三是其他非政府组织。除了上述两种非政府组织以外，其他非政府组织也从各自的角度关心并从事全球环保活动，促进国际环境资源法的发展。比如1947年成立的国际标准化组织。因为环境保护是科技性很强的系统工程，保护全球环境既需要定性管理，也需要定量管理。国际标准化组织对国际环境标准的研究和制定，为制定国际环境资源法律原则、规则和制度以及开展国际环保活动提供了科学依据，同时也为保证这些原则、规则和制度的执行提供了衡量尺度。

（二）国际环境资源法的客体

国际环境资源法的客体是指国际环境资源法主体的权利和义务所指向的对象。国际环境资源法的客体包括两类：一是大气、土地、水、生物等各种环境和资源要素。二是国际环境资源法主体针对这些环境要素所从事的各种行为，即国际环境行为。

1. 环境和资源要素

国际环境资源法调整的环境和资源要素包括国家管辖范围内的环境与资源、

两个或多个国家共享的环境与资源、国家管辖范围以外的环境与资源。

（1）国家管辖范围内的环境与资源

国家管辖范围内的环境与资源是指完全处于国家的主权管辖之下的环境与资源，包括各国领陆、领水、领空和底土之内的环境与资源。这些环境与资源中，有的被 1972 年《保护世界文化和自然遗产公约》列为世界文化和自然遗产。公约第 6 条明确规定，缔约国在充分尊重"文化和自然遗产的所在国的主权，并不使国家立法规定的财产权受到损害的同时，承认这类遗产是世界遗产的一部分，因此，整个国际社会有责任合作予以保护"。根据公约的规定，文化遗产是指从历史、艺术和科学观点来看具有突出的普遍价值的建筑物、碑雕和碑画，具有考古性质成分或结构、铭文、窟洞以及联合体；从历史、艺术和科学角度看在建筑式样、分布均匀或环境风景结合方面具有突出的普遍价值的单立或连接的建筑群；从历史、审美、人种学或人类学角度看具有突出的普遍价值的人类工程或自然与人联合工程及考古地址等。自然遗产是指从审美和科学角度看具有突出的普遍价值的由物质和生物结构或这类结构群组成的自然面貌；从科学或保护角度看具有突出的普遍价值的地质和自然地理结构以及明确划为受威胁的动物和植物生境区；从科学、保护或自然美角度看具有突出的普遍价值的自然景观或明确划分的自然区域。

（2）两个或多个国家共享的环境与资源

两个或多个国家共享的环境与资源是指处于两个或多个国家管辖之下的环境与资源。联合国环境规划署 1975 年列举了五种由两个或多个国家共享的环境与资源，它们是：国际水系统，包括地表水和地下水；在有限数额的国家上方的空气分界区或空气团；封闭的或半封闭的海和毗连的沿海水域；往来于数个国家的领土或水域的迁徙物种；跨越于两个或多个国家之间的特别的生态系统。①

（3）国家管辖范围以外的环境与资源

国家管辖范围以外的环境与资源是指除了前两种类型之外的所有环境与资源，或可将其称为"全球公域"，包括南极、公海、全球大气层和外层空间。

南极的法律地位目前尚不明朗。1959 年《南极条约》规定冻结各国对南极地区的主权权利或领土要求，也不允许其他国家对南极地区提出新的主权权利或领土要求。鉴于南极对地球气候和地球生态系统的重要调节作用，《南极条约》的大部分成员国 1991 年签订《关于环境保护的南极条约议定书》，规定对南极环境进行全面保护。但是该议定书回避了南极的领土主权问题，称保护南

---

① 常纪文、王宗廷主编：《环境法学》，中国方正出版社 2003 年版，第 349－350 页。

极环境是为了"全人类的利益"，宣布南极是"奉献于和平与科学的自然保护区"。①

公海和在公海上方生存或迁徙的鸟类和其他野生动物被看做"人类共同财产"，可以供所有国家平等地利用，任何国家不得将其置于自己的主权管辖之下。但是"人类共同财产"概念的侧重点在于对国家主权的限制，而不在于对这类环境和资源的保护。②

公海海床和洋底及其底土和月球被看做"人类共同遗产"。它们与"人类共同财产"一样，不能被任何国家宣布处于其主权控制之下，但是对它们的利用必须是为全人类的利益而进行。此外，对它们的开发、利用和保护由公约规定的代表全人类的国际管辖机构管辖。例如，1982 年《联合国海洋法公约》赋予国际海底管理局管理国际海底区域内活动的广泛的权力。

全球大气层的地位比较特殊，难以确定。为了解决全球大气层的法律地位问题，国际社会目前的做法是，一方面回避直接确定全球大气层的法律地位，另一方面将全球大气层的严重问题——气候变化宣布为一项"人类共同关切之事项"。③ 通过将气候变化宣布为"人类共同关切之事项"，为国际社会应对气候变化问题而采取法律行动提供了法律依据。④

外层空间的法律地位介于"人类共同财产"和"人类共同遗产"之间，自成一类。1967 年《关于各国探索和利用外层空间包括月球和其他天体在内外层空间活动的原则条约》第 1 条规定，所有国家应在平等的基础上，不受任何歧视，根据国际法自由探索和利用外层空间，包括月球和其他天体，并自由进入天体的一切区域。第 2 条规定，各国不得通过主权要求、使用或占领等方法，以及其他任何措施，把外层空间，包括月球和其他天体据为己有。公约还规定，探索和利用外层空间，包括月球和其他天体，应为所有国家谋福利和利益，而不论其经济或科学发展程度如何，并应为全人类的开发范围。

2. 国际环境行为

国际环境行为是指国际法主体在利用、保护和改善国际环境与资源时所从事的行为。国际环境行为既包括主体直接或最终针对其他国际环境资源法主体的行为，也包括兼顾针对客体和仅针对客体的行为。这种行为不仅包括以国家或政府名义作出的"公"的行为，比如对人类环境带来重大影响的立法或行政行为，还包括处于国家管辖或控制之下的"私"的行为，比如私有企业或个人

①　参见 1991 年《关于环境保护的南极条约议定书》序言和第 2 条的规定。
②　王曦编著：《国际环境法》（第二版），法律出版社 2005 年版，第 89 页。
③　参见《气候变化框架公约》序言的规定。
④　王曦编著：《国际环境法》（第二版），法律出版社 2005 年版，第 90 页。

污染环境的行为。

## 四、国际环境责任

在特莱尔冶炼厂仲裁案中，仲裁法庭裁决加拿大对其领土内冶炼厂排放二氧化硫给美国农牧业造成的污染损失进行赔偿，开创了国家对其管辖范围内的活动造成的重大跨界损害承担国家责任的先例。从此，重大跨界损害的国家责任得到各国承认和国际环境资源法的确认。这种责任根据其性质可以分为国际不法行为的责任和国际法不加禁止的行为造成损害性后果的责任，或可称为国家责任和国际赔偿责任。

（一）国际不法行为的责任

传统的国家责任理论认为，国家责任是指一国对于本国的国际不法行为应当承担的国际责任，引起国家责任的条件：一是国家的行为或不行为违背了该国所承担的国际义务；二是该行为可归责于国家，即可视为该国的"国家行为"；三是必须有故意或过失这一主观因素。国际法院在英国和阿尔巴尼亚之间的科孚海峡案中也肯定了无过错即无责任的原则。

1953 年，联大正式要求国际法委员会"开展关于国家责任的国际法原则的编纂工作"。1955 年，委员会任命了国家责任专题的第一任特别报告人，1963 年及其之后又任命了三位特别报告人。委员会在这三位特别报告人提交的报告的基础上，拟订国家责任条款草案。1996 年，委员会一读通过《国家责任条款草案》，1998 年正式开始二读工作。2001 年，经过近五十年的编纂工作，国际法委员会第五十三届会议二读通过《国家对国际不法行为的责任条款草案》①，确立了国家对其国际不法行为应该承担的国际责任。②

国际不法行为责任的主要形式是赔偿。但是实践证明国际法上的赔偿很少得到执行；另外，要估计对个人或团体的损害也很困难，明确量化对自然环境的损害也是困难重重。因此，赔偿在阻止损害行为上的作用是不大的。

（二）国际法不加禁止的行为造成损害性后果的赔偿责任
——国际赔偿责任

传统国家责任的责任标准是过失责任，但是国际环境资源法的发展趋势是确立严格责任。严格责任的特征是不问过错，行为和损害之间的因果关系就足以导致行为人的赔偿责任。国际环境资源法也有必要确立严格责任，因为随着科学技术的发展，人类利用自然能力的增强，国家自身或在其管辖或控制之下

---

① 详见曾令良、饶戈平主编：《国际法》，法律出版社 2005 年版，第 183－185 页。草案中文本参见：联合国网，http：//www. un. org/chinese/ga/56/res/a56r83. pdf，2006 年 8 月 24 日访问。
② 草案第 1 条规定："一国的每一国际不法行为引起该国的国际责任。"

的私人或实体的行为造成的跨界损害频频出现。而跨界损害一旦发生，其破坏性后果也令人触目惊心。这些活动造成的跨界损害往往是由国际法不加禁止的行为所引起的，国家及其管辖或控制下的私人或实体既无故意也无过失。如果根据传统的过失责任标准而对这种损害的预防及控制置之不理，可能导致行为国对其领土主权的滥用和对他国领土主权的单方面否定，从而造成对受害者的不公正。因此，国际法委员会开展了这一领域的编纂活动，特定危险活动领域的国际公约也确立了责任人的严格赔偿责任。

国际法委员会 20 世纪 70 年代开始对国际法不加禁止的行为造成损害性后果的国际责任问题进行编纂。1974 年，委员会把"关于国际法不加禁止的行为造成损害后果的国际责任"专题列入其一般工作计划，1978 年任命了本专题的第一任特别报告人。1996 年，委员会将《国际法不加禁止的行为造成损害性后果的国际责任条款草案》提交联人以供评论。委员会长期以来将国家的预防义务与赔偿责任问题结合起来进行编纂，但是这在国家之间以及在委员会内部引起很大争议。① 1997 年，委员会重新讨论其工作计划，决定将预防与赔偿责任两个问题分开研究和编纂。委员会缩小审议范围，首先在"预防危险活动造成跨界损害"的副专题下讨论预防问题，并于 1998 年一读通过《国际法不加禁止的行为造成损害性后果的国际责任条款草案》（预防危险活动的跨界损害部分）。2001 年，委员会二读通过了《关于预防危险活动的跨界损害的条款草案》。② 条款草案包括序言和 19 个条款，它试图建立国际法未加禁止的但是具有重大跨界损害危险的活动的行为规则。③ 根据草案第 3 条的规定，国家在从事国际法不加禁止的、其有形后果有造成重大跨界损害的危险的活动时，应当采取一切适当措施，以预防重大跨界损害或随时尽量减少这种危险。

国际法委员会在完成"预防危险活动造成跨界损害"副专题的编纂工作之后，继续开展"赔偿责任"副专题的编纂工作。2002 年，委员会设立一个专题工作组，负责审议"未能防止危险活动造成的跨界损害的国际责任"的有关问题。④ 2004 年，委员会在第五十六届会议上一读通过了《关于危险活动造成的跨界损害案件中损失分配的原则草案》，在 2006 年第五十八届会议上二读通过

---

① 卡塔赫纳生物安全议定书政府间委员会第二次会议：改性活生物体的越境转移所造成损害的赔偿责任和补救办法：检查当前的有关文书和确定基本组成部分，UNEP/CBD/ICCP/2/3，31 July 2001，Chinese.

② 详见曾令良、饶戈平主编：《国际法》，法律出版社 2005 年版，第 186－187 页。See also International liability in case of loss from transboundary harm arising out of hazardous activities，http：//untreaty. un. org/ilc/summaries/8_ 5. htm，last visited on June 3，2010.

③ 草案第 1 条规定，本条款草案适用于国际法不加禁止的、其有形后果有造成重大跨界损害的危险的活动。

④ See International liability in case of loss from transboundary harm arising out of hazardous activities，http：//untreaty. un. org/ilc/summaries/8_ 5. htm，last visited on June 3，2010.

该草案①。草案包括序言和八项原则，目的是确保遭受国际法不加禁止的活动的重大跨界损害的受害者，包括自然人、法人和国家能够得到及时和充分的赔偿。② 草案结合国际社会现行的关于危险活动造成跨界损害的赔偿责任国际公约所确立的以民事赔偿责任为唯一或为主要的责任归属形态，建立了经营者民事赔偿责任与起源国补充性赔偿责任相结合的体制。所谓"经营者"是指在发生造成跨界损害的事件时指挥或控制有关危险活动的人。③ 所谓"起源国"是指"在其领土上或在其管辖或控制下进行危险活动的国家"。④ 根据草案原则4第1款、第2款、第4款和第5款的规定，为了确保对跨界损害受害者的及时和充分赔偿，起源国应采取一切必要措施，包括要求经营者或酌情要求其他人或实体承担严格赔偿责任，还包括在国家一级设立工业基金。⑤ 如果上述措施不足以提供充分的赔偿，起源国还应当确保有另外的财政资源可用。⑥ 草案原则7以1972年《人类环境宣言》原则7和1992年《里约宣言》原则13为依据，鼓励各国缔结特定危险活动领域的专门性的全球、区域或双边协定，并要求这些协定酌情包括国家承担补充性赔偿责任的安排，创立工业基金和（或）国家基金，以便在经营者财力包括财务担保措施不足以偿付事故损害的情况下，能够提供补充赔偿。此类基金可设定用于补充或取代全国性的工业基金。⑦

## 五、国际环境资源法的发展

国际环境资源法的发展经历了一个由慢到快，由小到大，由零散到系统的过程。这个过程以1972年联合国人类环境会议和1992年联合国环境与发展大会两个里程碑为标志，其最新的发展是2002年可持续发展世界峰会。

（一）1972年联合国人类环境会议

1. 会议概况

---

① 草案中文本见：http：//daccessdds. un. org/doc/UNDOC/LTD/G06/618/53/PDF/G0661853. df? OpenElement，英文文本见：http：//daccessdds. un. org/doc/UNDOC/LTD/G06/616/54/PDF/G0661654. df? OpenElement. See also Official Records of the General Assembly, Fifty－ninth Session, Supplement No. 10（A/59/10）.

② 参见条款草案原则3的规定。

③ 参见《关于危险活动造成的跨界损害案件中损失分配的原则草案》原则2（d）项的规定。

④ 参见《关于危险活动造成的跨界损害案件中损失分配的原则草案》原则4第1、2款的规定。

⑤ 参见《关于危险活动造成的跨界损害案件中损失分配的原则草案》原则4第4款的规定。

⑥ 参见《关于危险活动造成的跨界损害案件中损失分配的原则草案》原则4第5款的规定。

⑦ 草案原则7第1款规定，如果就特定类别危险活动而言，专门的全球、区域或双边协定能为赔偿、反应措施及国际和国内救济提供有效安排，则应当尽一切努力缔结此种专门协定。第2款规定，这些协定应酌情包括这样的安排，使工业基金和（或）国家基金，以便在经营者财力包括财务担保措施不足以偿付事故损害的情况下，能够提供补充赔偿。此类基金可设定用于补充或取代全国性的工业基金。

联合国人类环境会议于 1972 年 6 月 5 日到 16 日在瑞典的斯德哥尔摩市举行。出席会议的有 114 个国家的代表和一大批政府间组织和非政府组织的观察员，共约 1200 人。中国派代表团出席了会议。会议的宗旨是"取得共同的看法和制定共同的原则以鼓舞和指导世界各国人民保持和改善人类环境。"会议的重要成果为三项不具约束力的文件，即《人类环境宣言》、《行动计划》和《关于机构和资金安排的决议》。这些决议在同年第 27 届联合国大会上获得通过。

2.《人类环境宣言》

《人类环境宣言》的内容主要为两大部分。第一部分宣布 7 项对人类环境问题的共同认识，即对人与环境关系的认识、对保护和改善环境的重要性和责任的认识、对人类改造环境的能力的认识、对发达国家和发展中国家的不同环境问题的认识、对人口与环境的关系的认识、对保护和改善人类环境这一人类共同的目标和任务的认识、对国际环境合作的认识；第二部分宣布了 26 项指导人类环保事业的基本原则，可归纳为 14 项：人类环境基本权利和责任、保护和合理利用地球自然资源、经济发展与环境保护、人口政策、国家的管理职能、科技作用、环境教育、环境科学研究和信息交流、国家资源开发主权权利和不损害国外环境责任、发展国际环境资源法、国际环境标准、国际合作、国际组织的作用、消除核军备。

3. 联合国环境规划署的建立

根据人类环境会议的《关于机构和资金安排的决议》，联合国大会于 1972 年通过第 2997 号决议，决定在联合国内设立一个新的机构——联合国环境规划署。这是联合国系统第一个也是唯一的专门致力于国际环境事务的机构。其职责主要是促进国际环境合作，为联合国系统内的环境合作提供政策指导和协调，审查世界环境状况等。

（二）1992 年联合国环境与发展大会

1. 会议概况

联合国环境与发展大会于 1992 年 6 月 3 日到 14 日在巴西里约热内卢市举行。出席会议的有 116 位国家的政府首脑，172 个国家，8000 名代表，9000 名新闻记者和 3000 个非政府组织。会议的宗旨是"在加强各国和国际努力以促进所有各国的持久的无害环境的发展的前提下，制订各种战略和措施，终止和扭转环境恶化的影响"。会议通过了三项不具法律约束力的文件并将两项条约开放签署。三项文件是《里约环境与发展宣言》、《21 世纪议程》和《关于森林问题的原则声明》。两项条约是《联合国气候变化框架公约》和《生物多样性公约》。中国政府派代表团出席了会议，并签署了上述五项文件。

2.《里约环境与发展宣言》

《里约环境与发展宣言》是联合国环发大会的中心成果之一。其主要内容是宣布关于环境与发展问题的 27 条原则。与国际环境资源法关系密切的原则有：原则 1：人类处于可持续发展问题的中心和人类享有健康生活的权利；原则 2：各国的资源开发主权权利和不损害国外环境的责任；原则 3：为了公平地满足今世后代在发展与环境方面的要求，求取发展的权利必要实现；原则 4：为了实现可持续发展，环保工作应是发展进程的一个整体组成部分，不能脱离这一进程来考虑。原则 5：根除贫穷是实现可持续发展的一项必不可少的条件等等。

3.《21 世纪议程》

该文件共分为 4 篇，40 章，1418 条，是一个空前宏大而详尽的行动计划。其内容涵盖人类环境与发展问题的各个方面，其中主要有社会经济方面、促进发展的资源保护及管理方面、加强主要团体的作用方面和实施手段方面。

（三）2002 年可持续发展世界峰会

1. 峰会概况

2002 年 8 月 25 日至 9 月 4 日召开的约翰内斯堡可持续发展世界峰会，有包括 104 位国家元首和政府首脑在内的 192 个国家的 1.7 万名代表及其他各界代表等约 6.5 万人出席，使其成为联合国历史上规模最大的会议。会议的议题很广泛，涉及消除贫困、水资源短缺、提高世界市场可再生能源供应量和其他许多环境问题的解决办法等。会议达成了《可持续发展约翰内斯堡宣言》和《执行计划》等不具约束力的文件，这些文件的价值是就"在促进经济发展的同时保护生态环境"发出了行动信号，将根除贫困视为当前全球面临的最大挑战，并敦促发达国家作出具体努力，提高向发展中国家的官方发展援助数额。会议的目标之一是通过一项关于使用可再生能源的条约并将于 2015 年实施。欧盟成员国竭力说服其他国家接受在全世界范围内增加使用可再生能源的时间表：到 2015 年，世界各国所需能源的 15% 将为可再生能源。但是这一建议触犯了美国、日本、石油输出国组织成员等国家的利益，遭到他们的反对和抵制，最终没有通过关于使用可再生能源的条约，只是达成了没有法律约束力的《关于使用可再生能源的声明》。这项声明没有制定具体的目标，只号召世界各国发展清洁和绿色能源。会议还呼吁各国尤其是发达国家签署和核准 1997 年 12 月达成的旨在限制发达国家温室气体排放的《气候变化框架公约京都议定书》，但发达国家无一响应。

2. 会议评价

这次会议只是强调了全球环境问题的严峻性和复杂性，并未采取实质行动，在国际环保的组织机构方面未有进展，在援助、减债、消除补贴等方面未出台任何时间表，发达国家也未作出实质性承诺。

# 第二节　国际环境资源法的基本原则

国际环境资源法的基本原则是指被各国公认和接受的、在国际环境资源法领域里具有普遍指导意义的、体现国际环境资源法特点的、构成国际环境资源法基础的原则。

国际环境资源法的基本原则与国际法基本原则既有联系，又有区别。它们之间的联系表现为国际环境资源法基本原则建立在国际法基本原则的基础上。它们之间的区别主要是，前者仅适用于国际环境资源法领域，而后者适用于国际法的全部领域，包括国际环境资源法领域。

## 一、国家资源开发主权权利和不损害国外环境责任原则

国家资源开发主权权利和不损害国外环境责任原则指的是 1972 年《人类环境宣言》所宣示的原则 21 和 1992 年《里约宣言》所宣示的原则 2。这项原则的前一方面承认国家关于环境的主权权利，后一方面规定国家关于环境的义务，是国家在环境方面权利和义务的结合。

### （一）国家资源开发主权权利

国家资源开发主权权利是指各国拥有按照本国的环境与发展政策开发本国自然资源的主权权利。国家资源开发主权权利源于国家对其管辖范围内的自然资源的永久主权。联合国大会于 1952－1962 年间通过了一系列决议确认国家对自然资源的永久主权。1971 年联合国大会第 26 届会议第 2849 号决议把国家对自然资源的永久主权同环境问题联系起来。这一权利也得到很多重要环境条约，比如 1989 年《危险废物越境转移及其处置巴赛尔公约》、1992 年《气候变化框架公约》、《生物多样性公约》等的承认。

### （二）不损害国外环境责任原则

不损害国外环境原则和义务是对国家主权原则的新发展。根据《里约宣言》原则 2 的规定，不损害国外环境责任原则是指国家"负有确保在其管辖范围内或在其控制下的活动不致损害其他国家或在各国管辖范围以外地区的环境的责任"。1941 年的特莱尔冶炼厂案、1957 年拉努湖仲裁案、1974 年核试验案等都确认了这一原则。不损害国外环境责任原则也得到许多环境条约和国际"软法"文件的确认，比如 1974 年《各国经济权利与义务宪章》、1982 年《世界自然宪章》、《联合国海洋法公约》、1992 年《气候变化框架公约》、《生物多样性公约》、《里约环境与发展宣言》都规定了这一原则和义务。

## 二、可持续发展原则

可持续发展（sustainable development）概念在国际社会的提出，始于1987年由挪威首相布伦特兰夫人领导的世界环境与发展委员会发表的著名的题为《我们共同的未来》的研究报告。该报告于同年为第42届联合国大会所接受。根据该报告，可持续发展是指"既满足当代人的需要，又不对后代人满足其需要的能力构成危害的发展"。

（一）可持续发展的概念与性质

可持续发展是人类为了繁衍生息而作出的理智的、无奈的、痛苦的选择。正如澳大利亚新南威尔士高等法院资深法官鲍尔．L斯特恩说，向生态可持续发展转变已不再是一种软选择，而是为求生存而必须采取的经济上的必然选择。"不再有什么选择，生存和健康需要我们向可持续发展方向进行转变，我们必须进行这种转变。"①

可持续发展是一种"既满足当代人的需求，同时又不牺牲后代人满足其自身需求的能力的发展。它包括两个重要的概念和思想：'需求'的概念，尤其是世界贫穷人民的基本需求，应将此放在特别优先的地位来考虑；'限制'的思想，技术状况和社会组织对环境满足眼前和将来需求的能力施加的限制。"② 这是世界环境与发展委员会（即著名的布伦特兰委员会）1987年发布《我们共同的未来》，对可持续发展的权威表述，它鲜明地表达了可持续发展的两个基本理念：一是人类要发展，发展是必需的；二是发展必须是可持续的，即发展必须受到限制。

可持续性是可持续发展概念的核心。经济学研究的观点表明，任何发展都不是毫无限制的，对发展的限制实际上是不以人的意志为转移的客观存在。这些限制主要体现在：一是经济要素的限制。发展要求效益超过成本，或至少与成本平衡，否则不能称其为发展；二是社会要素的限制。发展必须保持在社会反对改变的忍耐力之内；三是生态要素的限制。发展必须考虑或客观地受制于地球环境的承载力极限。"负载定额"律是地球生态平衡的基本规律，它是指任何生态系统的负载能力都是有其上限的，包括只有一定的生物生产能力、一定的吸收消化污染物的能力、一定程度的承受外部冲击的能力。③ 由于地球生命所依赖的生态系统的环境承载力的有限性，在维持相对稳定的前提下，环境资源

---

① 鲍尔．L斯特恩："法官在裁判环境与发展案件时面对的主要问题"，载王曦主编：《国际环境资源法与比较环境法评论》（第二卷），法律出版社2005年版，第268页。

② WCED, Our Common Future, Oxford (1987), p. 43.

③ 《中国自然保护纲要》编写委员会编：《中国自然保护纲要》，中国环境科学出版社1987年版，第12－14页。

所能容纳的人口规模与经济规模都必须控制在一定范围内。在所有这些限制中，生态系统的限制是最基本和最关键的。①

（二）可持续发展的指标

可持续发展主要有经济发展、社会发展和环境保护三个方面的指标，缺一不可，即不能将环境、经济和社会事项隔离开来，而是必须一体化。1995 年社会发展世界峰会通过的《哥本哈根宣言》确信，经济发展、社会发展和环境保护是相互依赖的，是可持续发展的相互支撑的组成部分。② 1995 年在开罗举行的联合国妇女会议，1996 年在伊斯坦布尔召开的联合国人居会议，以及联合国环境与发展委员会的会议上都重申了这一点。

（三）可持续发展的要素

关于可持续发展的内容，目前说法不一，英国的菲利普·桑兹提出"四要素"说，即可持续发展包含代际公平（纵向公平）、代内公平（横向公平）、可持续利用和环境与发展一体化。这一学说获得了我国学者的普遍认同。③

1. 代内公平

是指代内所有人对于利用自然资源和享受清洁、良好的环境享有平等的权利，它是可持续发展的必要条件。代内公平体现了公平的空间性维度。一些重要的法律文件体现了代内公平。世界环境与发展委员会环境法专家组《关于环境保护和可持续发展的法律原则》包括"各国应当合理和平等地利用跨国界自然资源的原则"。④《里约宣言》原则 3 规定，为了公平地满足今世后代在发展与环境方面的需要，求取发展的权利必须实现。联合国可持续发展委员会的专家集团和联合国环境规划署的专家集团都认定代内公平是旨在实现可持续发展的国际法的一项原则。⑤

2. 代际公平

是指每一代人都是后代人的地球权益的托管人，应实现每一代人之间在开发、利用自然资源方面的权利的平等。代际公平体现了公平的时间性维度，它

---

① 万霞著：《国际环境保护的法律理论与实践》，经济科学出版社 2003 年版，第 18 页。

② 参见《哥本哈根宣言》第六段。

③ 比如王曦编著的《国际环境法》（第二版），法律出版社 2005 年版，第 102 页；曾令良、饶戈平主编的《国际法》，法律出版社 2005 年版，第 387 页；李爱年、韩广等著的《人类社会的可持续发展与国际环境法》，法律出版社 2005 年版，第 56 页；戚道孟主编的《国际环境法》，中国方正出版社 2004 年版，第 69 页；黄锡生、李希昆主编的《环境与资源保护法学》，重庆大学出版社 2002 年版，第 256 页。

④ 世界环境与发展委员会编著：《我们共同的未来》，国家环保局外事办公室译，世界知识出版社 1993 年版，第 333 页。

⑤ Edith Brown Weiss, Stephen C. McCaffrey, Daniel Barstow Magraw, Paul C. Szasz, Robert E. Lutz, International Environmental Law and Policy, 中信出版社 2003 年版, p. 80.

要求决策者不仅必须考虑到当代，也必须考虑到后代的需求。联合国可持续发展委员会的专家集团和联合国环境规划署的专家集团都认定代际公平是旨在实现可持续发展的国际法的一项原则。[1]

3. 可持续利用

是指以可持续的方式利用自然资源。对于可再生资源，可持续利用指的是在保持它的最佳再生能力前提下的利用；对于不可再生资源，则是指保存和不以使其耗尽的方式的利用。

4. 环境与发展一体化

是指将保护环境与经济和其他方面的发展有机地结合起来，协调统一，不能以保护环境牺牲发展，也不能以发展牺牲环境。它是 1992 年联合国环境与发展大会的主题。人类健康和环境的保护与经济活动和社会条件密不可分。发展受到生态要素的限制，必须将经济和社会发展与环境保护有机地结合起来，即三方面相互结合，协调统一。从环境与发展关系的整体角度来看，可持续发展甚至可以说是一切社会发展活动的基本指导原则。因此有学者认为，可持续发展是一个很"大"的原则，大得如国人所说的"一只什么都可以往里面装的筐"。[2]

## 三、共同但有区别的责任原则

共同但有区别的责任原则，是指在保护和改善全球环境方面，所有国家负有共同的责任，但责任的大小必须有差别，具体而言就是发达国家应当比发展中国家承担更大的或者是主要的责任。各国负有保护全球环境的共同责任，但在各国之间主要是在发展中国家和发达国家之间，这个责任的分担不是平均的，而是与它们在历史上和当前对地球环境造成的破坏和压力成正比的。它包括两个互相关联的内容，即共同的责任和有区别的责任。这一原则的初步确立是发展中国家经过努力取得的一项重要成果，《气候变化框架公约》的 1997 年《京都议定书》具体规定了发达国家减排温室气体的指标，而没有为发展中国家规定具体的减排指标，就是这一原则的反映。

## 四、风险预防原则

根据《里约宣言》原则 15 的规定，风险预防原则是指"为了保护环境，各国应按照本国的能力，广泛适用预防措施。遇有严重或不可逆转损害的威胁时，

---

[1]　Edith Brown Weiss, Stephen C. McCaffrey, Daniel Barstow Magraw, Paul C. Szasz, Robert E. Lutz, International Environmental Law and Policy, 中信出版社 2003 年版, p. 80.

[2]　李耀芳著：《国际环境法缘起》，中山大学出版社 2002 年版，第 60 页。

不得以缺乏科学充分确实证据为理由，延迟采取符合成本效益的措施防止环境恶化"。

风险预防原则的本质是，如果你有合理的理由怀疑某件坏事将会发生，你就有义务尽力阻止它。由于生态和经济的原因，国际社会普遍认为环境损害的预防是"环境的黄金法则"。环境损害很难修复，在许多情况下是不可挽回的；即使损害是可以修复的，恢复或重建的高成本也使这种修复不现实。风险预防原则正是针对环境损害发生的破坏性和不可逆转性而提出来的，它已成为环境资源法的基础，不管是国内环境资源法还是国际环境资源法。风险预防原则涉及对规划活动潜在影响的风险评估和分析，或者环境影响评价等专门技术的运用，在此基础上作出允许或禁止从事该项活动的决定。风险预防原则的主要特征是在存在科学不确定性的情况下，授权国家采取预防性措施。因此，是否存在科学不确定性以及存在的程度，是适用风险预防原则的关键。国际社会不存在"科学不确定性"的一致同意的定义，也没有决定其是否存在的一致同意的规则或指南。因此，这些事项由规定预防措施的国际文件单独处理。

风险预防原则起初适用的范围较有限，只是涉及禁止向海洋倾倒船底污水和废物，保护海洋生物和自然环境等方面。1992 年联合国里约环境与发展会议标志着一个转折点，会议通过的《里约环境与发展宣言》原则 15，是对风险预防原则第一次全球层面的编纂。此后，风险预防原则就频繁出现在各种国际条约、宣言中，处理科学上尚未证实的环境焦点问题的大会上，以及国家可持续发展的战略中。近十多年来通过的所有国际环境资源法律文件几乎都吸收了风险预防原则，比如 1992 年《生物多样性公约》序言第 8、9 段，《气候变化框架公约》第 3 条第 3 款，1995 年《跨界鱼类种群和高度洄游鱼类种群的养护与管理协定》第 5、6 条和附件 2，《防止倾倒废物及其他物质污染海洋公约》（伦敦公约）1996 年议定书第 3 条第 1 款。国际社会还发展了一些包含风险预防原则的指南，比如 1994 年国际海洋开发理事会《海洋生物引进与转移实践指南》，联合国粮农组织《关于适用预防方法捕获鱼类及引进种群的指南》。

风险预防原则在国际环保领域近来最引人注目的发展，一是根据《生物多样性公约》而谈判制定并于 2000 年 1 月通过的《卡塔赫纳生物安全议定书》；二是 2001 年 5 月通过的《关于持久性有机污染物的斯德哥尔摩公约》。《生物安全议定书》还被欧洲委员会作为风险预防原则形成为国际法的根据。① 虽然上述文件的措辞各不相同，详尽程度各异，它们之间并没有根本冲突。这些规定均

---

① 该议定书通过几天后，欧洲委员会发布关于风险预防原则的报告（European Commission communication on the precautionary principle），引用《生物安全议定书》作为风险预防原则形成为国际法的根据，并将风险预防原则的适用范围扩展到了食物安全政策。

表达了一个核心思想：应当采取行动阻止对环境和人类健康的损害，即使不能从科学证据中得出明确的结论。

### 五、国际环境合作原则

国际环境合作原则，是指在解决环境问题方面，国际社会的所有成员应当采取合作而非对抗的方式协调一致的行动，以保护和改善地球环境。对于国际环保事业而言，国际合作具有特别重要的意义。没有各国的合作，任何国际环保的目标都不可能实现。首先，环境问题的复杂性、全球性、公益性等特点决定了各国必须合作；其次，政治、经济、科技、文化等方面的差异和利益冲突，唯有通过国际合作才能克服和解决；最后，国际环境资源法的制定和实施要求各国进行合作。

国际环境合作是国际环境保护的根本要求，也是环境条约的主要内容。环境条约中大都有关于缔约国在财政援助、技术转让、信息交流等方面进行合作的规定；此外，几乎每一项环境条约都会设立或指定一个专门的合作机构，负责管理公约、收集和传播信息、监督缔约国义务的履行、解决缔约国间的矛盾与争端等事项。[①] 具体来讲，国际环境合作可以采取以下途径：

（一）收集和交换数据和信息

数据和信息的收集和交换是国际合作的首要步骤，是国际环境条约形成的基本因素，也有助于预防和解决环境争端。很难想象没有必要的技术信息作为武装，国家之间能够达成利用或保护国际环境和资源的协议。这一义务既包括定期交换数据和信息的义务，也包括交换影响环境和资源的项目、规划、工程或活动的相关技术信息的义务。

（二）通知

一国在从事可能对其他国家的环境和资源造成重大不利影响的项目或活动之前，有义务及时通知其他可能受影响国。而且，通知必须附有充分的技术材料和信息，以便被通知国能够客观地评估项目的潜在影响。规定通知义务的目的是为所有有关国家提供一个交流意见和平衡利益的机会，有效地避免争端。[②] 国际法院在科孚海峡案的判决中将通知义务定性为出于"基本的人道考虑"。国际社会广泛接受通知的义务，它已经成为国际习惯法的一部分。

通知义务也包括在紧急情况下的通知，即一国及时的、以可得的最迅速的

---

① 秦天宝："严格法律意义上的国际环境法渊源初探"，载武汉大学环境法研究所网，http://www.riel.whu.edu.cn/show.asp? ID=636，2011 年 4 月 3 日访问。

② 参见王曦："评《国际法未加禁止之行为引起有害后果之国际责任条款草案》"，载邵沙平、余敏友主编：《国际法问题专论》，武汉大学出版社 2002 年版，第 329 页。

手段将在其境内发生的有害状况和紧急情况通知其他可能受影响国和主管国际组织。紧急情况可能是自然原因或人类的行为引起的。损害的严重性和紧急情况的突发性是据以采取必要措施的理由。紧急通知义务也已经成为国际习惯法的一部分，体现在许多国际环境文件和国际条约中。

（三）协商和谈判

一国在从事可能对其他国家的环境和资源造成重大不利影响的项目或活动之时，应与可能受影响国就实际或潜在问题彼此协商，以期达成可接受的解决办法。协商和谈判义务体现了对起源国和受影响国之间利益的平衡，通过协商和谈判可较好地预防国际环境争端的发生。但是协商和谈判义务并不包括与受影响国达成妥协的义务，并未暗示必须使争端获得解决，仅是要求当事方朝着解决争端的目标善意地进行谈判。善意原则是协商和谈判的基础。协商和讨论必须善意进行，并有意实现对有关各方可接受的解决。

（四）和平解决国际环境争端

和平解决国际争端是国际法的一项基本原则，国际环境争端也应当通过和平方法解决，禁止使用武力或以武力相威胁。历史反复表明，国际争端只有通过和平解决，才能真正促进各国的长久和平与繁荣。以武力或武力威胁等强制性方法，不仅不能从根本上解决争端，反而会激化有关国家之间的敌对情绪，而且有可能使争端升级，成为冲突和战争的祸根。

就国际争端解决的方式而言，有政治方法和法律方法两种。前者包括协商与谈判、斡旋与调停、调查与和解，以及通过国际组织解决争端。后者包括国际仲裁和国际诉讼。一般来说，任何争端都适合通过政治方法解决，而权利争端适合通过法律方法解决。就解决程序而言，当发生争端时，应首先进行协商和谈判；协商和谈判不成，可借助其他政治性解决办法；如果仍不能解决争端，可以适用法律方法解决。在解决争端的整个过程中，只要双方自愿，都可以随时采用任一种政治性解决办法。在具体的争端解决过程中，采取哪种办法应由当事国根据争端的性质和各种争端解决方法的特点，合意选择合适的方法解决。

# 第三节　主要国际环境条约简介

## 一、《联合国气候变化框架公约》及其《京都议定书》

（一）《联合国气候变化框架公约》制定的背景

气候问题引起国际社会的关注是在 1979 年由世界气象组织召开的第一届世界气候会议上，各国的科学家和政府代表呼吁对地球大气层迅速变暖这一气候变化予以高度重视。会后的声明号召各国"预见和防止可能对人类福利不利的潜在的人为气候变化"。[①] 1988 年，联合国环境规划署和世界气象组织共同成立一个名为"政府间气候变化专家组"（IPCC）的机构。1989 年 2 月，联合国环境规划署和世界资源研究所在印度新德里举行会议，专门讨论发展中国家特别关心的有关气候变化的问题。同年 11 月，在荷兰举行了关于气候变化的部长级会议，首次提出设立关于二氧化碳排放目标的建议。

1990 年 IPCC 发表了第一份气候变化评估报告，提供了气候变化的科学依据。以 IPCC 的这份报告为基础，联合国大会同年建立了政府间谈判委员会，开始进行气候变化框架公约的谈判。同年 10 月，由世界气象组织、联合国环境规划署、联合国教科文组织、联合国粮农组织和国际科学联盟委员会联合举行了第二次世界气候大会，通过了一项《部长宣言》，其中指出，控制二氧化碳等气体排放量，保护全球气候是各国共同的责任；西方发达国家对此负有特殊责任，必须起带头作用，承诺采取行动；同时还必须加强合作，向发展中国家提供充分的额外资金。

在 1992 年联合国环境与发展大会上，154 个国家（包括中国）和欧共体（现为欧盟）签署了《联合国气候变化框架公约》（UNFCCC）。公约是防止气候变化方面最重要的法律文件之一，公约第 2 条规定，其最终目标是控制温室气体排放，将"大气中温室气体的浓度稳定在防止气候系统受到危险的人为干扰的水平上"。为了实现这一目标，公约规定了共同但有区别的责任、照顾发展中国家、可持续发展等原则，并为公约附件一所列缔约方和非附件一缔约方规定了不同的义务。附件一缔约方由 24 个经合组织成员国、11 个正在向市场经济过渡的国家（独联体国家和原苏联的东欧盟国）和土耳其组成，共 36 国。根据公约第 4 条第 2 款的规定，这些国家应率先承担减排温室气体的责任，并且"个别或共同地使二氧化碳和《蒙特利尔议定书》未予管制的其他温室气体的人为排放回复到 1990 年的水平"。公约没有具体规定这些国家的量化减排指标。

（二）《联合国气候变化框架公约》的主要内容

1. 基本原则

公约规定了各缔约方应当遵循的原则：（1）在应付气候变化的国际合作中坚持国家主权原则；（2）在公平的基础上，并根据它们共同但有区别的责任和各自的能力保护气候系统，发达国家应当率先；（3）充分考虑到发展中国家缔约方尤其是特别易受气候变化不利影响的那些发展中国家缔约方的具体需要和特殊情况；（4）采取预防措施，预测、防止或尽量减少引起气候变化的原因，并缓解其不利影响；（5）促进可持续的发展。保护气候系统免遭人为变化的政

---

① 王曦编著：《国际环境法》，法律出版社 1998 年版，第 160 页。

策和措施应当适合每个缔约方的具体情况，并应当结合到国家的发展计划中去；（6）各缔约方应当合作促进有利的和开放的国际经济体制，这种体制将促成所有缔约方特别是发展中国家缔约方的可持续经济增长和发展，从而使它们有能力更好地应付气候变化的问题。

2. 缔约方的一般性义务

公约对各缔约方规定了应普遍履行的一般性义务，其中包括：（1）编制、定期更新和公布《蒙特利尔议定书》未予管制的所有温室气体的各种源的人为排放和各种汇的消除的清单；（2）制定、执行、公布和经常地更新着手减缓气候变化的计划和措施；（3）国家所有有关部门，应促进和合作发展、应用和传播各种用来控制、减少或防止《蒙特利尔议定书》未予管制的温室气体的人为排放的技术、做法和过程；（4）促进可持续地管理，并促进和合作维护和加强《蒙特利尔议定书》未予管制的所有温室气体的汇和库；（5）拟订和详细制定关于沿海地区的管理、水资源和农业以及关于受到旱灾和沙漠化及洪水影响的地区的保护和恢复计划；（6）在有关的社会、经济和环境政策及行动中，在可行的范围内将气候变化考虑进去，减少那些减缓气候变化项目对经济、公众健康和环境质量的不利影响；（7）促进和合作进行关于气候系统的科学、技术、工艺社会和其他研究，系统的观测和数据档案的建立；（8）促进和合作进行关于气候系统和气候变化以及关于各种应对战略所带来的经济和社会后果的科学、技术、工艺、社会经济和法律方面的有关信息的充分、公开和迅速的交流；（9）促进和合作进行与气候变化有关的教育、培训和提高公众意识的工作，并鼓励人们对这个过程最广泛参与；（10）向缔约国会议提供有关履行公约的信息。①

3. 发达缔约方的特别义务

公约根据共同但有区别的责任原则，对发达国家缔约方规定了具体的必须履行的特别义务。公约将世界各国分为两组：附录Ⅰ国家和非附录Ⅰ国家，即对人为产生的温室气体排放负主要责任的工业化国家和未来将在人为排放中增加比重的发展中国家。附件Ⅰ所列的发达国家缔约方等，应制定国家政策和采取相应的措施，通过限制其人为的温室气体排放以及保护和增强其温室气体源和汇，减缓气候变化，并就此向缔约国会议报告，由缔约国会议审查其是否得当和有效。

4. 资金机制

公约制定了一项资金机制，以向发展中国家提供赠款或优惠贷款，帮助它们履行公约的规定，应对气候变化。公约指定全球环境基金（GEF）作为它的临时资金机制，并在1996年第二次缔约方大会上通过了同GEF的谅解备忘录，

---

① 参见马骧聪主编：《国际环境法导论》，社会科学文献出版社1994年版，第203－204页。

规定了各自的职责和义务。1998年公约第四次缔约方大会委任GEF为其永久资金机制机构，每四年进行一次评审。资金机制向缔约方大会负责，后者决定气候变化政策、规划的优先领域和获取资助的标准，因此缔约方大会定期向资金机制提供政策指导。

此外，公约还详细地规定了争端的解决办法。

（三）《京都议定书》

联合国环境与发展大会以后温室气体排放大幅上升的事实，使缔约方认识到公约的承诺不足以缓解全球气候变化，决定谈判制定一项议定书，为附件一缔约方规定具体减排义务及时间表。1997年12月，公约第三届缔约方会议通过具有里程碑意义的《京都议定书》（以下简称议定书），这是全球第一个要求缔约国承担保护地球系统义务的执行性文件。根据议定书第25条的规定，议定书应在不少于55个公约缔约方，包括其合计的二氧化碳排放量至少占附件一缔约方1990年二氧化碳排放总量的55%的缔约方批准、接受、核准或加入之后第90天起生效。由于1990年的二氧化碳排放量占世界36%的美国退出议定书，给议定书的前景蒙上巨大阴影。直到2004年11月，俄罗斯核准议定书，终于柳暗花明，议定书于2005年2月16日生效，现有163个缔约国。中国于1998年5月签署议定书，2002年8月向联合国秘书长交存核准文件，是议定书的缔约国之一。

根据议定书第3条第1款和附件B的规定，公约附件一缔约方必须在2008 –2012年的第一个承诺期间，使其排放总量比1990年减少5%，其中美国减排7%，日本、加拿大各为6%，俄罗斯、乌克兰、新西兰维持零增长，欧盟15个成员国作为一个整体参与减排行动，减排比例为8%。欧盟通过内部谈判，将8%的减排指标进一步分解到各成员国。其中，德国承诺减排21%，丹麦21%，英国12.5%，荷兰6%，葡萄牙、希腊、爱尔兰等则被允许增加排量。

同时，为了帮助附件一国家完成减排义务，议定书引入了三个国际合作的灵活机制，即联合履行机制、排放贸易机制和清洁发展机制。前两个机制是附件一缔约方相互之间的合作，而清洁发展机制则是附件一缔约方与非附件一缔约方之间的合作。

2005年11月，联合国气候会议通过了"《京都议定书》的执行协定"，京都议定书进入了全面执行期。议定书及其执行协定规定了惩罚机制，如果在2012年以前，附件一缔约方还没有完成减排指标，在2012年之后的减排指标将增加30%。

## 二、《联合国海洋法公约》

水既是一种重要的环境要素，又是一种宝贵的自然资源。对水资源利用和水环境保护中产生的国家关系的调整，是国际环境法的重要内容，为此国际社会签订了许多国际条约，包括淡水方面的国际公约和海洋污染与防治方面的国际公约，其中最重要的是《联合国海洋法公约》。

（一）公约的制订

联合国主持召开的第三次海洋法会议于 1973 年 12 月 3 日在纽约开幕，共进行 11 期 16 次会议，延续 9 年，除以纽约为主要会址外，先后在加拉加斯、日内瓦等地开会，最后于 1982 年 12 月 10 日在牙买加蒙特哥湾结束。167 个国家与会，已于 1971 年恢复在联合国合法席位的中国自始至终参加了会议，并作为会议副主席之一，参与了会议的组织工作。会议设立了三个委员会，分别负责审议海洋法的各项问题。其中第三委员会负责审议海洋环保、科研和技术转让事项。① 公约第 12 部分（第 193 条到 237 条）对海洋环境的保护和保全做了专章规定，全面确定了保护海洋的制度框架。

（二）公约关于海洋污染防治的主要内容

公约关于海洋污染防治的主要内容如下：

1. 一般义务规定

公约第 192 条规定，"各国有保护和保全海洋环境的义务。"第 193 条虽然承认各国有开发自然资源的权利，但同时在第 194 条和第 195 条规定，各国应采取必要措施，防止、减少和控制任何来源的海洋环境污染，并不得给其他国家的环境造成损害、不转嫁损害或危险；各国应对污染危险相互通知；各国应制定研究方案和应急计划等。

2. 海洋环境保护的国际合作

海洋环境保护和保全要靠世界各国共同努力才能实现。公约规定，各国应在维护国际社会整体利益的基础上，为保护和保全海洋环境制定符合本公约的规则、标准，建议适当的办法和程序，同时考虑区域的特点。当一国获知海洋环境有遭受污染损害的迫切危险时，应立即通知其认为可能受到损害影响的其他国家以及主要国际组织。各国应共同制定和开展各种应急计划，以对付海洋环境的污染事故。各国应直接或通过主管国际组织进行合作，促进制定和实施科学研究方案，并鼓励交换取得的关于海洋环境污染的情报和资料，特别是为发展中国家提供技术和财政方面的援助。没有这样的援助，公约第 12 部分规定的内容对于很多国家来说将是空谈。有了这样的援助可以使一些不发达国家参加全球性或区域性的海洋环境保护条约。

3. 监测和环境评价

公约要求各国对污染危险或影响进行监测，并对活动的海洋环境影响作出

---

① 第一委员会负责国际海底制度，第二委员会审议领海、毗连区、专属经济区、大陆架、公海、内陆国等 13 个项目。

评价。了解海洋环境原来的状况是估计损害、进行赔偿的基础。公约要求各国应在符合其他国家利益的条件下，在实际可行范围内，尽力直接或通过各主管国际组织，用公认的科学方法观察、测算、估计和分析海洋环境污染的危险或其影响。各国应不断监视其所准许或从事的任何活动的影响，以便确定这些活动是否可能污染海洋环境。各国应发表其取得的研究成果的报告，或者每间隔一定期间向主管国际组织提交这种报告，各该组织应将上述报告提供所有国家。各国如有合理根据认为在其管辖或控制下的计划中的活动可能对海洋环境造成重大污染，应当在实际可行的范围内，就这种活动对海洋环境可能产生的影响作出评价，并向有关国际组织提交有关评价结果的报告（第206条）。

4. 关于污染防治的规定

防止、减少和控制污染是适用于一切污染来源的原则。公约列出了几种不同形式的污染源：陆源污染、海底活动造成的污染、倾倒造成的污染、来自船舶的污染和来自大气的污染。无论是何种形式的污染，公约都要求各国制定法律和规章，以防止、减少和控制污染。公约还要求各国至少在区域一级协调国内法，国内的法律、规章和措施的效力应不低于国际规则、标准和程序。这些国际规则、标准和程序应通过主管国际组织或外交会议予以制订。受到海洋事故污染威胁的国家同样可以在公海进行干预，控制不同海洋污染源造成的海洋污染。

5. 防止海洋污染法规的执行及有关国家的权限

（1）防止海洋污染法规的执行

关于陆地来源的污染。各国应执行其按照第207条制定的法律和规章，并应制定法律和规章和采取其他必要措施，以实施通过主管国际组织或外交会议为防止、减少和控制陆地来源对海洋环境的污染而制订的可适用的国际规则和标准。

关于来自海底活动的污染。各国为防止、减少和控制来自受其管辖的海底活动或与此种活动有关的对海洋环境的污染以及来自依法在其管辖下的人工岛屿、设施和结构对海洋环境的污染，应执行其按照第208条制定的法律和规章，并应制定必要的法律和规章和采取其他必要措施，以实施通过主管国际组织或外交会议制订的可适用的国际规则和标准。

关于来自"区域"内活动的污染。为了防止、减少和控制"区域"内活动对海洋环境的污染而按照国际海底区域部分制订的国际规则、规章和程序，其执行应受该部分支配。

关于倾倒造成的污染。为了防止、减少和控制倾倒对海洋环境的污染而按照本公约制定的法律和规章，以及通过主管国际组织或外交会议制订的可适用的国际规则和标准，应依下列规定执行：对于在沿海国领海或其专属经济区内或在其大陆架上的倾倒，应由该沿海国执行；对于悬挂旗籍国旗帜的船只或在其国内登记的船只和飞机，应由该旗籍国执行；对于在任何国家领土内或在其岸外设施装载废料或其他物质的行为，应由该国执行。但本规定不应使任何国家承担提起司法程序的义务，如果另一国已按照本规定提起这种程序。

（2）权限

各国应根据不同的海洋污染源，按照国际规则，适用各国法律和规章，并采取必要的措施；各国为防止、减少和控制来自陆地的海洋污染或者国家管辖区域海底活动造成的污染，应执行按照公约第 207 条和第 208 条制定的法律和规章，并应采取其他必要的措施。对于因倾倒造成的污染，由沿海国采取执行措施，船旗国对造成污染的本国船只不论其位于何处，均可予以执行。对于来自国际海底区域活动的污染，由国际海底管理局负责执行，从事国际海底活动的国家也应在国际规则允许的范围内，采取必要的措施（第 213 条至第 216 条）。

船旗国的执行权。船旗国对悬挂本国旗帜或在本国登记的船只，在国际规则允许的范围内，不论其污染行为发生在何处，均可采取执行措施。各国应采取适当的措施，确保悬挂其旗帜或在其国内登记的船只，能够遵守国际规则和标准，包括关于船只的设计、建造、装备和人员配备的规定。

港口国的执行权。如果船只在港口内违反国际规则和标准造成海洋污染，港口国在有充分证据的情况下，可以对该船进行调查，并且可以提起司法程序。经请求时，港口国应将调查记录转交船旗国或沿海国。如果违反行为发生在沿海国管辖水域，港口国根据调查结果提起的任何司法程序，经沿海国请求可暂停进行，并将案件的证据和记录以及有关文件转交沿海国。

沿海国的执行权。如果有明显根据认为在一国领海内航行的船只在通过领海时，违反有关防止、减少和控制海洋污染的国际规则和标准，沿海国在不妨碍无害通过的情况下，可以就违反行为对该船进行实际检查，并可以在有充分证据的情况下，按照本国法律提起司法程序，包括对船只的拘留。如果有明显根据认为在一国专属经济区航行的船只，在专属经济区内违反关于防止、减少和控制海洋污染的法律和规章而导致大量排放，对海洋环境造成重大污染，沿海国在该船拒不提供情报，或所提供的情报与实际情况明显不符时，可就有关违反行为对该船进行实际检查。公约同时规定，对外国船只的执行权力，只有官员或军舰、军用飞机或其他有清楚标志可以识别为政府服务并经授权的船舶或飞机才能行使。在根据本公约对外国船只行使执行权力时，各国不应危害航行的安全或造成对船只的任何危险，或将船只带至不安全的港口或停泊地，或使海洋环境面临不合理的危险。沿海国或港口国执行控制海洋环境污染措施时，为防止它们滥用权利，公约规定了各种保障方法：沿海国或港口国的控制措施或司法程序应贯彻非歧视原则，权利的行使只限于国家正式机关；对外国船只行使执行权时，不应危害船只的航行安全；对任何外国船只的实际检查应只限于审查该船按照一般接受的国际规则和标准需要持有的证书、记录或其他文件；对船只的进一步实际检查，只有在经过这样的审查后确有明显违反情况时，方可进行。另外，在一定条件下，经船旗国请求，应暂停或限制司法程序的进行（第 226 条至第 231 条）。

### 三、《生物多样性公约》及其《生物安全议定书》和《名古屋议定书》

（一）《生物多样性公约》

1982 年由联合国大会通过的《世界自然宪章》强调指出，人类使用的生态系统必须保持最适度的持续生产性，应当保护自然，确定生态系统的平衡，并且评估有关政策和行动对自然环境的影响。联合国环境规划署理事会于 1987 年 6 月 17 日作出第 14/26 号决定——《生物多样性国际公约的合理化》，并成立一个特设专家工作组（后更名为法律和技术专家特设工作组），研究是否应制定一个总括性的生物多样性公约。在 1989 年开始起草公约。1992 年 6 月联合国环境与发展大会期间，公约向各国开放签字，并于 1993 年 12 月 29 日生效，目前共有 188 个缔约方。5 月 22 日被定为"国际生物多样性日"。我国于 1992 年 6 月 11 日签署公约，并于同年 11 月 7 日批准。

《生物多样性公约》（以下简称公约）在谈判过程中，发展中国家和发达国家的立场是不同的。发展中国家认为，公约不得侵犯资源所在国的主权，必须保护资源所在国的利益，并且为保护生物多样性而不影响可持续发展提供动力，从生物多样性获得较多经济利益的发达国家应该对生物的保护和可持续管理提供资助。发展中国家还要求发达国家进行技术转让，以更好地保护生物资源。发达国家反对进行技术转让和提供资金，美国等国家甚至不准备签署该公约。公约最后获得通过有赖于发展中国家和发达国家达成的妥协，并对公约的草案进行了重大的修改，甚至删除了一些重要条款，如预防性原则，损害生物多样性的责任以及全球保护地区和物种的清单。公约为保护生物多样性、持续利用自然资源、公平获益和分享遗传资源提供了一个综合而全面的法律框架。

公约的主要内容如下：

1. 公约的目标和基本原则

公约的目标是：（1）保护生物多样性；（2）可持续利用或者说持久使用生物多样性的组成部分；（3）公平合理地分享遗传资源的商业性利用和其他利用产生的利益。公约要求适当取得遗传资源、适当转让技术、适当提供资金。受益者将成为资金、技术的提供国，为缺乏资金和技术使用遗传资源的发展中国家提供必要帮助，包括使它们适当获得遗传资源和适当转让有关技术，以及适当提供资金而产生的利益。

公约第 3 条规定，"依照联合国宪章和国际法原则，各国具有按照其环境政策开发其资源的主权权利，同时亦负有责任，确保在它管辖或控制范围内的活动，不至于对其他国家的环境或国家管辖范围以外地区的环境造成损害"。这是公约确立的唯一的基本原则。它基本承袭了 1972 年《人类环境宣言》的第 21 项原则。这一原则的规定，基本反映了要求维护自然资源主权的发展中国家与强调资源和环境保护的发达国家之间的利益、立场的平衡和妥协。

2. 生物多样性保护的基本措施

在公约制定过程中，发达国家一直想通过公约规定来限制发展中国家利用其生物资源的自由与主权，但是遭到了一些发展中国家的坚决反对。公约最后规定了七种保护措施，主要由各国自行施行。

（1）保护和持续利用生物多样性的一般措施。公约要求每一缔约国应按照其特殊情况和能力，为保护和持续利用生物多样性制定国家战略、计划或方案，或为此目的变通其现有战略、计划或方案；这些战略、计划或方案除其他外应体现本公约内载明与该缔约国有关的措施；尽可能并酌情将生物多样性的保护和持续利用订入有关的部门或跨部门计划、方案和政策内。

（2）查明和监测生物多样性各组成部分的情况。各缔约国应尽可能并酌情采用抽样调查或其他技术，查明对保护和持续利用生物多样性至关重要的生物多样性组成部分，通过抽样调查和其他技术，监测所查明的生物多样性组成部分，要特别注意那些需要采取紧急保护措施以及那些具有最大持续利用潜力的组成部分；查明对保护和持续利用生物多样性产生或可能产生重大不利影响的过程和活动种类，并通过抽样调查和其他技术，监测其影响。

（3）就地保护与移地保护。所谓就地保护是指保护生态系统和自然栖息地以及维持和恢复物种在其自然环境中有生存力的群体；对于驯化和培植物种而言，其环境是指它们在其中发展所要求的带有明显特性的环境。所谓移地保护，则指将生物多样性的组成部分主要是动物、植物、微生物及其基因移出其自然生境予以保护。移地保护不像就地保护那样在原来生境中对动植物特别是濒危动植物实施保护，而是将濒危动植物迁移到人工环境中或易地实施保护。它是将生物多样性的组成部分在原生态环境之外予以保护，与就地保护一起构成物种保护的两种主要形式。

（4）对不利影响的评估和减少。每一缔约国应尽可能并酌情采取适当程序，要求就其可能对生物多样性产生严重不利影响的拟议项目进行环境影响评估，以期避免或尽量减轻这种影响，并酌情允许公众参加此种程序；或者采取适当措施，以确保其可能对生物多样性产生严重不利影响的方案和政策的环境后果得到适当考虑。对于可能对生物多样性造成重大影响的活动应经过环境影响评价的适当程序，在条件允许情况下，应允许公众参与评估；对于可能给其他国家环境造成损害的活动，应采取通知、提供资料和协商等措施，迅速通知可能受影响国家，为尽量减少损害采取必要的行动。

（5）合作与援助活动。在国际上，应加强国与国间合作，特别是发达国家和发展中国家间的合作；在国内，应对公众进行教育和培训，增进公众的投入和理解。公约第 16 条规定了技术的取得和转让，要求发达国家向发展中国家转让有关生物多样性保护和持续利用的技术或利用遗传资源而不对环境造成重大损害的技术。第 17 条规定发达国家与发展中国家的信息交流，要求缔约国应便利有关生物多样性保护和持续利用的一切公众可得信息的交流，要兼顾到发展中国家的特殊需要。

（6）资金保障问题。公约第 20 条规定：第一，每一缔约国承诺依其能力为那些旨在根据其国家计划、优先事项和方案实现本公约目标的活动提供财政资助和鼓励；第二，发达国家缔约国应提供新的额外的资金，以使发展中国家缔约国能支付它们因执行那些履行本公约义务的措施而承担议定的全部增加费用，并使它们能享受到本公约条款产生的惠益；第三，发达国家缔约国也可通过双边、区域或其他多边渠道提供与执行本公约有关的资金，而发展中国家缔约国则可利用该资金；第四，发展中国家缔约国有效地履行其根据公约作出的承诺的程度将取决于发达国家缔约国有效地履行其根据公约就财政资源和技术转让作出的承诺，并将充分顾及经济和社会发展以及消除贫困是发展中国家缔约国的最优先事项这一事实；第五，各缔约国在其就筹资和技术转让采取行动时应充分考虑到最不发达国家的具体需要和特殊情况；第六，缔约国还应考虑到发展中国家缔约国、特别是小岛屿国家中由于对生物多样性的依赖、生物多样性的分布和地点而产生的特殊情况；第七，发展中国家包括环境方面最脆弱，例如境内有干旱和半干旱地带、沿海和山岳地区国家的特殊情况也应予以考虑。

另外公约还建立一个财务机制，设立特别自愿信托基金向发展中国家提供援助。该基金职责暂由全球环境基金（CEF）承担。

（二）《生物安全议定书》

1. 议定书的制订背景

现代生物技术是全球发展最快的高新技术，利用现代生物技术获得的转基因生物（Genetically Modified Organisms, GMOs；《生物安全议定书》将其称为"改性活生物体"——Living Modified Organisms, LMOs）对农业、人类健康、贸易和环境具有深远影响。GMOs 一般在抗病虫害、单位面积产量、营养价值等方面优于传统产品，商业价值不可限量。然而自 GMOs 问世以来，其安全性就受到密切关注。GMOs 及其产品对生物多样性、生态环境和人体健康可能产生潜在有害影响，主要表现在杂草化、对生物多样性和生态环境的影响、对人体健康的威胁和影响等方面。① 各国对 GMOs 贸易也采取了不同的政策。美国、加拿大、阿根廷等主要 GMOs 出口国，反对限制 GMOs 贸易的任何措施；欧盟各国在 GMOs 问题上采取抵制态度和限制政策。② 因此，虽然转基因技术突破了自然资源的限制，带来了全球农业的深刻革命，却在全球贸易中处于两难。

GMOs 的两面性以及各国对 GMOs 贸易的不同政策，强烈要求相关国际协定发挥作用。为此，由来自 130 多个国家的代表在经过长达 5 年的谈判之后，《卡塔赫纳生物安全议定书》于 2000 年 1 月 28 日获得通过。议定书共 40 条，3 个附件，它根据预防原则规定了 LMOs 越境转移、过境、处理和使用的基本国际规则，在生物技术方面为协调贸易和环保的各自需要提供了一个国际管理框架，是一个主要的千年里程碑。③ 议定书于 2003 年 9 月 11 日生效，目前共有 120 个国家和经济一体化组织（欧盟）批准加入或核准，成为议定书缔约方。中国参与了议定书的起草、谈判及签署，并于 2005 年 5 月核准议定书。

作为一个以协助确保生物多样性的保护和可持续利用，同时顾及对人类健康的风险并特别侧重于 LMOs 的越境转移问题④为目标的多边环境协议，议定书要求或授权缔约方采取一些与贸易有关的环境措施。这些措施主要有四类，即提前知情同意程序（AIA 程序），关于拟直接作食物或饲料或加工之用的 LMOs（即 LMOs – FFPs，我们通常所说的"转基因食品"）越境转移的程序，风险评估，处理、运输、包装和标志。

2. 议定书的核心内容

议定书的核心内容如下：

（1）关于提前知情同意程序

议定书第 7 条规定，对于拟有意向进口缔约方的环境中引入转基因生物，在其首次有意越境转移之前，适用"提前知情同意程序"。第 8 条规定出口缔约方应要求出口者在首次有意转移转基因生物之前，确保以书面形式通知进口缔约方的国家主管部门。

（2）关于同意进口的决定程序

议定书第 9 条规定，进口缔约方应确认收到通知，并告知是否将依据国内法规来处理此项进口申请。第 10 条表明进口缔约方将以书面形式通知出口方是有条件进口或无条件进口，或禁止进口，或根据国内法规要求提供更多的资料。第 10（5）条补充道，进口缔约方未能对通知做出确认，并不意味着对越境转移表示同意。

---

① 详情可参见"转基因生物对生物多样性、生态环境和人体健康有那些不利影响?"，载 http：//news. xinhuanet. com/zhengfu/2003 –05/20/content_ 87845，2011 年 4 月 18 日访问。

② 欧盟 1998 年 10 月以来停止审批新品种的转基因生物，即冻结新的基因产品上市。

③ 议定书文本（包括中文文本）可浏览联合国网站 www. un. org，或者 www. chinabiodiversity. com。

④ 参见议定书第 1 条的规定。

（3）关于列明资料

议定书第 8 条第 1 款规定，出口转基因生物的缔约方在其发给进口方的通知中需要列有附件 1 所列明的资料；出口缔约方应确保对出口者提供资料的准确性做出法规规定。然而，附件 1 的资料要求带有强制性，且内容较详细，它要求出口者提供：拟越境转移的改性活生物体在出口国的安全类别；受体生物体或亲本生物体的特性、起源中心和基因多样性中心；供体生物体的特性；有关改性活生物体的核酸、做出的改变、使用的技术及由此产生的特性；改性活生物体或其产品的预定用途；拟转移的数量和体积；风险评估的报告；在出口国受管制的情况等。

（4）关于进口拟作食物或饲料或加工之用 LMOs 的程序

议定书第 11（4）条规定，缔约方可根据符合本议定书目标的国内规章条例，就进口拟作食物或饲料或加工之用的转基因作出决定。进而，第 11（8）条规定，即使对生物多样性影响程度缺少科学定论亦不妨碍进口缔约方酌情就拟作食物、饲料和加工之用的该 LMO 的进口做出决定，以避免或减少潜在的不利影响。对于直接用作食物或饲料或用于加工的改性活生物体在其首次越境转移之前亦适用"提前知情同意程序"。

（5）关于风险评估

议定书第 15（2）条规定，进口缔约方应确保对拟进口的转基因生物进行风险评估，进口方可要求出口方进行此种风险评估。并规定：如果进口缔约方要求由出口方发出通知者承担风险评估的费用，发出通知者应承担此种费用。议定书附件 2 规定了风险评估的原则和步骤，主要包括：查明与可能影响生物多样性的改性活生物体相关的任何新的基因型和表现型特性；审评产生这些不利影响的可能性和导致的后果；估计改性活生物体所构成的总体风险；进而对所涉风险提出管理建议。

（6）关于运输、包装和标识

议定书第 18（2）条规定，每一缔约方应采取措施，至少以文件方式，明确说明该转基因生物是有意转移直接用作食物或饲料或加工，而不是有意引入环境，并标明其特征和任何特有标识；明确说明该转移的转基因生物是预定用作封闭性使用，并具体说明任何有关安全装卸、贮存、运输和使用的要求；明确说明其他转基因生物是有意引入进口国的环境中，并具体说明其特征和相关的特性和/或特点，以及任何有关安全装卸、贮存、运输和使用的要求。

（7）关于赔偿责任和补救

议定书第 27 条提出，将在该议定书缔约方大会的第一次会议上就适当拟定因转基因生物的越境转移而造成损害的赔偿责任和补救方法的国际规则和程序，并努力在 4 年内完成这一进程。

### （三）《名古屋议定书》

2010 年 10 月 30 日，联合国生物多样性条约第 10 届缔约国会议通过《名古屋议定书》，经过近两周的拉锯战，发展中国家和发达国家终于就未来十年生态系统保护世界目标和生物遗传资源利用及其利益分配规则达成一致。

议定书规定，通过适当的资金援助和技术合作来保护生物多样性，实现生物遗传资源的可持续利用，其目的在于保障生物遗传资源利益的公平分配。关于生物遗传资源利用及其利益分配规则，议定书规定，利益分配的对象仅限于议定书生效之后利用的生物遗传资源。为加强监管，防止不正当取得和使用，议定书规定遗传资源的利用国须设立至少一处以上监管机构。对于发展中国家大幅增加资金援助的要求，议定书没有规定具体的数额，只表示"至少要比现有水平有较大幅度增加"。①

## 四、《联合国防治荒漠化公约》

《联合国防治荒漠化公约》（以下简称公约）是 1992 年里约联合国环境与发展大会《21 世纪议程》框架下的三大重要国际环境公约之一。该公约于 1994 年 6 月 17 日在法国巴黎外交大会通过，并于 1996 年 12 月 26 日生效。目前已有 191 个国家批准或加入公约。中国于 1994 年 10 月 14 日签署该公约，并于 1997 年 2 月 18 日交存批准书。公约于 1997 年 5 月 9 日对中国生效。②

### （一）公约的制订背景

荒漠化的发生可以追溯到人类文明开始，古巴比伦、古埃及、古印度和中国黄河古代文明的衰落，无不与土地的退化（荒漠化）有关。

1977 年在内罗毕举行的联合国荒漠化问题会议，制定了《防治荒漠化行动计划》，旨在帮助受影响国家解决荒漠化问题，并吸引和协调国际社会提供的援助资金。但是这一计划并没有达到预期的目的，受影响国家政府及国际援助机构都没有将该行动计划给予优先地位。由于捐助国家和受影响国家缺乏协调，《防治荒漠化行动计划》以失败告终。但在实施计划中所取得的经验得到了国际社会的广泛赞誉。1992 年世界环发大会期间，在以非洲国家为首的发展中国家坚持下，荒漠化问题被列入《21 世纪议程》，并要求联合国设立政府间谈判委员会，拟订具有法律约束力的文件。

经过 5 次会议，13 个月的艰苦谈判，《联合国关于在发生严重干旱和/或荒

---

① 谢国桥："生物多样性条约缔约国会议通过名古屋议定书"，载中国新闻网，http://www.chinanews.com/gj/2010/10-30/2623207.shtml，2011 年 4 月 18 日访问。

② 《联合国防治荒漠化公约》，引自外交部网站，http://www.fmprc.gov.cn/chn/gxh/zlb/tyfg/t23941.htm，2011 年 4 月 19 日访问。

漠化的国家特别是在非洲防治荒漠化公约》于 1994 年 6 月 17 日通过。①

（二）公约的主要内容

公约的主要内容如下：

1. 目标

本公约的目标是在发生严重干旱和/或荒漠化的国家，特别是非洲防治荒漠化和缓解干旱影响，为此要在所有各级采取有效措施，辅之以在符合《21 世纪议程》的综合办法框架内建立的国际合作和伙伴关系安排，以期协助受影响地区实现可持续发展。实现这项目标将包括一项长期的综合战略，同时在受影响地区重点提高土地生产力，恢复、保护并以可持续的方式管理土地和水资源，从而改善特别是社区一级的生活条件。

2. 原则

为实现本公约的目标和履行本公约各项规定，缔约方应以下列原则为指导：（1）缔约方应当确保群众和地方社区参与关于防治荒漠化和/或缓解干旱影响的方案的设计和实施决策，并在较高各级为便利国家和地方两级采取行动创造一种扶持环境；（2）缔约方应当本着国际团结和伙伴关系的精神，改善分区域、区域以及国际的合作和协调，并更好地将资金、人力、组织和技术资源集中用于需要的地方；（3）缔约方应当本着伙伴关系的精神在政府所有各级、社区、非政府组织和土地所有者之间发展合作，更好地认识受影响地区土地资源和稀缺的水资源的性质和价值，并争取以可持续的方式利用这些资源；（4）缔约方应当充分考虑到受影响发展中国家缔约方、特别是其中最不发达国家的特殊需要和处境。

3. 缔约方的一般义务

缔约方应通过现有的或预期的双边和多边安排，或酌情以两者相结合的方式，单独或共同履行本公约规定的义务，同时强调需要在所有各级协调努力，制订连贯一致的长期战略。

为实现本公约的目标，缔约方应：（1）采取综合办法，处理荒漠化和干旱过程中的自然、生物和社会经济因素；（2）在有关的国际和区域机构内适当注意受影响发展中国家缔约方在国际贸易、市场安排和债务方面的情况，为促进可持续发展创立扶持性国际经济环境；（3）把消灭贫困战略纳入防治荒漠化和缓解干旱影响的工作；（4）促进受影响缔约方之间在与荒漠化和干旱有关的环境保护、土地和水资源养护领域的合作；（5）加强分区域、区域和国际合作；（6）在有关政府间组织内开展合作；（7）适当时确定机构体制，要注意避免重复；并（8）促进利用现有双边和多边资金机制和安排，为受影响发展中国家缔约方防治荒漠化和缓解干旱影响筹集和输送实质性资金资源。

---

① "纪念联合国防治荒漠化公约执行十周年"，载《中国绿色时报》2004 年 6 月 22 日第三版。

受影响发展中国家缔约方在执行公约中有资格获得援助。

4. 受影响国家缔约方的义务

除根据第4条应承担的义务之外，受影响国家缔约方承诺：（1）适当优先注意防治荒漠化和缓解干旱影响，按其情况和能力拨出适足的资源；（2）在可持续发展计划和/或政策框架内制订防治荒漠化和缓解干旱影响的战略和优先顺序；（3）处理造成荒漠化的根本原因，并特别注意助长荒漠化过程的社会经济因素；（4）在防治荒漠化和缓解干旱影响的工作中，在非政府组织的支持下，提高当地群众尤其是妇女和青年的认识，并为他们的参与提供便利；以及（5）于适当时加强相关的现有法律，如若没有这种法律，则颁布新的法律，和制定长期政策和行动方案，以提供一种扶持性环境。

5. 发达国家缔约方的义务

除了按照第4条规定的一般义务外，发达国家缔约方承诺：（1）在同意的基础上单独或共同地积极支持受影响发展中国家缔约方、特别是非洲国家缔约方以及最不发达国家为防治荒漠化和缓解干旱影响所作的努力；（2）提供实质性资金资源和其他形式的支助，以援助受影响发展中国家缔约方、特别是非洲国家缔约方有效地制订和执行防治荒漠化和缓解干旱影响的长期计划和战略；（3）根据第20条第2款（b）项促进筹集新的和额外资金；（4）鼓励从私营部门和其他非政府来源筹集资金；以及（5）促进和便利受影响国家缔约方、特别是受影响发展中国家缔约方获得适用技术、知识和诀窍。

## 理论思考与实务应用

### 一、理论思考

#### （一）名词解释

1. 国际环境资源法

2. 国际环境条约

3. 可持续发展

4. 风险预防原则

#### （二）简述题

1. 简述国际环境资源法的特点

2. 简述国际环境资源法的渊源

3. 简述国际环境资源法的主体

#### （三）论述题

1. 国际环境资源法的客体

2. 国际环境资源法的基本原则

## 二、实务应用

### (一) 案例分析示范

**案例一：特莱尔冶炼厂仲裁案**

特莱尔冶炼厂仲裁案（Trail Smelter Arbitration）涉及美国与加拿大之间的跨界空气污染纠纷。位于加拿大哥伦比亚的特莱尔冶炼厂排放的大量二氧化硫气体向南越过美、加边界，对美国的华盛顿州造成严重空气污染，使该州的农作物、森林、草原、牲畜、建筑物等遭到了大面积的损害。在发现特莱尔冶炼厂污染到华盛顿州以后，自 1927 年起，就污染造成的损害赔偿问题，美加两国政府开始进行外交谈判，将该问题交给两国的边境问题联合委员会解决，但是美国拒绝了委员会提出的解决建议。1935 年 4 月，两国达成一项特别协议，该案件交由仲裁法庭作永久性的解决。①

**问：** 针对特莱尔冶炼厂对华盛顿州造成的污染损害，加拿大是否应当承担赔偿责任？加拿大是否有义务采取措施，预防该厂将来对美国的污染损害？

**评析：**

在该案中，仲裁庭指出，加拿大政府不仅应对特莱尔冶炼厂过去的行为（造成的污染损害）负责，也应为该厂将来的行为负责，并且有义务控制它所造成的损害。仲裁庭裁定国家没有权利允许在使用自己的领土时，对他国领土造成严重损害。仲裁庭认为，根据国际法和美国法，任何国家都无权使用或许可使用其领土导致燃烧的火焰损害到别国领土内的财产和人员，而本案的后果是严重的，证据清楚表明损害是存在的。仲裁庭因此裁定，加拿大应当付给美国 7.8 万美元的赔偿和补偿。本案是历史上第一例处理跨国环境纠纷和跨国环境责任的案例，它所确立的领土无害使用原则，被后来的许多文件所采纳，成为国际环境法的基本原则。

**案例二：拉努湖仲裁案**

1956 年，法国为了其水力发电项目，决定拦截拉努湖经卡洛河流往西班牙的河水以增加拉努湖的贮水量。同时，法国将亚里埃奇河水引入卡洛河，作为补偿。西班牙认为这一工程需要获得它的事先同意，指责法国的做法违反两国在 1866 年签订的协定。1957 年，两国决定将此争议交付国际仲裁。②

**问：** 法国拦截拉努湖水的工程是否需要事先获得西班牙的同意？同一条河流的沿岸国是否有义务顾及下游国的利益？

---

① 梁淑英主编：《国际法教学案例》，中国政法大学出版社 1999 年版，第 233 页。

② 案情详情可参见 [德] 马克斯·普朗克比较公法及国际法研究所主编：《国际公法百科全书》（第二专辑，国际法院、国际法庭和国际仲裁的案例），陈致中、李斐南译，中山大学出版社 1989 年版，第 299 页。另可参见盛愉、周岗著：《现代国际水法概论》，法律出版社 1987 年出版，第 46 页。

评析：

该案涉及国家主权原则。仲裁庭裁决，上游沿岸国有义务考虑下游沿岸国的权利和利益，也有义务协调因水资源利用工程而发生的任何争端。但是仲裁庭否决了西班牙关于法国的工程需要西班牙政府事先同意的主张，认为这种事先同意是对一国主权的重要限制，但在国际法中找不到这种限制的根据。仲裁庭支持法国在其领土内进行水电开发的主权，但同时也承认不损害邻国利益的相关责任，认为法国有权行使其权利，但它不能无视西班牙的利益；西班牙有权要求它的权利得到尊重和它的利益得到考虑。①

### 案例三：多瑙河盖巴斯科夫大坝案

1977 年，匈牙利与捷克斯洛伐克签订《关于盖巴斯科夫——拉基玛洛堰坝系统建设和运营的条约》，规定作为"联合投资"，由两国以各自的成本在各国领土内的多瑙河河段开展大坝建设项目，旨在开发水电、改进多瑙河相关河段的航行、保护沿岸地区免遭洪水。1989 年，匈牙利拒绝按 1977 年条约继续从事在自己领土内的拉基玛洛大坝建设，理由是该工程将导致在条约达成当时不能预见的损害。捷克斯洛伐克及其解体后 1977 年条约的继承者斯洛伐克对此的反应是，于 1991 年实施"临时解决"方案，在自己领土内建设大坝，单方面分流多瑙河水，以将盖巴斯科夫工程投入运营。匈牙利声称斯洛伐克的分流行为夺取了匈牙利的地下水，剥夺了匈牙利公平和合理分享多瑙河水的权利，使匈牙利在多瑙河附近的陆地干旱，给匈牙利造成了不可逆转的环境损害。斯洛伐克声称匈牙利单方面终止执行条约，它有权利采取补救措施。两国多次协商谈判未果，将此争端提交国际法院解决。除了有关条约法的问题外，争端各方对适用于多瑙河水利用问题的国际法原则提出了相对立的观点，匈牙利声称斯洛伐克分流多瑙河水并实施临时解决方案违反了公平和合理利用原则和无害原则。②

问：匈牙利中止履行 1977 年条约的行为是否构成国际不法行为？斯洛伐克单方面分流多瑙河水的行为是否构成国际不法行为？斯洛伐克是否应当对其单方面分流河水的行为对匈牙利造成的环境损害承担责任？

评析：

该案涉及国际环境责任和风险预防原则。国际法院在 1997 年作出判决，认定斯洛伐克作为捷克斯洛伐克的继承者，为了实施临时解决方案，在其自己领土内建立大坝的行为并不构成国际不法行为，但是将大坝投入运营，单边分流多瑙河水的行为违反了与匈牙利签订的条约，剥夺了匈牙利公平和合理地分享

---

① 王曦编著：《国际环境法》（第二版），法律出版社 2005 年版，第 182 页。
② Summary of the Judgement of 25 September1997, 1997 ICJ No. 92.

多瑙河自然资源的权利，构成了国际不法行为；匈牙利暂停，后来又放弃其所负责的工程也违背了该条约，从事了国际不法行为。因此，匈牙利应为其暂停，后来又放弃其所负责的工程而使斯洛伐克遭受的损害赔偿斯洛伐克；斯洛伐克应为其实施临时解决方案，将在自己领土内建立的大坝投入运营，分流多瑙河水而使匈牙利遭受的损害赔偿匈牙利。① 但是同时认定 1977 年条约仍然有效，联合开发体制是条约的基本组成部分，双方应恢复这种体制，除非另有协议。为此，斯洛伐克为实施临时解决方案而在其自己领土内建立的大坝构成匈斯联合运营工程，但是匈牙利如果需要分享大坝的运营和利益，它必须按一定比例负担建设和运营成本。② 关于风险预防原则，国际法院指出：在环境保护领域，鉴于环境损害往往具有不可逆转的性质，并鉴于此类损害的赔偿机制本身固有的局限性，因此要求时刻保持警惕和预防损害。③

### （二）案例分析实训

#### 案例一：糖蟾蜍案

糖蟾蜍最早是在 A 国被发现的，它被该国列为受保护物种。B 国与 A 国相邻。B 国修建了一条横贯广大地域的航运运河。糖蟾蜍并非 B 国的原生动物，在运河流域大量繁殖，其数量之多已达到被看成是一种害虫的程度。B 国于是发起了一场消灭糖蟾蜍的运动。④ A 国认为这一运动威胁到 A 国糖蟾蜍的生存和繁殖，向 B 国提出严重抗议。B 国认为它有权发起这场运动，A 国无权干涉。

问：围绕糖蟾蜍问题，请你根据《生物多样性公约》分析 A 国和 B 国各自的责任和义务。

#### 案例二：法国核试验案

1966 到 1972 年间，法国在南太平洋的法国领土波利尼西亚进行了一系列大气层核试验，引起放射性微粒下降，对澳大利亚和新西兰领土造成放射性污染和巨大损失。1973 年，法国声明计划进一步进行空中核试验。澳大利亚和新西兰两国先后向国际法院提起诉讼。国际法院指示法国政府应避免再次进行对两国领土造成放射性微粒下降的核试验。后来法国在公开的外交场合单方面声明放弃空中核试验，国际法院未对此案进行判决。因为国际法院认为这已经构成"对一切"义务的单方面承诺，认为此案的争议已经不复存在，因此没有必要作出判决。法国不是 1963 年《禁止在大气层、外层空间和水下进行核武器试验条

---

① See Summary of the Judgement of 25 September1997, 1997 ICJ No. 92, Para. 155.
② See Summary of the Judgement of 25 September1997, 1997 ICJ No. 92, Paras. 125 – 154.
③ *Judgment of 25 September1997*, 1997 ICJ No. 92, Para. 140.
④ 王曦主编/译：《联合国环境规划署环境法教程》，法律出版社 2002 年版，第 94 页。

约》的缔约国，国际法院也拒绝讨论在大气层进行核试验是否违反国际习惯法的问题。①

  问：法国在其领土上进行核试验对别国造成污染和损害，是否应当承担损害责任？法国单方面声明停止核试验是否对其具有国际约束力？

### 案例三："塔斯曼海"号油轮案

  该案是我国加入《1992年油污责任公约》后，第一例根据该公约向外国船公司和保险人进行索赔的案件，也是我国海洋行政管理部门在法律框架内进行海洋生态环境污染涉外索赔第一案，因此备受关注。

  2002年11月23日凌晨，满载原油的马耳他籍油轮"塔斯曼海"号与我国大连"顺凯一号"轮在天津大沽口东部海域发生碰撞，导致"塔斯曼海"轮满载的原油大量泄漏，在事发海域形成一条溢油漂流带。油污事件发生后，国家海洋局北海监测中心受原告委托，开展了国内首次原油泄露对海洋生态环境污染损害索赔案件的技术取证与损失评估工作。经北海监测中心对事故海域，以及沿岸区域进行调查取证和海洋生态环境污染损害监测发现，受溢油事故影响海域面积近360平方公里，沉积物中油类含量高于正常值8.1倍，原油泄漏事故使作为海洋渔业资源的重要产卵场、索饵场和肥育场的渤海湾西岸，海洋生态环境受到严重破坏。污染事件发生后，不同身份的原告分别代表不同的利益主体向中国天津海事法院起诉，对被告提出索赔：天津市海洋局根据《海洋环境保护法》的规定，代表国家向天津海事法院提起诉讼，就海洋生态环境受到污染损害，向肇事船船东和伦敦汽船船东互保协会提出索赔；天津市渔政渔港监督管理处经农业部授权，代表国家作为原告对渔业资源损失提出索赔；由于污染事故导致天津市1300余户渔民和养殖户养殖的水产品受损，因此塘沽等地三家渔民协会接受渔民和养殖户的委托提出索赔；天津市渤海周边的村庄推选五户人家为代表，提起集团诉讼（代表人诉讼）。②

  问：上述原告的赔偿请求都能够得到满足吗？为什么？

---

 ① 梁淑英主编：《国际法教学案例》，中国政法大学出版社1999年版，第234—235页。

 ② 张伟勋："塔斯曼海油污损害赔偿案创审判纪录"，载中国贸易新闻网，http://www.chinatradenews. com.cn/news/article_ show.asp? ArticleID=4079，2011年4月19日访问。

**图书在版编目（CIP）数据**

环境资源法实务／赵俊主编 . —北京：中国法制
出版社，2012.9
ISBN 978 – 7 – 5093 – 3954 – 1

Ⅰ.①环… Ⅱ.①赵… Ⅲ.①环境保护法 – 中国 – 职业
教育 – 教材②自然资源保护法 – 中国 – 职业教育 – 教材
Ⅳ.①D922.6

中国版本图书馆 CIP 数据核字（2012）第 194009 号

策划编辑　刘峰（52jm.cn@163.com）　　责任编辑　邱小芳　　封面设计　蒋怡

**环境资源法实务**
HUANJING ZIYUANFA SHIWU

主编/赵俊
经销/新华书店
印刷/三河市紫恒印装有限公司
开本/787×1092 毫米 16　　　　　　　　印张/ 16.75　字数/ 286 千
版次/2012 年 10 月第 1 版　　　　　　　2012 年 10 月第 1 次印刷

**中国法制出版社出版**
书号 ISBN 978 – 7 – 5093 – 3954 – 1　　　　　　定价：49.00 元

北京西单横二条 2 号　邮政编码 100031　　　　　　传真：66031119
**网址：http：//www.zgfzs.com**　　　　　　　　**编辑部电话：66078158**
**市场营销部电话：66017726**　　　　　　　　**邮购部电话：66033288**